教育要努力激发孩子的梦想，

让梦想引领行动，让梦想成就希望。

魅力课堂

曾军良　李银乐　/　编著

科学技术文献出版社
SCIENTIFIC AND TECHNICAL DOCUMENTATION PRESS
·北京·

图书在版编目（CIP）数据

魅力课堂 / 曾军良，李银乐编著. —北京：科学技术文献出版社，2022. 1
ISBN 978-7-5189-8500-5

Ⅰ. ①魅… Ⅱ. ①曾… ②李… Ⅲ. ①课堂教学—教学研究—中小学 Ⅳ. ① G632.421

中国版本图书馆 CIP 数据核字（2021）第 212380 号

魅力课堂

策划编辑：孔荣华　王黛君　　责任编辑：吕海茹　　责任校对：文　浩　　责任出版：张志平

出 版 者　科学技术文献出版社
地　　址　北京市复兴路15号　邮编　100038
编 务 部　（010）58882938，58882087（传真）
发 行 部　（010）58882905，58882868
邮 购 部　（010）58882873
官方网址　www.stdp.com.cn
发 行 者　科学技术文献出版社发行　全国各地新华书店经销
印 刷 者　北京虎彩文化传播有限公司
版　　次　2022 年 1 月第 1 版　2022 年 1 月第 1 次印刷
开　　本　787 × 1092　1/16
字　　数　378千
印　　张　21.75
书　　号　ISBN 978-7-5189-8500-5
定　　价　78.00元

推荐序

今天，我国的教育已经进入从规模发展到质量提高的新时代。习近平总书记在2019年教师节给教师的寄语是“积极探索新时代教育教学方法，不断提升教师育人本领”。这就要求我们要转变教育观念，改革培养人才的模式，改善教育方式、方法，推进素质教育。

提高教育质量，关键要改进课堂教学。课堂教学是培养人才的主渠道，因为课堂教学是完成国家课程标准的主要途径。国家课程标准是为落实国家教育方针，培养德智体美劳全面发展的社会主义建设者和接班人而制定的具体的教育内容，体现了国家意志。只有课堂教学达到了课程标准的要求，才能完成育人的任务。

课程标准的实施关键在于教师的课堂教学。教师必须认真学习、研究国家课程标准和各学科的标准要求，认真上好每一节课，教好每一个学生。优秀的教师能够充分理解和完成国家课程标准的要求，甚至还可以根据学校的特点和学生的实际情况补充开发课本，弥补课本中的不足。反之，如果课堂教学搞不好，国家课程标准就会落空。

课堂教学是培养、发展学生思维的主渠道。课堂教学不只是简单地传授现存的知识，而是要在教学过程中调动学生的学习积极性，引导学生探索和思考，通过课堂的辨析，培养学生的思维能力。一堂好课，就在于能不能培养学生的思维。许多研究表明，当今世界，社会和经济不断变革，科技日新月异，国际竞争日益激烈，现在以及未来展开竞争的核心是人才，是人的大脑，而不是智能机器人或其他任何事物。课堂教育要帮助人们改变思维方式和世界观。

课堂教学要靠教师来实施。教师是知识的传授者、学习的组织者，教师的一言一行都在影响着学生。教师自身的知识魅力和人格魅力都会在课堂教学过程中展显出来。教师的魅力从何而来？就在于教师不断地学习，提高自己的文化素养，提升教育智慧；不断地钻研教材、研究学生，提高育人的水平。

曾军良、李银乐创作的《魅力课堂》是北京实验学校曾军良校长几十年来对课堂教学的探索。本书阐释了魅力课堂的概念，并探讨了怎么使课堂具有魅力，是一本既有理论探索，又有操作实践，还有丰富教学案例的可读之书，是校长、教师深入理解和研究魅力课堂的最佳参考书。

2021 年 12 月

自序

2001年，我国基础教育界开始了以“自主、探究、合作”的学习方式替代“满堂灌”灌输式教学方式的第八轮课程教学改革。以新的课程标准颁布为标志，通过课程改革、教材改革、课堂教学改革、学习方式变革，我国基础教育改革取得了令世人瞩目的成绩，教学质量得到显著提高，学生能力得到显著提升。同时，我们身边涌现出了北京市十一学校、江苏省泰兴市洋思中学、山东省茌平县杜郎口中学等一批课程改革的典型，推动了我国基础教育教学改革的深入开展。

纵观我国当前基础教育课堂教学改革现状和涌现出的典型，取得的成绩是可喜的，也是值得肯定的。但在我国基础教育教学中仍然存在不少问题，课堂教学改革中的一些弊端也是客观存在的，比如，课堂教学过于模式化；改革经验不具有普适性，无法复制和推广；学生课业负担较重；具有较强的应试教育倾向等。因此，我国基础教育教学急需要一种真正从促进人的发展出发，具有普适性，可以复制和推广，能全面提高学生核心素养的课堂教学形态，以满足我国基础教育课堂的教学改革需要，通过教育培养更多适应未来社会发展的栋梁之材！助力中华民族的伟大复兴！

2011年，我接任北京实验学校（原北京市立新学校）校长的职务，在这所海淀区唯一的公立十五年一贯制学校里，开始了以魅力课堂为核心，旨在打造普适性基础教育品牌的魅力教育改革。为了探索和实践魅力教育，我和我的同事们研制了集团化发展战略、十五年一体化战略、文化兴校战略、人才强校战略、魅力课程战略、魅力课堂战略、魅力家长战略、高考战略、招生战略、智慧校园战略、体育发展战略、艺术发展战略、科技创新战略、对外辐射战略、国际化战略十五项学校发展战略规划书，极大地推动了以魅力课堂为核心的普适性魅力教育品牌的探索与实践，有力地促进了学校的快速发展和教育教学质量的提升。

关于魅力教育的探索，近几年我陆续出版了《高效学习方略》《爱与智慧的教育》《魅力教育向未来》，以及教育家丛书《曾军良与魅力教育》《魅力教育　义无反顾》等专著。我所在的教育团队在《人民教育》《中国教育报》《中国教师报》《中小学管理》《当代教育家》《中华儿女》《北京晨报》《现代教育》等报刊发表有关魅力教育和魅力课堂研究的论文几十篇，中央电视台先后十余次报道我校魅力教育的成果和进展。同时，我们专门开设了“魅力教育普适品牌”和“北京实验学校”公众号，及时发布魅力教育和魅力课堂的最新研究成果、实践创新活动和成果。公众号文章被《人民网》《中国日报》及今日头条、搜狐网、百度新闻、学习强国等媒体广泛转载。

自 2011 年以来，通过与北京教育科学院联合举办魅力课堂展示、魅力教学节、家长课堂开放日、接待跟岗交流、校级学科督学、学科大教研、研发开设衔接课程、主题项目融合课程、魅力课堂常态化实施等活动，有力促进了魅力课堂理论实践的深入研究和完善。2015 年，我校在北京市平谷区承办的幼、小、初、高四所分校取得了显著办学成果；蒋建环、张兰建、潘铭、安丽娟、田莹、胡晓静、贾南、孟鑫、张雅婧、王舒、张蕾等几十位青年教师在全国绿色课堂大赛、海淀区教师基本功大赛等教学比赛中，屡获特等奖和一等奖；2019 年我校被《中国教师报》推荐为全国中小学课堂改革年度十大样本之首；蔡建泉、曹丽敏、刘国成、陈立强等教师应邀参加北京市教育委员会、拉萨市教育局、北京教育音像报刊总社承办的“京藏优质教育资源远程互动共享项目”；随着魅力课堂的实践推进，我校各学段、各学科的优秀课例不断涌现。往年我校接待“北师大国培班”等全国各地的校长、教师跟岗培训班达百余期，我和我校教师应邀到全国各地进行魅力课堂培训和魅力课堂送教千余场。每次接待骨干校长和骨干教师跟岗及外出培训送教，除了介绍魅力教育、魅力课堂、魅力课程、魅力学法、魅力德育、魅力教研等方面的经验和成果外，都会现场展示魅力课堂，进一步助推了魅力课堂的深入研究和基础教育普适品牌的打造，扩大了魅力教育和魅力课堂在全国的辐射与影响。

本书上篇阐述了魅力课堂的初期探索、魅力课堂的基本内涵、魅力课堂的实践构建，下篇列举了魅力课堂学科优秀课例，有理论探索、有理念阐释、有操作实践、有教学案例，是校长和教师参观、培训和深入理解、研究魅力课堂的最佳工具书。本书最后附有《北京实验学校魅力课堂战略规划书（2016—2021）》，清晰反映了魅力课堂探索和实践的艰辛历程，可以为学习者提供借鉴。

由于魅力课堂的研究探索还在深入进行之中，本书创作时间有限，书中难免有不妥之处，敬请各位读者、同仁和教育专家批评指正！

2021 年 12 月

目录

上篇

魅力课堂的理论创新与实践探索

第一章
魅力课堂的提出与探索

从追求“高效课堂”走向追求“魅力课堂”

“高效课堂”存在的主要问题

我们为什么不提“高效课堂”？在当今的中国，新课程改革背景下的课堂教学改革，最为时髦和被众人推崇的，就是“高效课堂” 改革。但我们应对此保持审慎的态度，我们宁愿艰难地进行自我设计，也不太愿意追赶潮流，主要基于两点思考。

第一，实践中的问题。我们一直认为，教学中努力追求高效是没有问题的，可是在中国，当所谓“高效课堂”成为一种代表时尚的改革潮流的时候，问题就产生了。不少地方以打造高效课堂为名，直奔应试教育之实，高效课堂已经开始成为为应试教育推波助澜的工具。何谓高效？课堂有显性效果与隐性效果之分，有短期效果与长远效果之别，有知识效果与育人效果之异，目前的高效课堂注重的却是显性效果、短期效果、知识效果，高效课堂已经成为应试教育的一种新的形态。

第二，理论上的缺失。高效课堂的理论基础是三个关键词：效果、效率、效益。但现在高效课堂所关注的是可以量化的效率，所以知识学习的高效率几乎就等于高效课堂。即高效课堂 = 学习的知识 / 学习的时间。

课堂应该综合考虑它的育人效果，而不是单纯追求课内学习知识的数量。而高效课堂恰与之相反。这就直接导致四种结果。

第一种，在学习时间一定的前提下，必然要加大课堂知识的总量，所以我们看到高效课堂的经验中，不少都概括为“大容量、高密度、快节奏”。问题是，中国很多高中已经是 2 年要学完 3 年的课程，现在还要加量，这么多知识量的累加，学生能够承受得了吗？这就违反了科学发展观、唯物辩证法。

第二种，在知识总量一定的前提下，必然要提高课堂时间的利用率，追求每一分钟学习效率的最大化。这样的课堂过于紧张，赶鸭子上架，没有考虑学生精神、心理、思想发展的需要。

第三种，为了追求每分钟的效率最大化，很多课堂被要求“堂堂清”，要求每节课的效果“立竿见影”。这就必然导致“急功近利”与“揠苗助长”，违犯了教育规律与人的成长规律。比如，人的生长周期是不一样的，却都要在一样的时间内掌握同样的知识，可能吗？显然违背了人的个体差异性。

第四种，为了追求每分钟的效率最大化，有的地方开始从课堂延伸到课外。所谓“高效课堂”与“高效管理”相匹配，学校实际上已经变成一个没有硝烟的战场，而老师也变成了和学生一起参与战争的“敢死队”。学校教育是师生生活的重要组成部分，学校应该办成“孩子向往、教师幸福、社会满意”的学校，学校应该是“书声琅琅、笑声朗朗、歌声朗朗”的地方，有朝气、有活力、有激情，让师生在充实、愉悦中快乐成长，而不应该是单一、疲惫、恐怖的战场。

教育部中学校长培训中心原主任、华东师范大学陈玉琨教授认为，真正的名校，基本特征有三点：教师教得轻松，学生学得愉快，考试考得满意。他还认为，这样的超一流名校中国不超过15所。

那么，我们的课堂最缺少什么呢？是缺少知识吗？许多老师专业厚实、滔滔不绝、传道授业。是缺少方法吗？许多老师也是声情并茂、讲练结合、循序渐进。是缺少责任吗？许多老师已经非常努力工作、掏心掏肺、默默奉献。

这种课堂教学下，学生的学习是基于教师家长的要求、推动、逼迫。在这种状态下，学生学习始终处于被动状态，没有成为成长的主人，学生就难以主动发展、创新发展，学生就难以真正实现成长的自我突破与自我超越。

其实，课堂最缺的是什么？我认为最缺的是情调、趣味、生机、活力、激情、赏识，最缺的是真善美的唤醒、精气神的提振，最缺的是一种推动学生主动发展的力量。如果我们的课堂能够找回这种力量，就是课堂最大的成功。

“魅力课堂”的价值追求

魅力课堂不仅关注显性效果，更加注重隐性效果。课堂的效果有显性效果与隐性效果之分。显性效果往往是在课堂中最容易被发现、被观察到的效果，如课堂中解决问题的数量，解决问题的正确率，学生表现出的参与程度，课堂活泼的程度，师生的激情程度，小组合作讨论的氛围等；隐形效果则是难以被直接发现与观察到的，如课堂问题设计本身的价值与思维含量，学生思维能力得到怎样的培养与提升，课堂是否引发了学生对有价值问题的深刻探究与追问，是否激发了学生对解决新问题的不懈追求等。

魅力课堂不仅关注短期效果，更加注重长远效果。课堂的效果有短期效果与长远效果之别。短期的效果表现为简单学习的效果，简单学习指对知识点、基本概念、基本规律、基本题型的学习；长远效果表现为系统学习的效果，任何一门学科都由一个一个的知识点、基本概念、基本规律构成，但这些知识点、基本概念、基本规律不是相互隔离的，而是彼此关联的，他们之间存在着某种必然的联系，构建成一个系统。任何一个学科都好像一辆车，每一个学科都有大量的知识点，好像车的零部件，如果能按照汽车设计的组装图，将各零部件组装成一辆车，我们就可以开着这辆车在高速路公上快速行驶，但我们没法背着车的整个零部件在高速公路上行驶。因此课堂既要重视简单学习，更应该注重系统学习。

魅力课堂不仅关注传授知识的效果，更加注重全面育人的效果。每一个学科都是人类几百年甚至几千年来在实践探索中积累的文明成果，构建成完整的学科体系，这些学科知识需要一代又一代人往下传承，课堂需要系统传授学科知识。但教育的根本目的不是传授知识、学会解题，把学生培养成考分的机器，而是要为党、为国家、为社会培养有用的人才。课堂既要传授知识，更需要全面育人，培养身心健康、品德高尚、知识过硬、能力突出、敢于担当、善于超越、注重合作的人。

“魅力课堂”是怎样的?

“魅力课堂”的构建是基于尊重学生自然天性、成长规律，激发学生内在动力，努力让教学迸发出绚丽多彩的魅力光芒，让学生在激情快乐、趣味幸福中学习成长，从而推动学生在独立学习、合作学习、探究学习、分享学习、迁移学习、总结学习、系统学习中主动成长、创新发展，让学习成为学生生命成长本身的需要。“魅力课堂”教学改革就应该从这里开始。

魅力课堂与直接把知识学习效率作为追求目标的课堂不同，它是以尊重人的情感体验（快乐与积极）为出发点，目的是为学生的学习注入动力，从而激发学习活力，达到高效学习的目标，实现学科育人。因此，这样的改革更加关注过程的品质（魅力），更加充满了人性的温情，更加重视育人的效果。

魅力课堂在探索中前进。我校专门成立学术委员会，对魅力课堂进行了一场深刻的理论探索与实践研究活动，近三百位教学名师分别在幼儿园、小学、初中、高中的课堂中积极进行实践研究。通过不断地学术交流、课堂实践、总结反思，我们找到了实现魅力课堂价值追求的发力点，即通过探究“提高课堂学力”的途径，探讨“激发学习活力”的办法，深究“增强教学魅力”的策略，提高学生的学力，推动学生思维的发展、灵性的生长，这是课堂教学的核心；激发学习的活力，培育学习的激情，激活生命成长的动力，这是课堂教学的关键；增强教学魅力，提升教师品位，提高学科兴趣，建立良好的师生关系，实现学科育人，这是课堂教学的目标。通过魅力课堂的实践探索，我们逐步改变了课堂上师生的生命状态，激活了师生成长的动力，全面提升了育人效果。

魅力课堂是激情澎湃的课堂，在激情中唤醒梦想；魅力课堂是美丽的课堂，在美丽中陶冶心灵；魅力课堂是自主的课堂，在自主发展中开发潜能；魅力课堂是互助的课堂，在互助中体验温暖；魅力课堂是开放的课堂，在开放中拓展视野；魅力课堂是分享的课堂，在分享中展现精彩；魅力课堂是快乐的课堂，在快乐中幸福成长。

魅力课堂是“教学相融”的课堂。在教学中，教师要站在孩子的角度上，真正构筑起“师生学习共同体”，实现“教学相融”。

“教学相融”意味着人人参与，意味着平等交流，意味着师生合作，生生合作的建构。

对学生而言，“教学相融”意味着主体性的凸显、个性的张扬、创造性的解放。

对教师而言，“教学相融”意味着上课不仅是传授知识，而是一起分享快乐促进学习；不是单向的付出，而是生命活动、专业成长，自我价值的实现。

究竟什么是“魅力课堂”?

我们的基本观点：魅力课堂是“引力场”、魅力课堂是“思维场”、魅力课堂是“情感场”。

魅力课堂的价值取向是由“知识课堂”走向“生命化课堂”：从事有道德的教育、打造有魅力的课堂、追求有良知的高效、创建有文化的校园。

这样的“魅力课堂”，会促使学生的学习是基于内在兴趣和需求的推动，最终，强大的内驱力使学生学习成为一种生命成长本身的需要。

课堂教学如何充满魅力?

所有的课程，无论是国家课程、地方课程，还是校本课程，最终都要汇聚到课堂中去。课堂教学好比是一个舞台，教师的教育理念，教师的智慧，也需要在课堂教学这个舞台上得到展现和提升。因此，如果我们的课堂能够充满魅力，无疑可以使课堂充满人性的关怀、迸发出师生的激情，让生命的活力在课堂中充分地涌动，让知识的美丽在课堂中幸福地展现，让智慧之花在课堂中尽情绽放，使师生在充满魅力的课堂中得到共同成长。那么如何才能使我们的课堂充满魅力呢？本人从以下几个方面来谈一谈自己的实践和感受。

魅力课堂充满温暖

教师的职责就在于创造一种安全、愉快与和谐的学习环境，保持一个充满赞扬和肯定的环境，使孩子感到安全，受到鼓励，得到尊重和敢于挑战。建立积极的课堂环境，使孩子有情绪上的安全感，高度关注每一个孩子的主动成长，使课堂成为一个温暖的、孩子彼此接纳的、相互欣赏的学习场所。

教师要努力寻找孩子的闪光点，用期待的眼光、激励的语言与孩子交流。教师要善于发现并将孩子的兴趣引导到学习上，要注意到每位孩子生活中的个人成就和重要事件，找到孩子的闪光点。在任何情况下，教师都必须保护孩子的尊严和人格。

每一位孩子都感受到课堂的温暖，这温暖可以提升孩子的兴奋点，课堂也就在温暖中产生了魅力。

魅力课堂启迪思考

教师要善于设计问题，通过问题推动思考，发展学科思维能力，促进学科素养全面提升。教师要善于科学有效地设计问题。首先要研究学生在自学基础上的问题是什么，根据学生的起点，结合学生最近发展区，按照课程标准的要求，设计真问题、有趣味的问题、促进思维发展的问题、富有挑战的问题。教师要努力提升科学解决问题的能力，在与学生的沟通中解决问题；在学生的独立思考中解决问题；在一对一的合作交流中解决问题；在合作互助小组中解决问题；在同事的启发、点拨下解决问题。

如何培养学生爱思考？如果一个人愿意思考、会思考，不管是做事或学习，都很容易取得成功。对学生而言，学习知识并非最重要，最重要的是如何培养起爱思考问题的习惯。教师要给学生营造思考的氛围，教学中多创设几个问题情境，让学生置身于研究问题的学习氛围中，使学生在提出“问题—思考问题—解决问题”的动态过程中学习。同时，教师还要营造平等、宽容、尊重、理解的民主氛围。教师可以提出问题，诱发学生思考，也可以预设问题，或者抓住学生提出的问题诱导学生思考。学生提出的问题即使不恰当，也不要否定，更不要挖苦、讽刺，要予以正面引导，让学生自省，绝不要打击学生思考的积极性。这样，学生在提出问题，并一点点解决问题的过程中就会不断取得进步。凡是学生能够自己发现的问题，教师绝不代替；凡是学生能够独立解决的问题，教师决不暗示。教师要大胆放权，放手让学生独立面对新问题，独立尝试解决新问题，以提高他们的思考能力。

启发学生爱思考，还有一个途径就是激发学生的学习兴趣。如果学生对所学的知识不感兴趣，就学得被动，也就不愿思考。教师要做的就是激发学生的学习热情，培养他们的思考兴趣。教师在讲解时，不妨从生活出发，以形象生动、通俗易懂的实际事例激起学生的学习兴趣；也可找准新旧知识的连接点，以知识的魅力激发学生积极思考的习惯。这样，学生的思维就能一次次被激活，并逐步学会深入思考。积极的人生，往往是善于思考的人生，他们有着独特的思考方式。成功的人生，往往是会思考的人生，他们由于不断地用心思考、创新思考，不断地开发了人的思维潜能，提升了人的思维智慧。卓越的人生，往往是不断地学习与借鉴，不断地追问与反思，不断地系统思考、创造思考，创造一系列新思考成果。如果每一位学生都成为课堂的积极思考者，在思考中提升能力，感受到进步与发展，课堂自然也就在思考中增强了魅力。

魅力课堂展现美丽

美可以陶冶人的情操，净化人的心灵。美可以潜移默化地使学生由“苦学”变为“乐学”，在愉悦的环境中增长知识，达到“此时无声胜有声”的效果。对美的追求，是人类精神的升华。教师应该努力打造自身的美，在学生面前从各个方面展现自己的魅力，这里就包括了以下几个方面。

练就眼睛美。师爱首先是接纳和确立“每个学生都是宝”的信念，接纳每一个学生。宽容是交流互动的前提，教师要善于把期望化为美丽的眼神。

展示精神美。树立当代教师的核心价值观：忠诚教育、关爱学生、教书育人、为人师表、严谨治学。在核心价值观的引领下，展示教师美的育人境界与精神风貌。

彰显设计美。美的课堂设计能充分激起学生思维的浪花，使学生在动脑动口的紧张思维活动中，既学习了知识，又活跃了课堂气氛，得到了思维训练。

建设语言美。在一个人的精神世界里，关键词是最活跃的一部分。在一个人的倾诉或与人的对话中，关键词折射着他的性情、心理及价值观。所谓关键词，就是教师在职业生活中经常使用的那些词汇。其中最值得我们关切的是，在课堂上、在与学生的交流中，教师主要是用了什么样的词汇，以及他以什么样的语气、节奏，在什么样的语境中，使用了这些词汇。教师的关键词要散发呵护、关爱、理解、激励、期待的美好气息，充满一种对生命的肯定的力量，在学生的心中，教师才能变得高贵、美丽。美的课堂带给学生愉悦的心情，学生在感受美、欣赏美、创造美的过程中，就自然提升了课堂的魅力。

魅力课堂走向开放

开放是现代社会的重要特征，课堂不能走封闭的老路，必须走向开放，只有开放，才能更有活力，教育也才能更好地适应时代发展的需要。在教学中，教师必须完成教育的两大要求：一是有效地帮助学生熟练掌握和应用所学的学科知识；二是鼓励学生将现实世界的任务和问题与所学的新知识之间建立一定的联系，从而发展学生较高水平的理解能力。

对于许多学生来说，他们在学校的成功和学习的好坏，很大程度上取决于他们认为自己所学内容是否有用，是否有意义，是否有趣。尤其是当学生们学到那些乍看似乎与日常生活无关的抽象内容时，要求学生记住那些他们不能运用的东西，只能使他们失去学习动力与兴趣。

个人成长需要自由空间，缺乏自我抉择的机会，也就失去了发展适当抉择能力的机会。个人能力需要锻炼，当我们剥夺了个人自我抉择的权利，实际上就是剥夺了个人成长的权利。因此，教师要多给学生提供机会，让他们通过自我设定完成任务的时间、自行设计评价标准、自己确定任务目标等方式来建立和培养自我控制能力。努力推动学生参与课堂讨论，而非一人讲授，并引导学生对于讨论的成果进行认知加工，甄别各种观点的价值以及它们的说服力。开放的课堂，让课堂更有活力，更有生机，更有思考交流的空间，更加注重与现实世界的联系，从而在开放中增强了课堂的魅力。

魅力课堂推动分享

魅力课堂要努力分享学生独特的见解、思考的过程、成长的体验、思想的发展。学会分享，相互分享，在分享中培养团队精神，分享成长的智慧。与学生建立良好师生关系的一个关键就是要确保课堂上的交流是公平、公正、有益的。学生如果看到教师以一种肯定、明确、积极的方式与他们交流，并且对所有学生一视同仁时，那么，他们就会以一种积极的态度去对待学习。敏锐地体验学生的感受、尊重学生，有助于提高课堂教学的质量。关怀学生的教师不仅能倾听学生的心声，尊重学生的合理兴趣，而且也能同学生一起分享智慧。留意学生所反映的学习与生活情况，教师要能持续不断地与学生进行沟通交流、了解他们的学习需求。

让学生参与对自己的努力程度和学习效果的评估。让学生说出自己在掌握某一具体的知识时所应该付出的努力。让学生写出什么能够促进他们的学习，他们需要哪些辅导，他们将用什么方法来提高学习的效率。让学生谈谈对于教学的评价，和他们对于班集体的感受，让学生告诉你有关这个班级的想法，和学生讨论他们的想法并做出相应的改善。教师会认同学生的观点、重复或解释学生的观点、详细阐述学生的观点、用到学生提出的观点。教师会对学生的帮助或奉献表示感谢；教师会用各种表达方式表示他欣赏学生的援助、提出的观点和付出的努力；教师会让学生感受到存在的价值和尊严。

温暖的课堂让学生感受到安全；思考的课堂促进学生智慧的发展；美丽的课堂激发学生热爱人生，快乐学习；开放的课堂使课堂有许多无法预约的精彩；分享的课堂让学生成为能够对课堂做出贡献的人。我们每一位教师要怀着对生命的敬意，带着信念去耕耘，带着希望去播种。让魅力之花绽放在学生成长的课堂中。

魅力课堂必须关注学生的“真正学习”

我当过28年一线教师。我从走上教育岗位开始，每年都会走进一些比赛的课堂，我看见的教师总是激情四射，师生默契到没有一点瑕疵，学生回答问题都非常完美，我总是羡慕不已。每一个步骤，每一个环节，每一次对话，就像设定好了一样，学生跟着老师走到了课堂的终点，师生赢得了掌声。但这样的课听多了，我却不由得产生了怀疑：这样的课堂，是否有课前的重要铺垫，是否真的那么值得学习？如果学生没有经历过错误，没有经历过失败，那么我想他们并没有真正在课堂上留下深刻的足迹！错误、失败、正确、成功，都应该让孩子体验，经历风雨才知彩虹的美丽，历经挫折才知坚强的可贵。

魅力课堂必须关注学生的“真正学习”，魅力课堂应该关注差异、聚焦问题、推助成长，鼓励学生合作学习，让学生适当积攒教训。

积攒教训

学习本身就是一个过程，一个积攒的过程，不仅是积攒成功，更多的是积攒教训。如果从来没有经历过错误，怎么能够知道什么叫成功？学生需要在错误中改进，在错误中进步，在错误中成长。当老师发现学生读错单词的时候，老师的当堂纠正就是对他们最好的关怀。当学生对概念的理解发生错误的时候，老师的当场纠正就是对他们最大的帮助。最好的学习就是充分暴露学习过程中的问题，被老师、同伴指正，然后慢慢地学会。

我们不要为了公开课而让课堂华丽，不要以为一帆风顺的课堂就是好的课堂，让学生走过一些泥泞，他们才能享受真正的成长——那种由学习带来的精神愉悦。不经历失败，怎么能成长；不经历风雨，怎能见彩虹。

关注差异

每一个学生的成长环境不一样，每个生命个体必然存在较大差异，个性、基础、兴趣、思维能力、学习品质均表现不一样的特征，他们的学业也处在不同的层级，要鼓励每一个学生在自己的起点上努力向上攀登。以“有教无类”促进“起点公平”，突出“为了一切学生”，提供面向全体、关爱每一个生命个体的公平教育；以“因材施教，循序渐进，差异发展”促进“过程公平”，突出“一切为了学生”，提供多样化、递进化、可选择的优质教育；以“人尽其才，各尽其能”促进“结果公平”，突出“为了学生一切”，提供尊重差异、尊重个体的教育。

学生个体的差异，是教师课堂教学的重要资源。教书育人，助推每一个孩子的进步发展，是每一位教师的重要使命。教师要擅于发现每一个学生所处的台阶，认知每一个学生所处的阶段，然后研究每一个孩子往上攀登一个台阶时需要的勇气、力量、智慧、艺术是什么。教师要努力为每一个孩子的攀登鼓舞斗志、提供帮助、一起前行、释放能量，让每一个孩子勇于攀登、自信攀登、努力攀登。

聚焦问题

我们要让学生明白，学习是自己的事。老师在前面带路，让你清楚知道正确的方向，辛苦、劳累也要坚持，因为老师就在前面等你，但老师绝不会拖着板车载你，你慢慢走，总会跟上。走进教室前，我们必须清楚三个问题：今天的40分钟要让学生到哪儿？怎样才能帮助他们到达目的地？评价他们是否到达的标准是什么？我们要清楚地捕捉学生学习的真实信息，及时反馈调整，不迷信顺畅的、所谓完美的课堂，而是让学生经历学习的困难。40分钟有限的课堂，能创造无限的精彩，因为我们的教学内容没有面面俱到。我们带着学生一起打井，不是东挖一下，西挖一下，而是专注一处挖，往下往下再往下，直到清澈的水噗噗冒上来！这就是我们的课堂，让学生经历风雨、体验成长。

记得在我年轻的时候，为了完成教研组的讲课任务，为了不至于在课堂上漏洞百出，我让学生做了充分的预习，甚至在课前进行了一系列的辅导。所以，那一堂课风平浪静地完成了，学生的表现很好。在我的引导下，他们似乎都学会了，我自以为成功了。可是在接下来的课上，当再次提问的时候，我发现很多学生并没有真正掌握。我在另一个没有作课前辅导的班级再上同一课，发现他们在理解概念、运用概念分析解决具体问题时都出现了很多问题，而这些问题才是真实的问题，是我们真正需要去解决的。那一堂课，我花了很多时间让学生围绕着问题学习，并和他们一起解决问题。我看到他们从不会到会、从不理解到完全掌握，看到了他们面对困难时毫不退却的精神状态，看到了他们的成长。我想，这样坎坷的课堂，才是我们真正需要的课堂，才是学生真正需要的课堂！

合作学习

小组合作学习让“兵教兵”的作用淋漓尽致地发挥出来，是推进面向全体、促进差异发展的最为有效的方法。在小组合作学习的过程中，让每一个有问题的学生都敢于发问，让每一个有能力解答问题的学生主动进行答疑，让每一个中间的学生融入小组认真倾听，才能促进上、中、下不同层次的学生在各自起点上的进步，实现有差异的发展。由于不同个性的学生，在学习中遇到的问题各有不同，教师的讲解无法针对学生的差异，满足每一个孩子的问题需求。但小组合作学习能调动每一个个体的主动性，将学生的问题暴露出来，并获得有针对性地解决，有利于提升学困生的自信心，提高其学习质量。优秀生在帮助学困生解决问题的同时，不仅收获了友谊，同时也推动了自己的深入思考、多维思考、语言思考，让自身发展得以拔高。中间生在反思问题中学会借鉴，在倾听讲解中增智并开拓了眼界，能力得以提升。因此，教师要努力推动合作学习的深度发生，只要能通过合作学习来解决的问题，教师坚决不讲，而是促进“兵教兵”作用的充分发挥。

助推成长

在课堂上，教师要为学生的学习设计流程，让学生在多样方式的学习体验中主动成长。有深度参与，才有更好地成长。教师要精心设计问题，精心组织学习过程，激发学生广泛深入地思考、练习，再思考、再练习，深入讨论、再讨论深入，层层推进、步步拔高，在攀登中实现成长。有动力激发，才能持续成长。由于基础的差异，每个学生会遇到不同程度的困难，需要以一种迎难而上的精神去挑战，在挑战中推动成长。每个人在学习的道路上也不是一帆风顺的，会经历春夏秋冬、酸甜苦辣全都有的感觉，会不断地经受系列挫折甚至是打击，要培育坚韧的意志与顽强的品质，能在挫折中奋起，在坚强中历练成长。教师要善于在积极中等待，不是每一朵鲜花都开在春天里，积极培土、浇水、施肥，相信都会有开花的一天；教师要学会欣赏，对学生的一点点进步都毫不吝啬地赞扬；教师要善于用激励的方式，培育学生的奋斗精神，鼓励学生去勇敢挑战；教师要善用自己的教育激情，点燃学生的学习激情，强大的精神动力能促使其战胜一切困难。

魅力课堂的校本探索

马丁·路德·金曾说：国家的繁荣，不取决于其国库之殷实，不取决于其城堡之坚固，也不取决于其公共设施之华丽；而在于其公民的文明素养，即在于人们所受的教育，人们的远见卓识和品格的高低。这才是真正的利害所在，真正的力量所在。

我经常想这么一个问题：每个早晨，全中国约有1200万的中小学老师走进教室，约有2亿的学生在那里等待上课，他们当中究竟有多大比例内心是快乐和幸福的，究竟有多大比例是有理想和追求的，教育能担当起为国育才、振兴中华的责任吗？

现代课堂的本质思考

作为一名校长，我深感责任重大。我常想，改革首先要从课堂开始。那么，现代课堂的本质究竟是什么？

课堂不仅是传授知识的渠道，更要成为探索知识的战场；不能仅成为静态知识的解剖室，更要成为动态生活的对接舱；不能仅成为应试技能的训练场，更要成为智慧生成的孵化器；不能仅成为师生表演的大舞台，更要成为生命成长的肥田沃土。要真正让我们的课堂成为师生向往的地方，成为师生情感交融、精神对话的心灵乐园，成为助长生命、实现生命价值的生命场。

我们认为，"魅力课堂"是基于尊重学生的美好天性，激发学生的精神动力，努力让教学迸发智慧光芒的课堂，是推动学生自主学习、主动发展、创新发展的改革行动。

如何才能把我们的课堂打造成"魅力课堂"，基于对课堂本质和"魅力课堂"内涵的思考，我校尝试开展了"魅力课堂"的校本探索。

魅力课堂的校本探索

在"魅力课堂"实践中，学校最大限度地发挥老师的能动性，以学科组为单位深入研究如何"提高课堂的学力，激发学习的活力，增强教学的魅力"，每位教师都主动成为“魅力课堂”的研究者、探索者、实践者。每一门学科都有其自身独特的学科体系、学科规律与学科思想。教师要打牢专业基础，拓展专业视野，树立先进的教育教学思想，进而构建有特色的“魅力课堂 ”。

1. 警惕过度活跃的课堂

课堂不仅是静态知识的解剖室，更应该是动态生活的对接舱。课堂应当是静与动的有机统一。静是为了培养学生认真倾听、独自沉思、积极思考的习惯；动是为了帮助学生强化交流、注重应用，促进师生思维的碰撞，进而推动学生智慧的发展。

（1）防止课堂假热闹。有些课堂为活跃而活跃，为热闹而热闹。如果教师设计研讨的问题过于简单，学生们都能踊跃发言，参与面几乎百分之百，但问题没有思维含量，更没有挑战性，那么学生的能力也不会得到提高，也就难以促进学生的发展。因此，教师不能过多地设计过于简单的问题，以免形成假热闹的课堂环境。

（2）防止课堂假问题。如果教师设计的问题没有思维含量，未能设计问题链，就不能引导学生深度思考，也就不能为学科问题的解决做好重要铺垫。这样的问题往往是假问题，如果假问题充斥着课堂，让假问题占去了大量宝贵的课堂教学时间，那就将影响真问题的解决，影响学生思维能力的发展。苏格拉底说过：“优秀教学的本质在于那些组织得恰当的问题。”教师要明确课堂教学的目标，要有好的教学理念，要为实现教学目标而设计真问题、激发学生兴趣的问题、引发学生探究的问题，让学生在独立思考、合作探究、思维体验、总结提升中有效达成教学目标。

2. 慎用全班讨论

课堂上的“齐步走”可能会导致问题解决的虚假化。课堂上的全班大讨论，只会让个别活跃的学生找到展示能力的舞台。如果教师布置一个问题让全班学生思考，然后让几个反应快的学生回答问题，在学生回答教师的问题时，其他学生的思维将很可能处于休息状态，只是被动地看热闹，无法融入班级整体讨论中，这将会影响整体教学质量的提高。

我校提出，要让“讨论之球”在学生之间传递，在小组之间传递，推动每一个学生独立思考，然后小组讨论交流，使小组之间形成 “兵教兵”的局面，让每一个学生积极、主动地参与，体会到当“小老师”的成就感，以及解决问题后的喜悦。这种“兵教兵”的方法，会让优秀者更加优秀，因为要教会其他同学真正理解，就必须站得更高、思考得更明白、说得更透；让学困生更有机会解决自身问题，推动学困生的快速发展，因为每一个学困生的问题可能不尽相同，他自己最清楚自己的问题是什么，他通过主动问问题，能在解决自身问题的过程中走向发展。同时，小组成员之间通过交流碰撞，凝聚智慧，能找到较好的解决问题的办法；教师可以留心观察各小组的讨论情况，通过小组激励评价，推动小组成员的精诚合作。“一对一”是最简便而有效的办法，如文科类科目60%以上的问题可以在 “一对一”的方式中得到解决。理科中的难点问题最多也只要四人交流即可。如果小组人数太多，每一个学生的参与度就不够，参与发言的机会也就少，“兵教兵”的作用就可能发挥不明显，进而从整体上影响课堂教学的效果。

3. 让课堂成为学生演练思维的舞台

课堂教学的一个重要任务就是发展学生的思维能力，教师要积极培育学生良好的思维习惯，不断发展学生的思维能力，如推理思维、归纳思维、系统思维、想象思维、迁移思维、立体空间思维等。教师要善于设计系列化且有思维含量的问题，要善于抓住课内生成的有价值的问题，加强学生思维训练，促进学生思维的开发，进而提高学生的综合思维能力。

4. 再造教学流程并删除无效教学环节

产品质量有问题，往往是生产流程有问题；生产流程完善了，产品质量才有保证。在教学上，教学流程的优劣决定了课堂教学质量的高低，从课堂教学的实际情况看，课堂教学中还有大量的低效环节，甚至还有无效环节。再造教学流程，删除无效教学环节，提升教师教学魅力与教学效率就成了课堂教学的攻坚战。对此，我校通过以下四个步骤来推动此项工作。

第一步，以备课组为单位，走进每一位教师的课堂，进行集体诊断。备课组内教师集体探讨、分析课中的无效环节与低效环节是哪些，哪些环节可以合并与整合，哪些环节是高效且有魅力的。教师们通过会聚集体智慧，形成集体共识，对课堂的流程进行再设计。

第二步，每位教师观察分析自己的录像课，进行自我诊断。教师通过观看自己的录像课，反思学习流程中所出现的问题，进行学习流程的再设计，寻找学习流程设计的技巧，然后与备课组成员进行互动交流，让思维的火花不断碰撞，寻找适合我校学生学习的、有自己教学风格的、充满魅力的高效学习流程。

第三步，各教研组上教研公开课，然后再进行集体诊断。教研组内的研究课是为了促进教学方式转变而进行的教学试探课。在课后的讨论会上，教师们要少讲课堂教学的优点，专讲课堂教学存在的问题，提出改进的意见，寻找更好的教学方式，设计更好的教学流程，进而推动我校教师专业化水平的快速提升。

第四步，各教研组组长在学校层面进行教学设计成果交流展示，进行跨学科大会诊。通过学校领导的科学引导，教师之间相互启迪智慧，反思存在的问题，固化已有成果，全面推动此项工作向纵深发展。

5. 将落实进行到底

课堂教学要注重落实，要将落实进行到底。教师要注重在教学流程上设计落实的环节，同时要强调让每一个问题都能在学生手中得到解决。课堂中，教师要高度关注学生是否参与、是否理解、是否落实在笔下、是否能独立解决问题。教师还要注意将“落实”向前、后延伸，即课前要落实自学环节，推动学生课前自学，培育学生的自学能力，让学生将自学中存在的问题带入课堂，提高课堂教学效率；课后要落实巩固性作业，针对作业中存在的问题，进行集中讲评与个别辅导，并在讲评与辅导后，督促学生更正错误。

我们从不断的探索和实践中渐渐勾勒出了“魅力课堂”的样子，越来越明确“魅力课堂”的构建方向和基本内涵，这些将在第二章做详细阐述。

魅力课堂需要有魅力的教师

今天的教师承载着时代的责任与使命，要让教育成就希望，关键在于有一支优秀的教师队伍。每一位教师要塑造品格、积淀文化、满怀真情、创新观念、提升能力，努力成长为有魅力的教师，让魅力教育绽放异彩。

教师的魅力源于师德

高尚的师德是构建教师魅力的前提。当代教师核心价值观的内容可提炼为：忠诚教育，关爱学生，教书育人，为人师表，严谨治学。

作为新时代的教师，有责任用坚实的脚步，去诠释属于自己的价值体系，在神圣的岗位上，构建一个至真、至善、至美的精神家园。

教师的魅力源于内涵

深厚的文化内涵是打造教师魅力的保证。决不能用昨天的知识，教今天的学生，去适应明天的社会。一个人学习的速度小于社会前进的速度，就是退步者；一个人学习的速度只有超过社会前进的速度，才可能进步。教师必须成为终身学习者，在不断的阅读、学习、思考中促进自身精神的发育。

登高才能望远，只有肚里有货，才有教育的本钱，教师只有让“肚中之货”日趋壮大，才有“生命”的产生，才能让教育教学焕发出生命的活力。今天的教师不只是“园丁”，不仅仅需要具有“一桶水”，而是要拥有一条奔涌不息的河流，只有这样才能不断引导学生不停顿地走向成功。

教师的魅力需要情感

良好的师生情感是提升教师魅力的关键。教师对教育事业应倾注无限的爱。爱是教育的基点，教师只有心中有爱，才能坚持理想、坚守信念、敢于淡泊。爱是教师最重要的法宝，师爱如水，它看似柔弱，但却蕴藏着强大的教育力量，它能感动心灵、启迪智慧、创造奇迹。

高尚的师爱，能唤醒学生沉睡的梦想，激励学生健康成长。高尚的师爱中孕育着爱，在爱中传递爱，在爱中回报爱，师生之间将会产生相互的爱，逐步建立起良好的师生情感，有了这份情感，教育就有了吸引力，教师就有了魅力。

教师的魅力需要理念

先进的教育理念是提升教师魅力的重要法宝。教师要善于学习教育理论，更新教育观念，树立正确的教育理念。

确立“八个 x 比 y 重要”的观念，实现学生整体素质、综合能力的全面提升，为培养未来社会所需要的人才打下坚实基础。

八个 x 比 y 重要：成人比成功重要；成长比成绩重要；体验比名次重要；付出比给予重要；巧干比苦干重要；勇敢比畏缩重要；对话比对抗重要；激励比指责重要。

今天的教师要用智慧做教育，努力实现不为学习而赢得学习，不为成绩而赢得成绩，实现素质教育与升学教育的和谐发展。

教师的魅力依靠课堂

有魅力的课堂教学是决定教师魅力的最重要因素。课堂要努力激发学生学习的“精气神”。那么，如何以课堂为载体，传承知识、培育能力、涵养品性、激活动力、助长生命？我们给出的答案是：构建“魅力课堂”。

“魅力课堂”是基于尊重学生的美好天性，激发学生的精神动力，努力让教学迸发出五彩的魅力光芒，推动学生自主学习、主动成长、创新发展的改革行动。

“魅力课堂”注重提高课堂的学力、激发学习的活力、增强教学的魅力，并逐步将课堂从“知识传授型课堂”向“激情、温暖、美丽、思考、开放、分享的课堂”转变，让课堂成为师生快乐成长的殿堂。

“魅力课堂”追求一种理想的教育境界。在这种课堂上，教师对学生是真正的尊重、成全、关注；学生拥有足够的思考空间，思维高度活跃，表达充满自信，教师和学生都进入了一种主动成长的境界。

“魅力课堂”追求以爱育爱、以情激情的精神世界。教师要心怀真爱，让学生在爱中成长，在爱中懂得爱、珍惜爱、理解爱、学会爱、付出爱，在教育的过程中生发出不竭的爱；教师要有激情，只有教师充满激情，才能激发学生的激情，才能催生灵动的思维，才能燃起智慧的火花。

在魅力课堂的实践探索中，激活了师生成长的动力，改进了师生关系，提升了师生的幸福指数，教师的魅力也大大增强，课堂育人的质量也得到全面提升。

做一个有魅力的教师，提供有魅力的教育，应该成为现代教师的追求，我们正走在前行的道路上！

魅力教师的修炼

教师走上三尺讲台，教书育人；走下三尺讲台，为人师表。魅力课堂需要“魅力”教师。魅力教师需要修炼。

教师品格修炼

教师的品格比喻：有天地的宏博、磊落和坦荡；有日月的热情、奔放和无私。天地包孕一切，化生万物，有序运转，促进生命的不断充实、成长和更新；日月默默积蓄能量，有一分热发一分光，尽情奉献，永远不悔。

教师的人生观能与天地日月的宇宙观融为一体，教育便会呈现一种令人动容的气象：一切都在互相包容，互相融通，互相感化；一切生命都在成长和成熟，充实和更新；知识、思想、情感、道德、才干和智慧都在日出竿头、节节攀升地长进。这是教师品格化生万物、生生日新的奇妙力量孕育的神奇魅力。

教师品格要经历三方面方能炼成。

1. 看到美好

首先，要看到生活的美好。教师要能用运动、发展、变化的眼光，看到生活中进步、积极、美好的一面。教师要胸中如日月，思想澄明，眼睛明亮。教育是培英育才、塑造灵魂的美好事业，美好的事业要用美好的色彩、美好的事物、美好的景象去描绘。其次，要看到学生的美好。教师要认识到学生是家庭的未来、民族的未来、国家的未来。在他们身上寄托万千美好的希望。美好的生命要用美好的思想、美好的情感、美好的精神去培养。

2. 充满信心

充满信心包括对教育充满信心、对学生充满信心。有信心的教师才能教出有信心的学生。古罗马哲人西塞罗说：“信心就是抱着足可确信的希望与信赖，奔赴伟大荣誉之路的感情。”

教师只有将学生视为可塑造、可成栋梁、可迈向卓越之人，才会因势利导，因材施教，耐心细致地去雕琢他，塑造他，也才会由此产生无私奉献的精神。“自信人生二百年，会当水击三千里”，教师有了信心便能化解一切，战胜一切。

3. 简化生活

教育是沉潜的事业、容不得轻浮暴躁、急功近利。教师要静以养心，做到身心表里纤尘不染，不要为那些无所谓的附加物平添烦恼，平添系累。“淡泊以明志，宁静以致远”，教师生活贵在淡泊，贵在宁静。不要与人比官阶、比富有、比享受，教师要比也要比读书、比学问、比贡献、比境界、比未来的美景。

教师内涵提升

1. 什么是教师内涵？

一要有“德”。德，是做人的根本，更是为师的关键。教师修德养性，这是做人的需要，事业的需要，家长的希冀，更是“有内涵的教师”必备的人格底色。修德养性，就要做到宠辱不惊，不以物喜，不以己悲，拥有平和的心态；悦纳他人，融合共生，建构良好的人际关系；“上善若水，厚德载物”，拥有至真、至善、至美、至爱的博大情怀。

二要有“识”。识，知识、学识、见识。知识是认识，是经验；学识是学术，是修养；见识是思想，是智慧。作为教师，知识要广泛，要能满足促进学生全面发展的需求；学识要专业，包括专业知识、专业思想、专业技术、专业眼光等；见识要独到，既要有专业的思维，又要有独特的智慧，看得远、想得深，不人云亦云，不随波逐流。

三要有“心”。心，爱心、责任心、恒心、平常心。对学生有爱心，“幼吾幼以及人之幼”，用海纳百川的博大和宽容之心去包容千差万别的莘莘学子；对工作有责任心，最美乡村教师徐其军的十年坚守，既是师德的接力传承，也为我们提供了一个鲜活的责任心蓝本；对教育过程、教育科研有恒心，行百里者半九十，许多人跋涉至成功的边缘，却又功亏一篑。对一个教师的成长来说，坚韧不拔的意志力尤为重要；最后，凡事要有平常心，淡泊名利，既要有木秀于林的万丈豪情，又要有甘于沉潜的从容淡定。

2. 阅读提升内涵

教师内涵提升的一个重要途径是阅读。阅读的广度，改变你生活的内涵；阅读的深度，决定你思想的高低。北京实验学校进行读书的倡议如下。

（1）启动教师读书工程，特别是每一位教师都要参与行动。学校有号召，有行动，有激励，否则读书又会成为空谈。做现代文明教师，从“读我喜爱的书”开始，引发兴趣，营造氛围；然后进入“读有营养的书”逐渐形成习惯；最后达到“读有思想的书”，提升自我，惠及后代。

（2）我们还建议成年人“为孩子而读书”“和孩子共读一本书”。我们的调查结果显示：孩子不爱读书主要是因为家长不读书。所以我们提出“读书做文明人，从爷爷抓起”。爷爷读书儿子就读书，儿子读书孙子就读书。成年人读书就是在做教育。读书最实际的好处是让我们的孩子能够获得一份生存的自信和应有的尊重。因此，我们不仅要全民读书，还要世代读书！

（3）爱读书还要会读书。吃饭是为了吸收身体所需的营养，读书是为了吸收精神所需的营养。适合自己的书就是好书。

（4）读书是一个缓慢的滋补过程，切忌急功近利。读书是一程没有终点的旅行，需终身学习；读书是一个伟大的公益事业，切忌得失算计；读书是一笔无形的财富积蓄，零存整取。

阅读是一种静修，有时轻松，有时清苦，有时乐在其中，有时需要劝解，然而不管怎样，阅读都是一种回报最大的投资。我们的愿望是让读书成为教师永久的时尚，让读书成为教育未来的希望。读书能够提升教师内涵。

一个人读多少书是会显现在脸上的——那叫气质；

一个人读多少书是显现在装束上的——那叫审美；

一个人读多少书是显现在言行中的——那叫素质；

一个人读多少书是显现在追求中的——那叫品位；

一个人读多少书是显现在理解中的——那叫能力；

一个人读多少书是显现在作品中的——那叫文采；

一个人读多少书是显现在学业中的——那叫功底；

一个人读多少书是显现在事业中的——那叫责任；

一个人读多少书是显现在思想中的——那叫境界；

一个人读多少书是显现在谈吐中的——那叫眼界；

一个人读多少书是显现在玩笑中的——那叫幽默；

一个人读多少书是显现在情感中的——那叫人性；

一个人读多少书是显现在生活中的——那叫智慧。

我们希望自己并努力让自己成为一名这样的教师！

第二章
魅力课堂的基本内涵

魅力课堂的概念

“魅力课堂”是基于尊重学生自然天性、成长规律，激发学生内在动力，努力让教学迸发出绚丽多彩的魅力光芒，让学生在激情快乐、趣味幸福中学习成长，从而推动学生在自主学习、合作学习、探究学习、分享学习、迁移学习、总结学习、系统学习中主动成长、创新发展，是全面提升学生核心素养的生命发展场。

教育的本质是促进人的发展。魅力课堂是生命化的课堂。课堂中涌动着生命的灵性，充满智慧的灵光，是“引力场”“思维场”“情感场”，是人的“生命发展场”。其价值取向是由“知识课堂”走向“生命化课堂”。

魅力课堂突出“一核心”

魅力课堂的一个核心是：学生的学习。

魅力课堂是以尊重人的情感体验（积极与快乐）为出发点，抱定“为学习而设计教学流程”的目标不放松。不仅考虑教师教得方便，教得精彩，教得舒畅，更要把学习和学习者作为焦点，以教导学、以教促学、以教会学、以教善学。其基本方向是提升“三力”，即提高课堂学力，激发学习活力，增强教学魅力。其中提高课堂学力，推动学生思维发展、灵性的生长是课堂的关键，要凸显学生学习是课堂教学的核心。教师的课前准备要善于站在学生的角度，为推动学生的多样化、深度化学习而精心策划学习流程，让学生真正成为课堂的主人、学习的主人、成长的主人。

当今世界正在发生深刻复杂的变化。世界多极化、经济全球化深入发展，文化多样化、社会信息化持续推进，科技革命孕育新突破，全球合作向多层次全方位拓展。社会在不断进步，科技在不断跨越，未来社会需要的是学习型、合作型、创造型人才。我们的教育要立足于培养既能适应未来社会又能改造未来社会的人才，培育团队精神，激发学习兴趣，激励创新精神，培养终身学习的能力，应该成为课堂教学的终极目标。

我校的“魅力课堂”改革就是突显以“学习”作为课堂核心的全面改革，“学习”是课堂的核心，课堂应该围绕“学习”这一核心进行。教师要精心策划学习流程，努力推进课堂学习的多样化。创建学习的情境，激发学习的兴趣，丰富学习的方式，拓展学习的时空，发展自主学习的能力，激励学习进步，培养终身学习的习惯与能力，为学生的终身学习和终身发展奠基。

重构师生关系

魅力课堂中的师生关系是现代学习的伙伴关系，是共同的学习者，教师是课堂中最为成熟的人，理应成为首席学习代表，教师要成为课堂学习的表率，教师的一切课堂教学行为都是为了有效促进学生的学习。在教学中，教师要站在学生的角度，真正构筑起“师生学习共同体”，实现“教学相融”。在魅力课堂的教学中，教师会以学的形式教，而学生能用教的形式学。教师成为教师式的学生，学生成为学生式的教师。

当以“学习”为核心时，学生的主体地位才能更加凸显。因此，教师课堂理念的转变为将“学习”作为课堂的核心奠定了思想基础。

激发学习活力

教育的一切活动都必须以调动学生主动性、积极性为出发点，使学生具有充分的动力，主动学习，善于学习，逐步形成自主学习能力。面对新时代，我们必须改变以往那种让学生跟在自己后面亦步亦趋的习惯，创设学习氛围，培育学习兴趣，激发学习活力，引导学生自主学习、学会学习。课堂教学是一个双边活动过程，只有营造浓厚的学习氛围，唤起学生的主体意识，激发起学习需求，学生才能真正调动起自身的学习潜能，进行自主学习、合作学习、分享学习、学会思考，真正成为课堂学习的主人。

学生有了学习兴趣，激发出学习活力，才能迸发出对学习本身的热爱与对解决问题的不懈追求。

设计学习流程

产品质量出问题，往往是生产流程出了问题，流程科学完善了，产品质量才有保证。为确保学习质量，教师课前应该精心策划课堂学习流程，教师的课前备课，不是围绕教师怎样教来展开设计，而应该围绕学生“学习”这一核心来思考设计课堂的学习流程，依据课程目标、提升学生学科素养，设计学习方式多样化、精准化、科学化、整体化的学习流程，促进学生多样化学习的产生，让每个学生体验学习中自学的快乐、动手的快乐、思考的快乐、观察的快乐、合作的快乐、进步的快乐、成长的快乐。学习流程设计的科学完美，能有效促进学生的深度学习、理性学习，为培养学习习惯、提升学习质量打下良好基础。

我一再强调，魅力课堂要以尊重人的情感体验（快乐与积极）为出发点，努力让课堂充满情调、趣味、生机、活力、激情，注重对生命的赏识，唤醒真善美，提振精气神，努力寻找推动学生主动发展的力量，努力使学生的学习是基于内在兴趣和需求的推动，强大的内驱力会使学生学习成为一种生命成长本身的需要，其目的是为学生的学习注入动力，从而激发学习活力，达到学习高效的目标，实现学科育人。

课堂要努力将学生带到学习的高速公路上，因为那里是阳光大道、平坦宽广、风景独特、令人神往，学生就能开足学习马力，在学习的高速路上愉悦奔驰。教师要寻找学习的高速公路的入口，要用智慧把学生带到学习的高速公路的入口处；教师要调研学习的高速公路的通行状况，有没有雪天封路，封了哪一段路，从哪个入口进入可以通行，同时要限速，注意行车安全，这样确保有一段愉悦安全的高速学习行程；教师还要积极探究学习的高速公路的出口，从哪个出口出来能准确快速地到达目的地。

教师要重视以爱育爱，以情激情，用智慧与创造把学生带到团队力量喷发、青春激情超越、勇于创新拼搏的青春之路，让学生合作前行、团队前行、兴奋前行、自信前行、勇敢前行！这样的课堂改革更加关注过程的感受，更加充满了人性的温情，更加读懂学生的内在世界，更加重视育人的效果。

丰富学习方式

我们反对假问题下表面热闹的自我表现课堂，教师要研究学生的真问题，要研究如何多途径解决真问题。要努力培养“自学”“倾听”“思考”“合作”“质疑”“生疑”“探究”“分享”“实践”的习惯，有效促进学生的独立学习、合作学习、分享学习、挑战学习、倾听学习、迁移学习、总结学习、系统学习。要创新研究小组合作学习的问题，在教学中能否形成合作学习，很大程度上取决于能否尊重每一个学生的尊严，而教师的经验、学习的理论、教学的技能不过占了三成的比例。要科学合理分组与分工，激励每一位成员的深度参与，推进“互相学、共成长”成为小组的共同价值追求。

有多样化的学习，才会促进多样化的思考，才能更好地激发学生学习的潜能，让每一位学生获得更好的发展。

掌握学习方法

学习的一个重要目标是学会学习，使学习成为一件愉快的事，为学生的终身发展奠定良好的基础，这也是现代社会发展的要求。学习需要有端正的学习态度，强大的学习动力和良好的身心素质，更重要的是掌握科学的学习方法。学习有三层境界——苦学、好学、会学。第一层境界学生苦学，即“刻苦、刻苦、再刻苦”。处于这一境界的学生通常会认为学习是件苦差事，体会不到学习的乐趣。第二层境界是好学。处于这层境界的学生，学习兴趣对学习起到重大的推动作用。他们对学习如饥似渴，往往废寝忘食。第三层境界是会学。处于这层境界的学生能够按照正确的方法学习，学习效率高，学得轻松，思维灵活，能够很好地驾驭知识，做知识的“主人”。老子说：“道可道，非常道；名可名，非常名。”虽然掌握学习方法，就是掌握终身学习的能力，但知晓学习方法，并不意味着学习能力有所提高。要真正提高学习能力，就必须将良好的学习方法运用于学习的实践。

教师既要很好地研究各学科的学习方法，进行专业性探索，指导学生的学习，让学生掌握科学的方法，又要鼓励学生在学习中探究学习方法，实验学习方法，交流学习方法，总结学习方法，让理论指导实践，实践升华理论，不断地循环往复，探究学习的秘诀，掌握科学的学习方法，助力学习质量的提升和终身能力的发展。

掌握适合自己的学习方法，不断提高学习能力，提升学习效率，让自己真正成为学习的高手，成为德才兼备的栋梁之材，未来为社会、为祖国的发展与创新多做贡献。

推进深度学习

教师要全面认识教学系统，了解教学系统中核心要素间的内在关联，深刻认识教学的目的性与教学内容的选择和整合、与教学方式方法的选择和组合、与教学评价之间的内在逻辑，认清“教学”与“学习”的关系，认清“知识”“能力”与“核心素养”的关系，认清“课程标准”“教材”与“教学内容”的关系，认清“教学有法”与“教无定法”的关系等。

教师在教学设计中要基于对不同年龄段学生的年龄特征和认知规律的认识，充分挖掘学科课程所蕴含的独特育人价值，科学确定对于学生终身学习和发展而言更有意义的教学目标；基于对学科体系结构的认识，选择或整合凸显学科本质、反映学科思想方法的核心内容；基于教学目标的设定和教学内容的选择，选择或设计有利于目标达成的教学活动与学位方式；基于教学目标、教学内容和教学活动的设计，研究开发教学评价的方式、方法和工具。当然，最重要的是引导教师按照教学设计组织实施教学，并在教学实践中不断改进教学设计，让学习进入深度状态。

教师只有站得高，才能望得远。只有专业厚重，底蕴深厚，才能把握准确。只有进入深度学习，才能更好地促进学生的创新发展，才更有能力促进未来社会进步。

注重学习评价

课堂中的评价是多元的，既有教师对学生的评价，也有学生对学生的评价，还可以是学生对自我的评价。

教师对学生的评价。教师的评价对学生的影响是巨大的，适当的评价能激发学生强烈的学习欲望，保持旺盛的学习精神，因而在自主学习的课堂中，教师一定要重视对学生的评价，这种评价不仅表现为一些鉴定性的语言评价，更多的应该是教师的一个手势、一个眼神、一个默许、一个认可、一个赞同、一个微笑……以此给学生以激励和赞许，使他们能更主动地发挥自己学习的潜力。尤其对成绩中下等的学生，更要在细微中看到他们的进步，对其有见地的回答给予充分肯定和赞扬，尤其能使他们摆脱那些学习好的学生的阴影，树立强烈的求知欲和创造欲，在学习中更主动，更自信。教师对学生的评价，不要简单地对结果进行激励评价，而要对形成结果的过程进行激励，推进学习过程的改善，才能更好地促进学生进步。

学生对学生的评价。生活在群体中，每个学生都渴望得到同伴的认可。为了得到同伴间良好的评价，他们都会努力地表现自己出色的一面。教师在教学中有效利用学生的这种心理，能充分调动他们学习的自主性。

学生的自我评价。自我评价不仅能增强学生的主体意识，更是学生认识自我、发展自我的有效途径。在教学中，适时地让学生进行自我评价，也是体现学生自主学习的一个方面。

其实，过多外在的奖励并不利于培养学生内在持久的学习兴趣。学生在此起彼伏的掌声中会渐渐褪去应有的喜悦，长期下去，也只能带给他们更多的“迷失”。学生创造性的回答一定要及时给予肯定和鼓励，学生错误的回答，既要指出不足，也要抓住可取之处给予鼓励，不可损伤学生的自尊心和自信心。只有在客观的基础上，坚持鼓励为主的原则，才是富有魅力并且有价值的评价！

学生自主学习的愿望是强烈的，学生主动发展的潜能是巨大的，学生有控制课堂的需求，学生的自主学习能力需要培养和提高。教师应该充分相信学生、尊重学生，以充分调动学生学习的积极性为前提，以教给学生学习的方法为重点，以促进学生智能的提高为核心。当学习成为课堂的核心时，课堂的思考方式就要对应发生变化。

教师要特别重视“三力”的建设：提高学生的学力，推动学生思维的发展、灵性的生长，努力开发学生的潜能、提升学习的效能；激发学习的活力，培育学习的激情，激活生命成长的动力，释放学习的动能；增强教学的魅力，提升教师品位、提高学科兴趣，建立良好的师生关系，实现学科育人，凸显课堂的吸引力。

魅力课堂实现“两相融”

- 教师与学生相融合
- 教与学相融合

在教学中，师生共同开启探究之旅，让课堂在充满思考、问题探究、质疑生疑、智慧撞击、灵性生长中愉悦前行。

师生在课堂中的关系是学习的伙伴关系，共建现代课堂学习共同体，教师成为平等伙伴中的首席学习代表，要引导、激励、推动学生的深度参与。

课堂必须让“教师”与“学生”融为一体，教师的“教”与学生的“学”融为一体，教师与学生成为学习的朋友，“我”和“你们”的关系变成“我们”的关系，我们一起探究、一起学习。教师会用“学”的方式“教”，学生也会用“教”的方式“学”。

这样的课堂，对学生而言，意味着主体性的凸显、个性的张扬、创造性的解放；对教师而言，意味着上课不仅是传授知识，而是一起分享快乐、促进学习，不是单向的付出，而是生命活动、专业成长，自我价值实现的过程。

这样的课堂就会成为师生融合发展的生命场。

魅力课堂坚持“三原则”

- 以学定教原则
- 以学生思维训练为主线原则
- 以激扬学生的生命成长为评价标准原则

以学定教原则

从学生的认知起点和学习目标出发确定课堂教学的起点，从学生的问题和真实需求出发确定课堂教学的内容，从学生的心理和精神需求出发决定课堂教学的方式。

以学生思维训练为主线原则

思维方式是最重要的学习能力和生命素养，课堂上让学生的思维动起来：质疑、批判、讨论、辩驳，一切以思维的发展和提升为依据，真正落实以学生思维训练为主线的原则，促进学生思维能力的提升。

以激扬学生的生命成长为评价标准原则

课堂教学决不能控制和束缚学生的生命成长：我们要解放学生的头脑，使他们充分思考；解放学生的手脚，使他们主动探究；解放学生的时间，使他们从容学习，真正让课堂成为学生的生命发展场。

魅力课堂倡导“四归还”

- 把课堂的空间还给学生
- 把课堂的时间还给学生
- 把课堂质疑问难的权力还给学生
- 把探究性学习的权力还给学生

今天的教育必须以人为本，把学生当成一个活生生的生命体——有适合其年龄特点的发展需要和发展权利的生命体。教育应为学生一生的“优秀做人、成功做事、幸福生活”奠基，要着眼于培养适应终身发展的关键能力与适应社会的必备品质。应试教育把科学、文化、道德的教育，降低到了“术”的演练层次。应试教育不以人为本，把人当成了物，应试过程实际上成了掌握解题术、应考术的过程。学生则成为父母和教师实现愿望的工具或器物。魅力课堂就是从应试教育中走出来，走向全科育人、全体育人、全程育人、全面育人，走向素质教育、立德树人，走向核心素养的培养，为国育有用之才。魅力课堂倡导把学习的空间、时间、权力还给学生，让学生成为学习的主人。

把课堂的空间还给学生

世界非常大，一定要让学生去看看。因为见多才能识广，阅历丰厚，才有能力与智慧生成。课堂不仅局限于教室里，实验室、标本室、校园、公园、博物馆都可以成为学生学习的课堂。学校要大量开设活动课程，在活动中增进了解、学会选择、展示特长、愉悦身心、发展能力；学校要鼓励多样化开设社团课程，为学生组织活动提供全面支持，要求每个学生每学期都必须参加至少一个社团活动，在个性化课程中增强团队凝聚力，培育集体主义精神，提升学生的组织能力，学会与同伴之间相处；学校要定期开设有意义的社会实践课程，走进各类博物馆、文化场馆、科技场馆，在课程中激发理想追求、提升价值判断能力，引领社会的文明风尚，引领社会的文明进步；学校要每月走进一次魅力讲坛，倾听各类大家的报告，走进名家的生活，激励学生树立理想，坚实走好每一步，在平凡中坚守，在坚守中走向不平凡。学校要每学期开设一周的游学课程，走进祖国的大江南北，欣赏大自然的奇异风光，感受祖国山河壮美、城乡日新月异的变化，激发爱国主义情怀，激励为振兴中华而读书的理想与信念。

把课堂的时间还给学生

教的最终目的是为了不教，学生总有一天要离开学校，要去独立面对和掌握自己的人生。生命是由时间汇聚而成的，谁会掌控好自己的时间，谁就赢得了生命的主动权。减少教师对课堂时间的侵占，把时间还给学生，在教师的科学引导下，推动学生独立学习、合作学习、分享学习、主动学习、学会学习，有利于培养学生终身学习的习惯与能力，有利于激发学生内在的学习兴趣，为终身学习打下基础。

把课堂质疑问难的权力还给学生

质疑，即提出疑难问题来讨论，提出疑问以求解答；问难，即对于疑问反复讨论、分析或辩论，提出疑难，请教别人或一起讨论。问题是科学研究的出发点，是开启任何一门学科的钥匙。没有问题就不会有解决问题的思路、方法和知识；没有问题也就难于诱发和激起学生的求知欲；没有问题，感觉不到问题的存在，学生也不会去思考，那么学习也就只能是表层和形式的。所以现代学习方式特别强调问题在学习活动中的重要性。但笔者在教学实践中发现学生质疑问难的能力还比较弱，学习主动性没有真正发挥出来。这就需要教师在教学过程中培养学生的问题意识，提高学生质疑问难的能力。问题始于疑、生于疑，质疑是思考的产物，要鼓励学生质疑，推动思维的发展。激励学生主动去发现问题，想办法主动去解决问题，在解决问题的过程中，学会寻找发现资源、科学利用资源来解决问题，这可以促进学生的主动学习，让学生成为学习的主人。

把探究性学习的权力还给学生

倡导“自主、合作、探究”的学习方式，是实施基础教育课程改革最为核心，也是最为关键的环节。而《新课程标准》特别强调学生学习方式的改变，并将探究学习作为核心。探究性学习是指学生在学科领域内或现实生活情境中选取某个问题作为突破点，通过质疑，发现问题，调查研究、分析研讨，解决问题，表达与交流等探究学习活动。通过探究学生获得知识，激发情趣，掌握程序与方法，这种学习方式是对传统教学方式的一种彻底的改革。探究性学习有利于让学生体验科学研究的方法和过程，培养创新精神和实践能力，使学生得到全面发展。好奇心是激发探究精神的重要法宝，要积极培育并保护学生的好奇心，创设探究学习的环境，设计有探究意义的问题，推进探究学习的深度发生。探究性学习中，我们不能把什么都拿来让那个学生“探究”，要选择适合学生探究的内容，让探究有价值与意义。学生学习的知识大部分是人类经过几千年探索的结晶，最有成就的成功人士也最善于吸收前人已有的成果，站在巨人的肩膀上攀登高峰，我们决不能为探究而探究，也不是每一节课都需要探究。

“探究”但不冷落接受学习。接受也是一种学习方式，无论是接受学习还是探究学习，都是一种学习方式，不存在优劣之分，只是看它是不是适合学习材料与学生基础而已。我们在大力提倡探究学习的同时，也要根据不同的学习目标、学习内容，大胆适用有意义的接受学习，当然要避免重蹈死板训练的覆辙。

探究教学以学生活动为主，在探究性学习中，学生的活动多了，教师“导”的作用是否就减弱了呢？对教师的要求是否也降低了？在探究性学习过程中，教师的角色应该是学生探究过程的促进者和引导者，而不是主持人或报幕员。教师的活动主要是进行组织、指导、设计、引导、启发等。教师在教学中的作用是不可替代的，离开了教师精彩的讲述，巧妙的点拨和渐入佳境的引导，离开了教师的专业素养，同样出不了好课，探究的效果会大打折扣。

总之，教师是一个组织者、引导者、鼓励者，他的主要任务是创设情境，挑起“矛盾”，营造良好的氛围，促使学生积极探究。在引导学生探究学科知识的同时，培养学生科学的探究精神和探究能力，让学生由“要我学”转变为“我要学”，为学生的终身探究奠定坚实的基础。

魅力课堂强调“五不讲”

- 讲了学生也不会的，坚决不讲
- 学生能自己学会的，坚决不讲
- 学生自己能讲明白的，坚决不讲
- 能用学生的动手实践代替教师口头讲的，坚决不讲
- 能采用小组合作学习解决的问题，坚决不讲

中国教师在讲课的问题上有几个显著的特点。一是特别会讲。不怕讲得多，就嫌讲得不够，讲课的语言很专业，讲能迅速让自己进入状态，出口成章、口若悬河、能说会道、滔滔不绝，进入自我陶醉的境界。二是特别爱讲。因为对讲酷爱，总是无私奉献带着疲惫讲，挖空心思寻找机会讲，侵占课堂大部分时间主动积极讲，只有多讲心里才有自我安慰与自信。三是不讲难受。教师不讲或讲少了心里就不踏实、感觉慌乱，感觉不讲自身就没有用武之地，未能达到讲的目的就难以入睡，坐立不安。会讲爱讲已形成相当多教师的课堂惯性，因为教师大量地讲，学生只能成为课堂的看客，只能被接受、被成长，无法体验学习内在的快乐，难以爆发成长的力量，无法促进其主动成长。

教师必须更新观念，要从以“教”为核心转变成以“学”为核心，教师在课堂里要成为学生学习的服务者、引导者、激励者、推动者。教师要减少课堂的“讲”与“评”，增加课堂的“学”与“练”。立足课堂，让每一个学生成为探索者；体验生活，让每一个学生成为实践者；倡导合作，让每一个学生成为开拓者；突破传统，让每一个学生成为创新者。把自己从课堂上居高临下的权威者变成师生平等关系中的首席。

讲了学生也不会的，坚决不讲

教师要加强教学针对性研究，课堂教学是针对学生的实际情况开展有意义的学

科教育活动，必须让学生学而有趣、学有所获、学有所成、学能提神。教师一定要了解调研学生的基础，首先，要开展课前学生作业、学生基础的定量调研并做统计性分析，准确掌握学生的基础、水平，存在的问题，做到心中有数。其次，在课内自主学习环节中，教师应该在走动中观察、调研、统计，既能发现学生在自学中存在的问题，又能判定出学生已有的基础与基本能力，不要讲授超越学生基础、能力的高大上问题，要经常开展课内教学情况的统计分析，慢慢找到规律。如果教师集中讲解的问题，班里有 70% 的学生弄不懂、跟不上，那就说明教师的讲解还解决不了问题，还没到讲的时候，还需要打好基础，等待条件成熟后再来讲。学生还不具备基础，超越学生能力的问题，教师就信手拈来，盲目讲解，不仅得不到好的教学效果，更重要的是会伤及学生的自信心，影响学生的健康发展。

学生能自己学会的，坚决不讲

学生的学习有三种境界：第一种境界，在倾听教师的讲授中学到了知识，学生感到学习有收获；第二种境界，是在自己独立学习中，找到技巧，掌握规律，能独立去解决有关问题，感受学习的快乐；第三种境界，是在小组合作学习中，不断相互激发、争辩、撞击，提升了自己的思维能力与判断力，自己开阔了视野，找到好的思路，对问题的解决有了新的思考，感受到学习的意义与价值。教师决不能用自己的讲代替学生的学，要减少讲、精准讲，不讲学生就能学会的内容坚决不讲。要科学设计学习流程，助推学生的多样化学习，在多样化的学习中，学会学习，享受学习，在愉悦与充实中学到知识、提升能力、增长智慧。

学生自己能讲明白的，坚决不讲

我听见了，就忘记了；我看见了，就领会了；我做过了，就理解了；我讲过了，就掌握了。在倾听教师的讲授中学习，容易忘记，听懂了，还不一定真懂，倾听式的学习，需要积极思考，全神贯注，做好笔记，课后及时跟进，才会有效果。教师通过板书、多媒体手段，将要讲解的问题呈现在 PPT 上，孩子们在倾听与视觉中就容易领会，教育的效果会提升。教师将要学习的目标与要求设计成对应的问题，让学生在动手解决问题的过程中，实现动脑与动手的连接，在体验过程中理解知识。学生在自己理解、动手练习的基础上，如果把自己对问题的理解通过自己的语言准确地表达出来，能说得明白，能解答他人的问题，这将提升理解的层次，更好地实现对知识的掌握。在课堂中，教师要相信学生，凡是有一批学生能讲得明白的，教师就不要讲，而要鼓励学生有勇气讲、敢于讲、善于讲，在讲中相互学习、相互帮助、共同发展。

能用学生的动手实践代替教师口头讲的，坚决不讲

教师要善于鼓励学生自学，培养自主学习的能力，在自学中主动质疑。疑是思维之物，又是思维之始。教师要善于观察、调研、了解学生的基础与能力，据学生之疑，结合生活实践设计有目标性、针对性、实践性的问题，让学生亲自动脑、动手练习实践，或设计成探索实验，在教师的引领下进入实验室开展小组探究实验，在实验中提高对知识的理解。学生的亲身经历、体验、感悟，所获得的知识与能力远远比被动的讲解效果好。教师要充分相信学生，调动学生学习的主动性，让其主动参与学习体验。只要能通过问题思考、动手实践来解决的问题，就需要让学生在实践体验中去认知、去感悟、去深化。教师绝不要用讲代替学，教师应该在学生实践感悟、思考体验的基础上精当讲解、总结提升，学到的知识才会深刻，也才可能融会贯通、触类旁通。

能采用小组合作学习解决的问题，坚决不讲

合作学习不仅能改善学生的学习状况，提升学习成绩，还能在团队中学会帮助与关爱、启迪与思考，改善同学关系，学会与人相处，学会合作、学会学习，终身受用。教师要高度重视小组合作建设，推进合作学习的创新务实开展。让每一个有问题的学生都敢于发问，让每一个有能力解答问题的学生主动答疑解惑，让每一个身处其中的学生融入小组认真倾听，促进上中下不同层次的学生在各自起点上的进步，实现有差异的发展。由于不同个性的学生，在学习中遇到的问题各有不同，教师的讲解无法针对学生的差异，满足每一个孩子的问题要求，但小组合作学习能调动每一个个体的主动性，将自己的问题暴露出来，并获得有针对性的解决，有利于提升学困生的自信心，提高学困生的学习质量。优秀生在帮助学困生解决问题的同时，不仅收获了友谊，同时也推动了自己的深入思考、多维思考、语言思考，让自身发展得以拔高。中间生在反思问题中学会借鉴，在倾听讲解中学会增智，开拓了眼界，让能力得以提升。因此，教师要努力推动合作学习的深度发生，只要能通过合作学习来解决的问题，教师坚决不讲，而是促进“兵教兵”作用的充分发挥。

魅力课堂凸显“六特别”

- 特别有吸引力
- 特别能开发思维
- 特别重视情感传递
- 特别注重合作互助
- 特别凸显核心素养的提升
- 特别能激活成长动力

课堂最缺的是什么？我们认为最缺的是情调、趣味、生机、活力、激情、对生命的赏识，最缺的是真善美的唤醒，精气神的提振，最缺的是一种推动学生主动发展的力量，如果我们的课堂能够找回这种力量，就是课堂最大的成功。

魅力课堂特别注重改变师生的生命状态，课堂对学生有深深的吸引力，像巨大的磁铁一样，把学生深深吸引在课堂里。魅力课堂特别重视思维能力的开发，坚信学生的潜力无限，注重培育思维的灵性，促进学生有智慧的生长。魅力课堂特别重视情商的培养，传递精神的力量，坚信有志者事竟成。魅力课堂特别重视合作学习，努力推动在合作学习中培育集体精神，促进每一个学生的进步。魅力课堂特别重视核心素养的培养，凸显学科育人，为学生的终身发展奠基。魅力课堂特别重视学生内外动力的激活，在激情、活跃、兴奋、愉悦、向上的氛围中主动发展、快速成长。

特别有吸引力

教师要带着微笑进课堂，带着自信进课堂，带着最佳的精神气质进课堂，带着激情与兴奋进课堂，带着对学生的尊重与激励进课堂，带着现代教育的理念进课堂。让课堂成为教师最深爱的教育田野，在这儿施肥、浇水、播撒阳光，播种教育的希望。师生是最好的学习伙伴，组建成学习共同体，教师是首席学习代表，是学生最信赖的朋友。学生是课堂的主人，是教师最热情服务的受众。师生平等相处、相互尊重、彼此欣赏、精神契合、内心充盈。

教师要善于创设课堂教学的最佳情境，设计最有趣味的问题，推动小组的最佳合作。教师要风趣幽默地精讲，让学生沉醉在课堂里，享受在课堂里，快乐成长在课堂里，让课堂成为深深吸引每一个学生的引力场。

特别能开发思维

人与人最大的差别，是思维方式的差别。成功的人都是善于思考的人，他们往往有优秀独特的思维方式。他们遇到问题时，总能积极地思考，冷静地思考，立体地思考，创新地思考，思考带来力量，思考改变行动。思维方式对于教师十分重要。"一粒老鼠屎坏了一锅汤"与"火大无湿柴"到底谁对谁错？问题学生可能破坏班风，好的班风能转变问题学生，到底哪一句话是真理？具体情况要具体分析。"近朱者赤，近墨者黑"。比如一个好学生忽然和某个问题学生交往增加，教师提醒学生："你小心学坏（近墨者黑）!"为什么教师不能换个角度，他们的接触也可能带来"近朱者赤"的效果呢？教师要习惯在矛盾中思考，在事物的互相联系中思考，在刨根问底中思考，假设多种可能性，在思考中反驳自己，防止思维方式是表面的、片面的、单向的、线性的、独断的、非讨论性的。

教师要特别注重开发学生的思维，培育思维的灵性，挖掘思维的潜能，提升思维的品质，让课堂成为生长想法、激活创新灵感的思维场。

特别重视情感传递

给予是爱，占有、获取并不是爱。只有心甘情愿地付出、尽心竭力的奉献、不需偿还的给予，才是爱。爱是人类特有的一种情感，是人类文化永恒的主题。爱是教育的基点，教师只有心中有爱，才能坚持理想、坚守信念、敢于淡泊。爱是教师最重要的法宝，师爱如水，它看似柔弱，但却蕴藏着强大的教育力量，它能感动心灵、启迪智慧、创造奇迹。

教师要特别善于以情动人、用情说话，特别重视建立良好的师生情、生生情、生本情，在良好的氛围、友好的情感中对话交流，让课堂成为相互感动、难以忘怀的情感场。

特别注重合作互助

“三个臭皮匠，顶个诸葛亮”。“单丝不成线，独木不成林”。爱迪生曾说：“合作是成功之母。”小组合作学习更能突出学生的主体地位，培养主动参与的意识，激发学生的创造潜能。小组合作学习是学生之间互教互学、彼此之间交流信息的过程，也是互爱互助、情感交流、心理沟通的过程。不仅如此，合作研究性学习还把小组合作推向广域的学习情境，使人与人之间的交流在更加广阔的时空中进行，人际交往、交流就更具多维性和交互性。中小学生正处于自我意识形成和发展的阶段，学生的自我意识主要是通过他人对自己看法的内化和与他人进行比较、判断的过程而逐渐形成的。小组合作中的学习活动的任务分担与成果共享，相互交流与相互评价，使学生能体验到一种被他人接受、信任和认同的情感，这就为学生社会化程度的提高、交际能力的培养、自我意识的发展提供了充分的条件。学生在合作小组中，通过与同伴共同努力来确定目标、制定方案、收集资料，并进行分析处理、寻求问题的答案或结论，这一合作过程，既是类似科学研究的体验过程，更是学生之间能力、情感、心理不断调整互补、互动统整的过程。这种合作，通过相互启发、激励，发展认知能力，对一个人的合作能力与团队精神的形成也具有奠基作用。

教师要特别注意培养学生的合作互助精神，高度关注每一个学生的成长，决不让学生游离于小组之外、班级之外，努力促进“兵教兵”活动的开展，推动学生小组间精诚团结、智慧碰撞、共同成长，让课堂成为学生发展的互助场。

特别凸显核心素养的提升

如果将正确的价值观、科学的思维方式和优秀的品格看成是学生的三大核心素养。价值观就是一个人心灵的风向标，管其“心”；思维方式就是一个人脑力劳动的武器，管其“脑”；品格就是一个人的行为表现和为人形象，管其“行”。素养导向的教学要求教师首先要具有积极的生命情态，是心地善良、有情有爱、充满生命活力的人，对社会肩担道义，对工作爱岗敬业，对生活乐观向上，对困难愈挫愈勇，对他人团结合作，对自我勤奋进取。其次要具有强烈的育人情怀，教书育人是教师的天职，教书是途径、是手段，育人是目的、是根本。

课堂必须围绕提升学科的核心素养组织教学，实现全科育人。从素质教育与立德树人的角度研究学科内容与核心素养的关系，要抓住根本与关键，凸显关键素养与必备能力的实现点在哪里，怎样去实现。课堂教学，必须努力提升学生适应终身发展和社会发展需要的必备品格和关键能力，为学生的终身发展奠基。

特别能激活成长动力

"激励"教育给人动力。"激励"教育是以信任、理解、尊重、激励、提醒为思维方式的教育思想方法，是引导学生走向成功的阶梯，是加速学生成长的"催化剂"。"六心"教育给人成长的激情——信心是精神的支柱、是动力的源泉、是对自己深深的期待和祝愿；恒心是坚韧、是意志，是对承诺、信念的坚守，是构建成功金字塔的基石；关心是理解、是沟通、是心灵的抚慰和给予；开心是乐观、是进取，是健康向上、不言放弃的心绪和情怀；良心是宽容、是回报、是心灵的踏实与舒畅；平常心是水到渠成、运筹帷幄的坦然与自如。

教师要善于激活学生、推动学生主动成长。教的目的是为了不教，培育学生的志趣，激发学生的人生追求，努力把学生培养成学习的主人，发展的主人。教师要善于激励学生、唤醒学生、感动学生，走进学生的心灵，给学生成长的力量，让课堂成为学生成长的动力场。

魅力课堂优化“七策略”

- 优化课前准备策略，奠定课堂成功的基础
- 优化课内时间管理策略，提高课时效益
- 优化课内导学策略，促进学生学会学习
- 优化学生合作与展示策略，提升学生合作能力
- 优化课内解疑策略，促进学生解决问题
- 优化课内训练策略，促进学生迁移运用
- 优化课后增效策略，确保持续发展和提升

课堂是一个没有天花板的舞台。课堂是一个无限的空间，师生可以充分展现自己独特的创造力，为创新人才的培养奠基。课堂是一个成长的舞台，师生可以在这个舞台上演绎生命的精彩，为孩子的人生打下生命的底色。课堂是一个心灵世界的对话场，师生可以在这个场中实现知识、能力、情感、生命的立体交流，为孩子的精神世界增添光彩。课堂是一个充满理想与希望的殿堂，可以在这儿播撒种子，为了让孩子在未来的世界里开更多的花、结更多的果。课堂是一个课程要求、教学目标实现的宝地，教师要精心设计、科学思考、智慧对话、注重策略。

优化课前准备策略，奠定课堂成功的基础

科学分组、智慧排座。教室座位的排列是一门学问，要有利于方便学生的合作学习，有利于学生主体作用的发挥，有利于学生间的语言交流与非语言交流，有利于不同小组之间的友好竞争，促进每一个学生的主动发展。

指导学生主动进行三级预习，并作适当拓展与延伸。培养学生每天晚上进行课前预习的习惯，让学生带着问题进课堂；培育学生利用周末开展小单元自学的习惯，减掉重复性作业，提升自学能力；实现寒暑假作业大变脸，推进各主要学科大单元自

学，培育学生终生学习的习惯，提升终身学习的能力。

认真开展三级备课，切实提高备课质量。钻研目标，吃透教材，读懂学生；确定单元的目标要面向全体，尊重差异；提前一周，集体研究下周各课时的教学方案。

加强备课组管理，严格把关。要推进备课组“集备活动”的常态化，提倡在研究中工作，在工作中研究。重视备课，开展学习流程的精心设计，凸显学习这一课堂的核心。

自觉地为营造适宜的课堂气氛做好充分的心理准备。课前教师要自我心理暗示，为创建一节成功的课堂提振信心。要设计几个高潮点、生长点、风趣点，做好心理谋划，自身要进入境界。

优化课内时间管理策略，提高课时效益

合理安排并有效把握“学”“教”“练”“评”的时间。要有科学安排时间的意识，适当增加“学”与“练”的时间，减少“教”与“评”的时间。但时间的安排上一定不要机械，要根据教学内容和学情合理设计，灵活应变，机智应对。

善于精讲，以确保学生有足够主动学习和练习的时间，使课堂主要体现的不是教，而是学。语言要精练、浓缩，不要泛泛而谈，或者满天放空炮。讲要讲在关键处、盲点处、拐点处、连接处。讲的目的是为了不讲，要培育学生学习的兴趣，激发对学习不懈追求的精神。

充分而适宜地运用已有传统教学设备和现代教学手段，体现教学技术应服务于课堂教学实际需要的原则。教师一定要提高信息技术素养，充分利用信息技术等多媒体手段，让课堂教学更加丰富、形象、生动、立体，提升课堂的趣味性，增强教学的冲击力、震撼力、感染力，促进教学质量的全面提升。

在努力提高课堂教学魅力与效率的同时，注意在各个环节随时有机地渗透德育、心理健康教育和卫生保健教育等方面的要求，做到促进学生的全面发展。要从学科教学走向学科育人，关注学生的思想发展、品行培养、心理健康、人格健全，激活学生的成长动力，助推其主动发展、优质发展。

准时下课，绝不拖堂。拖堂是对学生人权的侵犯，要确保学生的课间休息权，让学生调整好状态，为进入下一节课做好充分准备。

优化课内导学策略，促进学生学会学习

自学内容具体明确，自学方法灵活多样。教师要科学设计自主学习的内容与时

间，要有效指导学生的学习方法，坚定地推进学生自学能力的提高，让学生学会学习，高效学习。

学生自学时，勤于巡视、指导和鼓励。教师要成为一位观察家，善于在巡视中发现问题，及时引导解决问题。要善于用非言语交流的方式或者语言交流的方式鼓励学生、关注学生，给予学生成长的精神力量。

尽量扩大反馈面，最大限度地了解学生自学中所遇到的疑难问题。教师的心中要有每一个学生，要机智、灵敏、迅速地寻找学生在自学中的问题，为下一步有针对性地讲解打下基础。

对学生的疑难问题，分清性质，梳理归类，做好“第二次备课”。教师要提高应变概括能力，要根据观察发现、问题呈现、学情判断，进行思维的快速整合，依据问题的多少与难度设计好问题解决的程序，凸显教师对课堂问题的驾驭能力。

优化学生合作与展示策略，提升学生合作能力

科学组建合作学习小组。在对全班学生学业基础、男女性别、个性特点、学科特长、组织能力、家庭状况等的科学分析基础上，对等且均衡地将学生分成若干个小组。

每一个小组都要有自己的特色名称，有其独特的符号与精神。要构建小组文化，培育小组特有的精神与文化价值，让它成为小组成员的共同追求，促进小组成员的共同成长。

科学培育团队精神，通过对小组的科学评价促进团队精神入心入行。加强小组合作、展示的科学评价，助推小组成员精诚团结、积极向上，让每一个成员激情参与、活力四射。

注重观察研究小组合作学习的状况，通过创新激励与小组调整促进合作能力的提升。教师要用心关注每一个小组的发展，通过小组成员的集体展示和多样化激励，来提升小组的凝聚力。及时发现小组成长中存在的问题，及时帮助、引导解决问题，或者科学调整小组成员，让小组的构建更加科学有效。

“兵教兵”的作用得以充分发挥，通过合作学习促进不同层次学生都获得成长。学困生通过主动发现自己的问题，并通过组内同学的启发讲解达到解决问题的目的，必将推动自身的进步。优秀生通过对问题的剖析与深入思考，帮助学困生解决问题，开拓自己的思维空间，并对问题的思考逐步达到融会贯通，提升学优生的能力，促进学优生的发展。中间生通过认真倾听，对学困生的问题加深了印象，学会了学优生的

思维方法，加速自身的成长。

优化课内解疑策略，促进学生解决问题

对所有学生在自学后都已懂的问题，坚决不讲。讲学生已经会了的问题，只会浪费课堂时间，做教育的无用功。

对于只有部分学生能解答的问题，先让学生讨论交流，再由教师补充、更正、点评。因为思维撞击会带来灵感，开发智力，促进学生思维能力的发展，教师要在该出手时才出手，不该出手时绝不出手。

对于大多数学生不能解答的问题，可在典型启发的前提下进行精当的讲解。教师的专业水平往往体现在能够对学生的普遍问题进行高水平的启发与解答上，这样既能透视教师的教育理念，又能折射出教师厚实的专业功底。

优化课内训练策略，促进学生迁移运用

当堂训练的目标是努力化知识为能力。要注意提高练习题本身的质量，推进课堂教学效果的落地，在练习的实践中找到规律、提升能力。

当堂训练的时间要保证。一般不少于15分钟。但也要根据班级情况、学习内容、学科规律、学段特点等有所不同。要重视实践体验，但不要机械规定，由教师根据具体情况确定课堂练习的时间。

当堂训练的习题具有针对性、量力性和典型性。要实事求是，将课程目标、学生实际、典型引路有机结合，以实现练习功能的最大化。

课内训练应做到独立和按时，教师原则上不指导。独立思考能力很重要，每一个人都将独立面对未来生活。培养独立思考问题与解决问题的习惯，对学生的一生会产生重要的影响。

学生课堂训练时，教师要勤于督查，批改部分作业。这样有利于教师对课堂真实情况的把握，有利于进一步读懂学生，有利于改善师生关系，提升教育效能。

优化课后增效策略，确保持续发展和提升

安排课后作业应从精、务实、有效。要精选作业，要分层布置作业，同时注意作业的多样化，实现作业的减负、优质、高效。

及时批改学生的课堂作业与课后作业，讲究质量与效果。及时批改作业既是一种

工作态度，又是实现学科育人的重要方式。要对作业情况进行统计分析，为作业讲评课提供重要依据。

重视课后辅导，基本实现教学目标。养成今日事，今日毕的习惯。陪伴学生、建立良好的师生关系，是提供最好教育的前提。及时解答学生中的问题，帮助学生进步，是现代教师精神的自觉。

从严限制考试次数，针对课程目标与学生实际，精选习题。力戒出现偏题与怪题，不照搬外地复习资料。不搞题海战术，要让学生走出题海，学会融会贯通、触类旁通。

认真分析学生的学习情况，积累教学经验与教训，在反思中推进师生共同进步。教师要有反思精神，通过自身的反思来引领、推动学生反思，实现师生在反思中的同生共长。

魅力课堂崇尚“八追求”

- 追求一种理想的教育境界
- 追求以爱育爱、以情激情的精神交往
- 追求师生体验成功、享受幸福的美好生活
- 追求和谐之美的心灵感受
- 追求人的自信境界与自强精神
- 追求学生今天成长与明天成才相统一
- 追求创新与务实的有机结合
- 追求文化传承与历史的担当

课堂是教师实现教育价值的高地。教育是崇高的事业，教师是天底下最辉煌的职业，课堂是教师成就事业的殿堂。当学生精神不振时，你能否使他们振作？当学生过度兴奋时，你能否使他们归于平静？当学生茫无头绪时，你能否给予启迪？当学生没有信心时，你能否唤起他的力量？你能否从学生的眼睛里读出愿望？你能否听出学生回答中的创造？你能否察觉出学生细微的进步和变化？你能否让学生自己明白错误？你能否用不同的语言方式让学生感受到关注？你能否使学生觉得你的精神脉搏与他们一起欢跳？你能否让学生的争论擦出思维的火花？你能否使学生在课堂上学会合作、感受和谐的欢愉、发现的惊喜……提供最优的课堂是教师的最大本领，有强烈的教育追求，才能创建有魅力的课堂。

追求一种理想的教育境界

在这种课堂上，教师对学生是真正的尊重、真正的成全、真正的关注。课堂里师生兴奋，提振精气神，塑造真善美，唱响教书育人的动人之歌。学生拥有足够的思考空间，思维高度活跃，表达充满自信，教师和学生都进入了一种积极进取、主动成长的境界。

追求以爱育爱、以情激情的精神交往

魅力课堂追求以高尚的师爱给予学生无穷的力量。

教师要心怀真爱，让学生在爱中成长，在爱中懂得爱、珍惜爱、理解爱、学会爱、付出爱，在教育的过程中生发出不竭的爱；教师要有激情，只有教师充满激情，才能激发学生的激情，才能催生灵动的思维，才能燃起智慧的火花。以爱育爱、以情激情是教师成长的核心，是课堂充满魅力的关键。

追求师生体验成功、享受幸福的美好生活

魅力课堂要关注每一个学生的学习状态，研究学生的最近发展区，激发学习兴趣，用有差异的方法实现有差异的发展，让学生在快乐学习中享受自身成功的喜悦，培育成功的品质，提高幸福的指数。同时，在学生的生命成长中，也成就教师自己的职业幸福感。

追求和谐之美的心灵感受

教师要大量阅读、潜心思考、积极实践，努力成为一个思维活泼、语言丰富、专业厚实的教师，才有塑造美、创建美的能力。一个思想穷乡僻壤、语言穷山恶水的教师只会让课堂枯燥、乏味、催人入睡。

教师要有美的意识、美的品位、美的追求。让师生共享课堂设计之美、师生语言之美、学科知识之美、讨论碰撞之美、思维严谨之美、课堂生成之美，给师生以“美”的享受，陶冶心灵，启迪智慧，享受愉悦。

追求人的自信境界与自强精神

自信的第一境界是“我能”，即对自己所具备的能力和所憧憬的目标充满信心。自信的第二境界是“我不能”，即建立在“我能”的信心和成功的业绩基础之上的，对“己所不能”的觉悟，知道自己的问题，努力去解决问题。自信的第三境界是“你比我能”，即把别人对自己的超越当作自己的成就，把别人的成功当作自己的快乐，虚心向别人学习，不断促进自身的进步。

信心比黄金还重要，自信是促进人的发展，成就人生事业的前提。要善于引导学生进入自信的三种境界，促进学生的健康、持续成长。自信的教师带着自信的设计走进教室，自信的语言培育自信的学生，带给学生自信的参与、自信的思考、自主的成长。

善于关注每一个学生，善于激励每一个学生，善于发现每一个学生的优点，善于观察每一个学生的积极行为，激励自信心，助推学生自信的成长。

在自信的基础上，努力培养学生的自强精神——积极进取的精神，不畏困难的精神，勇于挑战的精神，坚持坚韧的精神，自我超越的精神，奋斗不止的精神。让自信、自强成为学生的一种品质，成就学生的美好未来。

追求学生今天成长与明天成才相统一

教师的根本职责是教书育人。教师首先要用自己的人格魅力去影响、感染学生，把健全学生的人格放在教育的首位。教师要有长远眼光，要研究未来社会需要什么人才，要努力把学生培养成适应未来社会又能改造未来社会的优秀人才。魅力课堂要高度关注学生今天成长的必要，更要考虑学生明天成才所需，立足当下，着眼未来，为学生的终身发展打下坚实的基础。

追求创新与务实的有机结合

课堂没有最好，只有更好。教师不要成为课堂固定模式的搬运工、机械制造的工程师，教育是一项充满理想与智慧的创造性劳动。教师应有活力，课堂应有创新，不要陈旧落后、平淡俗套。只有创新且富有激情的课堂，才会充满力量，才能更好地推动学生创新思考、主动成长。

课堂的创新不是为了创新而创新，创新必须建立在教学三维目标的有效达成上，建立在学科核心素养的落实上。魅力课堂要追求形式的“新”与效果的“实”相统一。

追求文化传承与历史的担当

教师是人类文明的传播者，是中华优秀文化的守护神，是社会主义核心价值观的坚守者。魅力课堂要积极传播中华优秀传统文化，努力弘扬中华民族的伟大精神，培育具有中国灵魂、国际视野的现代人。教育要为公正、民主、文明、法制的社会培育接班人。魅力课堂要积极贯彻党的教育方针，营造文化环境，提供正能量，让民主平等、公平正义、文明守纪、主流价值走进课堂，重视品行教育，打好做人基础，有效促进社会的和谐与进步。

天下兴亡，我的责任。少年有理想，民族有希望；少年强大，祖国必强大。播撒理想的种子，提供充足的营养，在阳光雨露中生长，为振兴中华育人才，我们豪迈地走在这条充满艰辛又无比幸福的道路上。

魅力课堂操作“九解读”

- 课堂的主体是学生，学习过程是动态的、生成的、民主的、人文的、合作的、探究的、交流的、分享的、高质的，特别倡导体验和幸福
- 自主学习、合作学习、探究学习、分享学习、迁移学习、系统学习是学生的主要学习形式
- 小组合作学习每组人数以 4 人为宜，最多不超过 6 人，一般的问题可在 2 人中解决；小组内分工要明确、具体；要以适合开展合作、交流的原则安排座位
- 一般情况下，课堂教学中教师讲授不超过 15 分钟，讲授的内容是学生自主与合作都解决不了的问题
- 教师备课时要区分不同层次、不同性别的学生情况，分类、分层制定学习目标，精心预设学生的学习方式，精心策划学习流程
- 教师要充分尊重课堂的生成，适时、合理调控课堂，关注学生的参与度，学生的参与比例要达到 90% 以上
- 以激励性评价为根本原则，开展及时、多元评价，注重评价结果的运用，合理地与学生的综合素质评价相结合
- 把问题贯穿于学生学习的全过程，使思维训练渗透于课前、课中、课后的各个环节
- 进一步改善师生关系，教师要成为学生学习的伙伴，学生学习的组织者、合作者、引领者

课堂为何而存在？没有学生，就不需要课堂，因此课堂因学生而存在。学生为何来课堂？学生将来要独立面对他的人生、面对未来的世界，因此学生来课堂是为他的人生打好生命的底色，为未来的成家立业做好全面的准备。学生是课堂的根、课堂的命，是课堂的开始、课堂的过程、课堂的结束，是课堂存在的全部理由，课堂最终属

于学生。课堂是学生学习、成长的舞台，在这个舞台上，我们是否给了他们绽放自我的机会，我们的眼光里是否给予每一位学生高度信任与热切的期望，我们是否欣赏每一位学生的积极参与和精彩表演？教师需要有清晰的视界，需要我们摘下那块蒙着眼睛的布。教师要做的工作，就是引发学生学习的信息，然后收集研制、科学处理它们，以正确地、有趣地推进学习。一个无视学生学习信息的教师就是在蒙着眼睛上课！

教师在课堂上最重要的工作就是激发学生的学习热情，关注学生的真正学习，把学生的所有表现放入自己的眼里，据此来引导推进学生的多样化学习，达成学习目标，实现学科育人。只想着完成教学任务的教师，不会多看一眼学生在课堂生发的信息，或许连学生生发信息的机会都不给予，只是一步步走完教案，就认为自己上完了课、完成了教学任务，这是课堂教学的悲哀。魅力课堂是以“提高课堂学力、激发学习活力、增强教学魅力”为出发点，凸显学生学习是课堂的核心，注重教师与学生、教与学的融合，全面增强课堂的吸引力，发展学生思维能力，培育良好的道德情感，提升核心素养，发展综合能力，过好师生的课堂生活，助力师生的健康、持续发展。魅力课堂“九解读”进一步探究了课堂的本质，如何提升课堂的魅力，以及怎样能让课堂真正成为助推师生生命成长的发展场。

课堂的主体

课堂的主体是学生，学习过程是动态的、生成的、民主的、人文的、合作的、探究的、交流的、分享的、高质的，特别倡导体验和幸福。

教师要高度关注每一个学生的真实存在，关注每一个学生的学习行为，要努力读懂每一个学生的内在世界，读懂学生的精神需求，遵循学生成长的规律，发现学生的困惑，及时予以热情的多样化帮助。课堂教学不是进行死板的、僵化的、俗套的课堂教学，而是让学生自然融入其中，善于抓住课内生成，以问题驱动探究问题的本质，从他们感兴趣的事物中寻找教育的机会。

我们的教学需要启发式的，而非灌输式的，首先从尊重孩子的天性出发，变被动学习为主动求知，激发他们的学习热情，使他们一直处在对知识的渴求状态中。课堂上要丰富学生的学习方式，课前教师要在课堂学习流程的设计上科学设计，学习的主体是学生，课堂要注重培养学生的个体独立学习能力、小组合作学习能力、优秀思维方法的分享能力、发现问题与解决问题的能力、探究与归纳能力、总结与迁移能力。教师要提升课堂的观察力、发现力、生成力、激励力、评价力，要努力推进课堂教学的民主与平等，给予每一个学生人文关怀，尊重个体差异，包容成长中的问题，用有差异的方法，实现不同基础的学生在各自起点上快速进步，让每一个学生体验课堂成长的快乐。

学生的主要学习形式

自主学习、合作学习、探究学习、分享学习、迁移学习、系统学习是学生的主要学习形式。

自主学习是指学生个体在学习过程中一种主动而积极自觉的学习行为。自主学习是建立在学生具有内在学习动机基础上的“想学”；建立在学生掌握了一定的学习策略基础上的“会学”；建立在意志努力基础上的“坚持学”。

合作学习是指学生为了完成共同的任务，有明确责任分工的互助性学习。合作学习鼓励学生为集体的利益和个人的利益而一起努力，在完成共同任务的过程中实现自己的理想。

探究学习是学生在主动参与的前提下，根据自己的猜想或假设，在科学理论指导下，运用科学的方法对问题进行研究，并在研究过程中获得创新实践能力、获得思维发展，自主构建知识体系的一种学习方式。

分享学习是学生个体或者学习小组，在学习过程中探索发现的优秀思维方法与独特学习感悟，进行小组或班级分享，从而启迪与推动学生整体思维能力提升与学业进步的学习方式。

迁移学习是一种学习对另一种学习的影响，它广泛地存在于知识、技能、态度和行为规范的学习中。任何一种学习都要受到学习者已有知识经验、技能、态度等的影响，只要有学习，就有迁移。迁移是学习的继续和巩固，又是提高和深化学习的条件，学习与迁移不可分割。

系统学习是从学科的整体上系统构建学科知识链条，系统认知与感悟学科知识内在联系与系统规律，从而实现对学科整体知识的认识与把握，进而提升学生整体思考与系统思维能力的学习方法。

任何一门学科都由一个一个的知识点、基本概念、基本规律构成，但这些知识点、基本概念、基本规律又不是相互隔离的，而是彼此关联，他们之间存在着某种必然联系，构建成一个系统。简单学习指对知识点、基本概念、基本规律、基本题型的学习，长远的效果表现为系统学习的效果，任何一个学科都好像一辆车，每一个学科都有大量的知识点，好像车的零部件，如果能按照汽车设计的组装图，将各零部件组装成一辆车，我们就可以开着这辆车在高速路上快速行驶，但我们没法背着车的整个零部件在高速公路上行走。因此课堂既要重视简单学习，更应该注重系统学习。注重学习方法的探索，努力让学生发现学习中的规律，激发其内在学习兴趣，培育其学习品质，在多样化的学习体验中，养成良好的学习习惯，学会学习，提升学习的能力，为学生的终身发展打下坚实基础。

小组合作学习

小组合作学习每组人数以 4 人为宜，最多不超过 6 人，一般的问题可在 2 人中解决；小组内分工要明确、具体；要以适合开展合作、交流的原则安排座位。

合作是指两个或两个以上的学生或群体，为了达到共同的目的而在行动上相互配合的过程。小组合作学习是在班级授课制背景下的一种学习方式，即在以课堂教学为基本教学组织形式的前提下，教师以学生学习小组为重要的教学抓手，通过指导小组成员展开合作，发挥群体的积极功能，提高个体的学习动力和能力，达到完成特定教学任务的目的，从而改变教师垄断整体课堂信息源而学生处于被动地位的局面，激发学生的主动性、创造性，小组合作学习也因此得以充分的发挥。

把全班学生按“组内异质、组间同质”的原则，根据性别比例、兴趣倾向、学习水准、交往技能、守纪情况、家庭来源等合理搭配，分成若干个学习小组，每组2~6人，按照不同的方式排列座位，较简单的问题可在一对一中解决，稍微复杂的问题可以根据需要选择 4 人或 6 人的小组来解决，以便启发引导之后，学生面对面地进行小组讨论。小组人员分工及分工标准是根据每个人的特长不同进行不同的分工。善于组织活动的学生为组长，善于记录的学生为记录员，善于表达的学生为中心发言人。为了让每一名学生都得到锻炼，定期轮换主发言人，每个人都有发言的机会，在主发言人表达之后，如有遗漏，中心发言人可以补充。要善于对学习小组的成果进行集体展示，增强集体意识，培育集体情感，激励多为小组做贡献的精神，促进每一个成员的更好发展。

小组合作学习中教师的角色定位。教师是全班小组合作学习的组织者和主导者。教师要精心策划、科学安排小组学习任务，认真观察、了解掌握学习进程，集体展示、科学评价，激励小组友好竞争、相互推动、共同发展。教师是组内研讨的参与者。在小组合作学习环节，教师要在小组间巡视，倾听了解讨论的情况，发现一些关键性问题，教师要主动参与到讨论中来，有效点拨。教师是小组研讨的引导者。教师要依据讨论进程中的问题，适时引导，发现小组的优秀思维方法，及时分享交流，推动小组合作学习积极主动有效地进行。

小组合作学习有利于培养学生的社会适应性。学生是未来的社会成员，必须具备社会人的主体性，而主体性并非是游离于社会的，它必须将个体融入群体之中，并自觉地为这个社会贡献自己的力量。有利于培养学生的自主性和独立性。一个具有自觉能动性、自主性和独立性的人，是一个对事物有自己独创思维与见解，敢于发表自己的意见、具有社会交往能力的开放型人才。小组合作学习是培养这类人才的有效途径，小组成员能够在小组内进行充分的语言、思维及胆量的训练。通过小组成员之间的交流，他们能够大胆地将自己的见解通过语言表达出来。在交流中逐步锻炼学生主动与别人交往，形成自己的独立见解，促进了学生的全面发展。小组合作学习在课堂教学中为学生创设一个能够充分表现自我的氛围，为每个学生个体提供更多的机遇。人人都有自我表现的机会和条件，使之在小组的相互交流中，彼此尊重，共同分享成功的快乐，使每个学生进一步发现自我，认识自我，他们的主体地位被大大地肯定与提高，从而促进学生的全面发展。

小组合作学习有利于提高学生的学习成绩。小组合作学习，可使学习有困难的学生及时得到帮助；思考结果不正确的学生及时得到纠正；不愿思考的学生在小组学习的氛围中不得不去思考、讨论，也逐步激发其学习兴趣，共同寻找问题的答案。优秀的学生有了展示的舞台，在帮助同学过程中，在阐述解决问题的思考中提升了能力与智慧。组内的每一个学生都树立起集体中心意识，增强学生为捍卫集体荣誉而学习的强烈动机，这种学习积极性的提高，正是发挥个体主观能动性的具体表现。当每一个个体的主观能动性得到充分发挥之时，也就是学生学习成长进步之时。

教授时间和内容

一般情况下，课堂教学中教师讲授不超过 15 分钟，讲授的内容是学生自主与合作都解决不了的问题。

为人师者要学会“偷懒”，以充满智慧的“懒师”培育出独立、自信、智慧的勤奋学生。该说的少说，不该说的别说，把时间多留一点给学生，让他们说一说，谈一谈，议一议，读一读，写一写。课堂要成为学生的舞台，让学生展示，让学生发挥，让学生学会合作，让学生学会探究，让学生找到自信，让学生品味探索的过程。教师讲的时间少了，学生学的时间就多了，教师讲的时间一般不要超过 15 分钟。教师“懒”了，学生勤了；教师“懒”了，课堂活了；教师“懒”了，效果好了。何乐而不为？

总之，教师只有相信学生，解放学生，利用学生，才能真正成就学生。

新课程改革并不是不要教师的“讲”，而是对教师的“讲”提出了更高的要求：讲在重点的关键处，讲在知识的概括处，讲在思维的提升处。所以，课堂上教师不是要讲得“少”，而是要讲得“精”，讲得“好”，讲得“有序”，不是就题讲题，而是要由题生发地讲，由个别到一般地讲，进而指导学生如何应用所学知识解决实际问题。一堂没有教师精要讲授和适时点拨的课一定缺少深度。教师既要尊重学生，也要发挥自身的指导、点拨、调控作用，对学生理解不到、领会不深和理解错误的地方，要订正甚至做必要的讲解，不能视而不见，放任自流。每节课教师该讲多少时间，要根据出现问题的多少和难易程度而定。如问题少、容易懂，教师就可以少讲；如问题多、学生难懂，教师就可适度多讲。不同的科目、不同的班级，情况各不相同，教师在课堂上的指导方法和讲授时间也就各不相同，应该随机应变。再则，不同学校、不学段、不同的校情和不同的课程改革现状，教师讲的时间更应该各不相同。教师要有现代课堂观念，要凸显学生学习的主体地位，课堂讲与不讲，讲授时间的多少由教师对实际情况的科学研判而决定。

针对不同学生分层次备课

教师备课时要区分不同层次、不同性别的学生情况，分类、分层制定学习目标，精心预设学生的学习方式，精心策划学习流程。

备课是将教师已有的素质变为现实的教学能力的过程，是教师内在素质的“外化”，是教师对课标、教材等教学资源进行钻研和处理的一次重新“编码”过程。

牢牢把握“为学习而设计教学”的目标。这意味着不能仅仅考虑教师教得方便，教得精彩，教得舒畅，更应把学习和学习者作为焦点，以教导学，以教促学。所以在备课中要始终把握自己备课的目的是让学生更好地学习，学生才是真正的主人，不是为自己好教而备。

狠抓“让每一堂课充满活力，让每一个学生成为学习的主人”这一关键点。怎样设计才能让课堂充满活力呢？首先，要把教材内容结构化。要理解编者意图，明确教材内容的内在逻辑体系。按照教材体系设计教学环节。其次，要把教材内容问题化。巧妙的情境问题设置，常常会收到一石激起千层浪的效果。要多从学生的“兴趣”方面来设计问题，要做到三贴近——贴近学生、贴近生活、贴近实际。再次，要把教材内容操作化。我们要科学地设计一些多样化的活动，根据学生现有条件，设计一些情景或者活动方案，通过学生的主动参与、积极实践，引导学生在“做中学”“用中学”，帮助学生建构起有意义的知识体系。要注重教学设计的预设性与生成性的关系，要充分考虑学生之间的差异性、性别上的特质性，要让各层次的学生都有获得感，男女同学能互帮互学、和谐发展。对于课堂出现的新的教学资源要有教育“机智”，不能慌，不要急，必要时要留到课后处理。最后，把教材内容最优化。要让学生对课堂始终有兴趣，不仅仅靠巧妙的问题设计，还要根据教学的目标任务、教材内容特点及学生的实际情况，提炼出内容的精髓，用最恰当的教学设计，让学生的眼、耳、口、手、脑都协调起来，使学生能以最少的时间最大限度地掌握教学内容。激发学生获取知识的愉悦情感，从而保持住对这堂课的长久兴趣。

学会“开放性、创造性”的备课，要关注社会热点。在这么多年的教学中，大家可能已经习惯依照参考书写在备课本上的备课方法，觉得这才是备课。这确实是常规的做法。但随着科技的发展，这是不适应时代要求和学生实际需要的，所以每位教师都要学会“开放性、创造性”的备课，与时俱进，创新前进。

尊重课堂生成，关注学生参与度

教师要充分尊重课堂的生成，适时、合理调控课堂，关注学生的参与度，学生的参与比例要达到 90% 以上。

魅力课程倡导在互动中进行，教师、学生的思想和教学文本不断交汇碰撞，擦出火花，不断迸发喷射。新的信息、新的学习需要不断涌动产生，通过讨论、辩论、争论，认识不断提高，体验不断加深，情感不断升华，这就是生成性的课堂。这样的课堂，学生拥有了创造的机会，人人深度参与，获得全面的发展。教师的劳动也闪耀着智慧的光辉，闪烁着绚丽多姿的教育之美，这才是课堂教学的理想境界。

1. 教师要敢于摆脱教案的设计

教师的教案只是对即将进行的教学的一种预设。这种设计有许多设想，这种设想在课堂实施过程中，教师应根据学生在课堂中实际的生成而做出调整。教案只是一种预设，本来并没有约束力，可是我们老师尤其是年轻的老师有时不由自主地给自己和学生画了一个“圈圈”，害怕自己一跳出这个“圈圈”，教学任务就完不成，教学局面就会无法控制。如果把教案看作是学生学习的预案，那么教案应该随着学生学习的实际进行随机灵活的调整，也就是“把教的方案向学的实际方案转变”“把预设的学习流程转化为实际的学习行动”。

2. 教师要敢于摆脱原定的思路

上课前，教师对这一堂课怎么上已有了自己的思路，在课堂中往往会有意无意地把学生往自己想好的思路上引。有时学生的发言还没完，但教师认为已得到了教师想得到的回答就结束学生的发言；有的问题学生还没回答，老师已有了提示，左右了学生的思维；有时学生的想法不符合老师的思路，老师就硬把它往自己的思路上引。由此可见，“顺着学生的思维去展开教学”至关重要。

以激励性评价为根本原则

以激励性评价为根本原则，开展及时、多元评价，注重评价结果的运用，合理地与学生的综合素质评价相结合。

激励性评价是指在教育教学中，通过教师的语言、情感和恰当的教育教学方式，不失时机地给不同层次的学生以充分的肯定、激励和赞扬，使学生在心理上获得自信和成功体验，激发学生学习动机，诱发其学习兴趣，内化学生人格，是使学生积极主动学习的一种策略。

兴趣是最好的老师，对学生进行激励性评价，可以促进学生学习兴趣的形成。兴趣，是人们对某种活动、技能、观点或看法的一种习得的心理倾向。它会推动我们追求某种目标，从而影响我们的行为方式。针对学生的不同情况，抓住点滴的闪光之处，在课堂上赏识每一位学生的兴趣、爱好和专长。注意发挥每个学生的优势，让他们在表现自己的时候，不知不觉地树立自信心，从而提高学生对学习的兴趣。

用激励性评价方式，促进良好的课堂教学氛围的生成。教与学是师生双方情感和思想交流的双边活动，教师可以采用多元的激励评价方法，使学生参与到整个教学活动中，积极主动地进入学习状态，进而较好地完成教学目标。一个赞许的手势，一个鼓励的微笑，使他领悟到老师对他的鼓舞和信任，感受到老师与他心灵的交流。这种激励性评价更能够促进学生学业的成功，能够建立一个民主、平等、温馨、和谐的教学氛围。

对学生进行激励性评价，促进学生在发展中认识自我，建立自信。激励性评价不是简单的表扬、表扬再表扬，而是善意而恰到好处的激励，不断地在学生心中点燃求知的火花，激发他们对美好生活的向往，不断使其品味到成功的快乐，让其感受到自信的力量。激励性评价要注意用情适量、适度、适时。对学生进行激励性评价，要帮助学生把握好自身发展方向。教学中，教师要成为一个发现者，关注和理解学生个体发展的需要，适时对学生有益的内在潜能和外在表现进行适合其发展的具体激励性评价，让学生对自己的特点、特长产生特定的态度和价值观等积极情感倾向。用激励性评价鼓励，促进其个性张扬和全面发展，为其今后的成长奠定基础。

对学生进行激励性评价，促进学生技能与方法的形成。对学生参与学习活动中的思维、行为表现及时地给予激励性评价，能促进学生学习技能与方法的形成。当学生们合作探究时，学生们思维灵动，解决问题的方法各不相同，学生们的合作表现也各有不同，我们就要及时点评，对学生给予肯定和激励，促使学生的合作更得法，交流更有效。这种评价为学生今后更加积极地参与活动，主动探究问题，不断提高学习技能和方法，打下坚实的基础。通过课堂评价激励和导向作用的发挥，将促进学生智力因素和非智力因素的持续发展，使学生的思维不断拓宽，参与实践机会不断增多。通过有声和无声的激励评价，可以实现由促进学生学习到促进学生的发展，实现学生在学业上的成功，甚至到最终走向社会的成功。教育家第斯多惠说过："教学的艺术不在于传授的本领，而在于激励、唤醒和鼓舞。"激励是激发人的动机、调动人积极性的重要手段，也是心理教育的重要原则。行为科学的实验也证明，一个人在没有受到刺激的情况下，他的能力仅能发挥到 20% ~ 30%，如果受到充分地激励，能力就可能发挥到 80% ~ 90%。这充分说明运用激励机制是促进学生进行自主学习的重要举措。通过激励，学生不断领受到探索和成功的喜悦，学习动机得到不断激发，求知欲上进心愈来愈强，非智力因素得到最佳的发挥，从而也促进其他各方面的综合进步。

开展激励性评价重点在于如何抓好契机，也就是说老师要善于做"及时雨"。在学生最需要的时候去鼓励，"雨"要下得及时，既不可久旱后降甘露，也不要水漫金山悲戚戚。在课堂上，当一个学生尽其所能解答了一道疑难的时候，教师就应当堂表扬他；当一个学生回答问题错了的时候，教师也应先肯定他勤于思考，勇于回答问题，然后再激励他前进。

问题贯穿学习全过程，训练思维

把问题贯穿于学生学习的全过程，使思维训练渗透于课前、课中、课后的各个环节。

问题驱动教学法是基于问题的教学方法。这种方法不像传统教学那样先学习理论知识再解决问题。问题驱动教学法是一种以学生为主体，以专业领域内的各种问题为学习起点，以问题为核心规划学习内容，让学生围绕问题寻求解决方案的一种学习方法。教师在此过程中的角色是问题的提出者、课程的设计者以及结果的评估者。问题驱动教学法能够提高学生学习的主动性，提高学生在教学过程中的参与度，容易激起学生的求知欲，活跃其思维。

这种教学方法对教师的要求较高，教师必须具备较强的课堂掌控力和引导力。要有明确的目标：问题设计必须紧紧围绕教学目标，教师要尽量了解教材和学生的具体情况，设计的问题要明确。由浅入深：在设计问题时，要给学生以清晰的层次感，由易到难，以便增强学生的自信心，激发学生的学习兴趣，促使学生积极思考。难度适当：过于简单的问题难以激发学生的兴趣，但如果问题太难，学生就会望而生畏。面向全体学生：在设计问题时，要注意调动每一个学生的学习积极性，力争让每个人都有发挥和表现的机会，做到人人参与、人人有收获。

教师要善于引导学生课前自学，把自学中的问题带进课堂，形成课堂思维的热点。要鼓励学生积极参与课堂问题的思考与讨论，做想方设法解决问题的主人。课堂要激发起学生对解决问题的不懈追求，课后继续研讨追问，激发起对学生学习的兴趣与执着。当学生痴迷于发现问题、研究问题、解决问题时，学生的学习品质就会得以提升，创造能力得以发展，也就为学生一生的发展奠定了基石。

教师成为学生学习的组织者、合作者、引领者

进一步改善师生关系，教师要成为学生学习的伙伴，学生学习的组织者、合作者、引领者。

师生关系是教育过程中教师和学生为完成共同教育任务进行交往而产生的关系。尊师爱生，民主平等的和谐师生关系是全面提高教育质量的关键，也是现代教育强调的一种重要思想。实现师生关系的和谐不仅是发挥教师主导作用和学生主体作用的需要，也为教学过程中教与学之间信息的传递与反馈提供了有利条件。与学生建立良好师生关系的一个关键就是要确保课堂上交流是公平、公正、和谐、有趣的。学生如果看到老师以一种肯定、明确、积极的方式与他们对话交流时，并且对所有学生一视同仁，那么，他们就会以一种积极的态度去对待学习。教师如果能敏锐地体验学生的感受、尊重学生、走进学生，就能有助于提高课堂教学的质量。关怀学生的教师不仅能倾听学生的心声、持续不断地与学生进行沟通交流、了解他们的学习需求，还能留意学生所反映的学习与生活情况，尊重学生的合理兴趣，同时也能同学生一起分享智慧，促进学生的全面进步。

良好的师生关系是教育教学活动顺利进行的保障。有了好的师生关系，才会有互相信任与赏识、相互理解与尊重、彼此关爱与激励。有了一个好的课堂人文环境，教育教学活动的开展就有了保障，提升课堂教学质量就有了保证。良好的师生关系是构建和谐校园的基础。师生在校园里相处的时间主要在课堂里、在活动中，好的师生关系让课堂温馨、让活动精彩、让学生向往、让教师幸福、让校园和谐。良好的师生关系是实现教学相长的催化剂。学校工作的重要使命是更新教育观念，推动师生更好地成长。有好的师生关系，才会构建成师生学习共同体，真正成为学习上的伙伴关系。教师会承担起教育的使命，忠诚教育、关爱学生、教书育人、为人师表、严谨治学，努力推动学生的成长。学生的成长与发展，又给教师的发展提出了许多新挑战，反过来促进了教师的终身学习，提升教师的专业水平，教学相长，共同进步。良好的师生关系能够满足学生的多种需求。人的成长需要多种营养，学生的发展需要提供多样化的课程。好的师生关系才会走进学生的心灵，倾听学生的声音，关注学生发展的需要，才会努力提供多样化课程来满足于学生多样发展的需求，在多样化课程中培育志向、启迪思考、锤炼品格、陶冶情操、健全身心、学会审美、学会合作、学会自律、学会生活。

魅力课堂评价“十要素”

- “我觉得老师能够公平对待每一个学生，做到一视同仁”
- “我觉得老师风趣、幽默，平易近人”
- “我觉得老师讲课精神饱满，思路清晰，语言精练”
- “我学到了很多分析问题的方法”
- “我觉得老师布置作业适中，批改及时、认真”
- “老师善于发现我的优点，及时鼓励，增强了我的学习信心”
- “老师善于发现我的问题，及时指出、批评，促进了我的进步”
- “老师的人格魅力影响了我”
- “老师注重我品德和良好习惯的培养，让我学会如何做人、做事”
- “课下我能及时得到老师的指导和帮助”

在一个民主、文明、法制的现代社会，如何发扬民主，如何让人民成为社会管理的主人，是衡量社会民主进步的试金石。为了推动每一个学生的成长和发展，创造适合每一个学生发展的教育，构建民主、平等、和谐的师生关系，切实推行素质教育，着力提升适应学生终身发展的核心素养与关键能力，是新时代教育的必然要求。

“评教评学”已成为一般学校教学管理的一种重要方式，以更好地发扬课堂民主、提高教师的教育境界和专业能力、反馈学生对教师的意见要求。大多情况下，“评教评学”的评价内容与表格设计由学校统一策划，由学校教导处牵头落实，每学期进行一次，在期末考试前一至两周进行，由全体学生综合评价教师，教导处与年级共同组织这项活动。最后，调研的结果由教导处汇总并通报各学部、各年级主管领导，主管领导再通报给每一位教师，作为评价教师的重要依据之一。

参与学校教学管理的三十余年，我们一直在探索“评教评学”的问题。经过大量的理论学习与实践研究，我们越来越发现“评教评学”存在观念落后、评价不科学的问题。尤其是近六年来，学校教学管理干部进行了有效尝试与探究实践，从“评教评学”走进“教学调研”，取得了可喜成果，有效地改善了师生关系，提升了课堂魅力，促进了教育质量的全面提升。

为什么不叫“评教评学”而称之为“教学调研”？

“评教评学”：将教师视为评价的对象，将学生视为评价的主人，容易将师生关系变成对立关系。教师是专业型人才，对课堂教学而言，教师对课堂设计、学科规律、目标要求、育人价值都有其对应的专业要求与专业思考。学生是处在成长中的人，受家庭教育、成长经历、个人性格、问题视界等影响，看问题有时是不理性的，具有个人的情感色彩。“评教评学”反映出来的情况不一定真实，加上设计“评教评学”的内容不一定科学，评价的结果往往与教师实际的工作业绩不太吻合，有时还会成为学生要求调换教师的工具，导致矛盾冲突，甚至严重挫伤教师工作的积极性，影响和谐的师生关系，制约教育质量的提升。

“教学调研”：尊重教师与学生的双主体地位，建立良好的互信关系，倡导相互尊重，提倡教师改进工作、科学育人，促进学生健康成长。“教学调研”是一种教育科研的态度，是一种科学改进教学的方式，它能帮助教师了解学生、读懂学生，了解自己、提升自己，了解课堂、创新课堂，努力让课堂成为“引力场”“思维场”“情感场”“生命发展场”。

“教学调研”的目的是什么？

“教学调研”不是为了评价而评价，更不是为了评判而评判。调研的目的是为了更好地培养教师善于反思的精神，激发教师追求课堂教学的理想；更好地改进教师的教学工作，满足学生成长发展的需要；更好地正面引导学生，主动为学生的全面成长提供更好的服务；更好地建立和谐师生关系，有效地提升教育教学质量；更好地实现师生之间的有效对话，促进师生同生共长。为实现这一目的要有效地设计教育教学调研的内容、调研语气、调研导向。

如何设计“教学调研”的要素？

科学设计“教学调研”的要素对实现“教学调研”的目的具有十分重要的意义。“教学调研”的要素要突出“三性”：理念性、导向性、科学性。

理念性：要突出现代教育理念，注重核心素养的提升。促进良好的师生关系构建，激活精气神，塑造真善美，重视核心素养与关键能力的培养，努力从学科教学走向学科育人、从课堂教学走向课程育人。

导向性：要引导师生行为的改变，促进课堂教学质量的提升。特别是要引导学生强化对教师在教学过程的行为认知，避免简单地对教师印象进行结果性评判。因此，设计的要素不是对结果的简单判定，而是对教师在教学过程中的行为进行回忆再现，培养学生实事求是的精神与理性的人生态度。同时，也可促进教师行为的改变，让课堂教学不断充满活力、激活动力、提升学力、尊重差异、民主平等、价值引领、与时俱进。

科学性：影响课堂教学质量的要素很多，要科学筛选，抓住关键性要素。教育是面向未来的事业，教育的根本任务是为国育才，要努力培养适应未来社会又能改造未来社会的优秀人才。教师就要有正确的质量观、人才观，要促进学生的健康、持续、全面发展。我校的“教学调研”设计了十大调研要素，即魅力课堂评价十要素，经历六年的改革实践，较好地实现了教学调研的目标。

怎样科学看待调研的结果？

要重视学生的看法。教师要认真研究学生的看法，如果学生都不能接受教师，教师就无法面对学生去从事教学工作。教师要善于用积极的心态、发展的眼光、立体的思考去看待学生的调研结果。

教师要高度关注、科学分析调研结果。学生的看法往往会反映出某些重要信息。可以促进我们反思工作，可以让我们换位思考，可以增进我们的教育智慧。要减少对学生的埋怨，增进对学生成长的理解与包容。教师平时的课堂教学，也要注重科学的引导、价值观的引导、提高是与非的辨别能力。

教师也不要过分在乎调研的结果。学生的看法只能反映教师工作的一个侧面。教师的主要业绩体现在学生的全面成长上，体现在团队发展的贡献上，体现在勇于担当、善于超越的精神上。不要斤斤计较，只为改进工作、促进工作。学生的看法不一定能准确反映教师的真实情况。学生在不同年龄、不同年级、不同科目，其价值取向、站位角度都不一样，教师接任班级的时间等，都可能会影响学生的看法。因此，我们不要感性、片面、孤立地看，而要理性、辩证、科学地看待调研结果。

1. 建立标准，模糊评价

调研的结果如何传达给教师，学校如何看待调研的结果，会深刻影响教师如何对待调研结果。大气的学校文化，才能造就大气的教师，有大气的教师才会有大气的教育，才会培养出胸怀宽广的人。论长道短、分分计较、一比高低的教师，只会培养出斤斤计较、鼠目寸光、心胸狭窄的人。

“教学调研”，无法精确评价，只能建立标准，模糊评价。我们将教学调研的结果分为四个等级，用 x 表示某一位教师的调研值，$x \geq 90$ 为优秀、$80 \leq x < 90$ 为良好、$70 \leq x < 80$ 为合格、$x < 70$ 为不合格。不合格的教师一般要调换岗位，不能继续留在讲台。在每一个要素的评价上均分为四档，整体结果也分为四档，反馈给教师的是“教学调研”信息条，信息条上只有整体档次与各要素的档次，没有具体的分数。如 90 分与 100 分同属“优秀”档次，教师不仅不会斤斤计较分数，反过来还会促进教师的反思精神，在不同要素的比较中知道自己的优势与问题，反思自己在哪些方面还有进步的空间、还有待改进，以及如何改进、如何与学生有效沟通，助推教师的专业能力发展与课堂魅力提升。

2.“教学调研”五年数据的整体分析与基本结论

从全校的教学调研数据，我们认为，我校的“教学调研”是成功的。

（1）魅力课堂的实践探索取得重要进展。连续五年“教学调研”初高中学部全体教师的平均分不断提升（表 1），按照满分为 100 分计算，2015—2016 学年度达到人均 96.30 分，90% 以上的教师达到优秀，100% 的教师合格率！我校魅力课堂的研究取得可喜成果，彰显了课堂魅力，赢得了学生的高度认可，为促进教育质量的提升打下了坚实基础。

（2）学生的理性态度与求实精神在增强。连续五年的统计发现，初中学部初三年级的平均分最高，高中学部高三年级平均分最高。随着年龄的增加，随着师生的相互了解，孩子的理性程度在增加，也越来越尊重事实。初三、高三的教师付出越多，调研情况也越好，得到的肯定也越多，我校的中高考质量也在不断攀升。

（3）初二与高二是初高中阶段的分化年级。连续五年的统计发现，初二总是在初中三个年级的平均得分相对最低，高二总是在高中三个年级的平均得分相对最低。说明初二、高二分别是初高中学部的分化年级，这两个年级的学生对老师的要求较高，管理的难度较大，教师要加强教学的针对性研究，加强与学生的对话交流，努力提升教育教学智慧，创造性开展教学工作，彰显课堂教学的艺术与智慧，提升课堂的独特魅力，让分化的年级实现和谐、有序、平稳地过渡，为学生进一步发展夯实基础。

表 1 北京实验学校 2011—2016 学年教育教学调研结果比较

学年	平均分	1. 我觉得老师能够公平对待每一个学生，做到一视同仁	2. 我觉得老师风趣、幽默，平易近人	3. 我觉得老师讲课精神饱满，思路清晰，语言精练	4. 我学到了很多分析问题的方法	5. 我觉得老师布置作业适中，批改及时、认真	6. 老师善于发现我的优点，及时鼓励，增强了我的学习信心	7. 老师善于发现我的问题，及时指出、批评，促进了我的进步	8. 老师的人格魅力影响了我	9. 老师注重我品德和良好习惯的培养，让我学会如何做人、做事	10. 课下我能及时得到老师的指导和帮助
2011—2012 学年度	89.50	91.88	88.82	92.20	90.49	89.39	88.63	90.46	82.76	90.59	89.79
2012—2013 学年度	92.67	93.48	92.73	94.54	93.09	93.18	92.09	94.29	88.00	92.79	92.57
2013—2014 学年度	95.03	95.50	94.63	95.89	95.50	95.46	94.68	95.86	92.03	95.39	95.38
2014—2015 学年度	95.88	96.31	95.71	96.06	96.69	96.02	95.61	96.74	93.65	95.86	96.09
2015—2016 学年度	96.30	96.51	95.90	96.74	96.79	96.32	96.22	97.21	94.25	96.56	96.51

（4）“教学调研”反馈的情况与教学质量正相关。连续五年的统计跟踪分析发现，“教学调研”反馈的情况与教学质量正相关。

一是从学校整体情况看，初高中学部调研的平均分连续五年不断提升，我校中高考成绩也实现连续五年不断跨越。

二是学科教师的调研情况与学科的成绩正相关，学科教师的平均分相对较高者，其所带班级的中高考成绩也相对较好。

三是教学调研分数较高的教师，其教学成绩也基本较好，基本上体现出正相关。

说明设计的十大要素与学习成绩有较好的关联度，十大要素有利于促进师生行为的改变，有利于提升课堂教学质量。因此，在每个学期开学初，都将在教师大会上强调期末的“教学调研”内容，促进教师在平常教学过程中行为的改变，从而更好地提升课堂魅力，促进教育质量的提高。

（5）科学开展“教学调研”，能有效转变教师观念，实现教书育人。在调研的第一个要素“我觉得老师能够公平对待每一个学生，做到一视同仁”上，连续五年初高中学部教师的平均分值分别为 91.88 分、93.48 分、95.50 分、96.31 分、96.51 分，2015—2016 学年度为 96.51 分，说明 96.51% 的教师能够做到公平对待每一个学生，做到一视同仁，这是一个巨大的进步。我们的教育要为更加公平、民主、文明、法制的社会培养接班人，在学校的课堂教学中能够彰显公平、民主，在学生的心中就会埋下公平、民主的种子，我们的教育就会推动未来社会的进步。

在调研的第六个要素“老师善于发现我的优点，及时鼓励，增强了我的学习信心”上，连续五年初高中学部教师的平均分值分别为 88.63 分、92.09 分、94.68 分、95.61 分、96.22 分，2015—2016 学年度为 96.22 分，说明 96.22% 的教师善于发现学生的优点，及时鼓励，增强了学生的学习信心，进一步说明我校的激励赏识教育已经成为课堂教学的常态，激励赏识让学生的学习信心大增。学生处在成长的关键时期，教师要多理解与包容他们的问题，用高尚的师爱诠释生命的美好，在激励中提振学生成长的信心，让他们自信地面对生活、面对挑战、面对未来。

在调研的第九个要素“老师注重我品德和良好习惯的培养，让我学会如何做人、做事”上，连续五年初高中学部教师的平均分值分别为 90.59 分、92.79 分、95.39 分、95.86 分、96.56 分，2015—2016 学年度为 96.56 分，说明 96.56% 的教师高度重视学生品德和良好习惯的培养，进一步说明我校的课堂教学真正走向了学科育人、课程育人。教育是崇高而伟大的事业，教师是人类文明的传播者，是社会主义核心价值观的引领者。传递者，育人先育德，只有优秀做人，才可成功做事，才有幸福生活。

（6）善意的批评也是教育的需要。在调研的第七个要素“老师善于发现我的问题，及时指出、批评，促进了我的进步”上，连续五年初高中学部教师的均分值分别为90.46分、94.29分、95.86分、96.74分、97.21分。2015—2016学年度为97.21分。说明：97.21%的学生认可教师的批评是为了促进学生的进步，也认可我们97.21%教师做到了这一条，且这个值是五年调研的十个要素中的最高值。学校要求教师针对学生在课堂中出现的问题，必须提出善意的批评，课后要加强与被批评学生的沟通交流，做好学生的思想工作，目的就是为了促进学生的进步，看来我们绝大多数教师是这样做的，也赢得学生的理解、支持与信赖。

表扬与批评是教育的两翼。教育需要把两种思路同时放在自己的脑中，进行整合，融会贯通。能巧妙地利用表扬与批评的双翼，最大限度地发挥教育的力量，才能让学生的未来飞得更高、更远！有些老师说“赏识教育”很神奇，就一厢情愿地想把学生个个“夸”成人才，结果难免大失所望；另一些老师听说“挫折教育”很重要，于是就盲目给学生设置障碍，或者盲目批评，一厢情愿地把学生个个“压”成人才，结果常常是把学生压成了“炸弹”。还有的老师先后迷信这两种教育思路，结果发现并不奏效，终于绝望了。

教育需要用辩证的思维看问题。赏识教育是一种给生命力量的教育方式，挫折教育是生命不可缺少的教育方式，不要片面夸大一种教育的作用，而忽视另一种教育的作用，要实现两者的有机结合、整合思考、辩证探究、智慧选择，才会让教育日臻完善、走向完美。

（7）提升教师的人格魅力永远在路上。在调研的第八个要素“老师的人格魅力影响了我”上，连续五年初高中学部教师的平均分值分别为82.76分、88.00分、92.03分、93.65分、94.25分，这个比值在逐年提高，2015—2016学年度为94.25分，说明94.25%的教师在用人格魅力影响与感染学生，说明我校教师的人格魅力在不断凸显。但从连续五年十个要素的统计比较中，这项的分数始终处于最低，如何提升教师的人格魅力值得每一位教育同仁深究。

人格，是个人的品质、价值观和道德情操的总和，是人在一定的社会中地位和作用的统一。而魅力，是成熟的能够吸引人的力量。教师的人格魅力又是什么呢？我认为教师的人格魅力就是教师个人修养及综合教育素质的外在表现，是教师在教育中不可缺少的要素之一。教师的人格魅力所产生的吸引力和感染力对学生的影响是巨大的，有些方面甚至会影响学生的一生。那么，教师如何提升自己的人格魅力呢？首先，要树立良好的敬业精神，做到恪尽职守、无怨无悔。敬业精神是教师人格培养的核心，是事业成功的基石。其次，加强教师的自身修养，做到学高为师、身正为范。教师只有具备了高尚的道德品质、良好的师表形象，才能以理服人，感染学生。再次，要丰厚教师的文化底蕴，做到博览群书、教学相长。一个具有渊博知识的教师，会让学生感受到教师的伟大，才会激发学生的求知欲。

教师的人格魅力需要足够的积累、修炼、博大，提升教师的人格魅力需要在学习的道路上不断升华！

魅力课堂

Charismatic Class

第三章
魅力课堂的建构与实践

魅力课堂座位排列的探究与实践

合理地进行教室座位排列是教育教学管理的一门科学，更是一门艺术。它在学生的个性发展、人格健全和正确价值观的树立上，以及人际交往、技能学习等方面都起着极其重要的作用；它能促进班级凝聚力和向心力的形成，影响教育教学效果；它是打造良好班风班貌，建设优秀班集体的重要手段；它更是班级教育和管理的有效方法，巧用环境、运用学生自身所处真实环境进行教育，可以推动合作学习的深度发生，进一步提升课堂教学质量。著名教育家苏霍姆林斯基曾说过："教育的艺术在于使用器物——物质和精神财富起到教育作用……用环境、用学生自己周围的情景，用丰富集体生活的一切东西进行教育，这就是教育过程中最微妙的领域之一。"

座位排列应该注重的原则

（1）公平透明的原则：排座位时要考虑哪些因素，应该明确告知学生（如学生身高、视力、性格、性别、学习等）。平等对待每一位学生，目的是为了推动每一位学生更好地发展。

（2）统筹兼顾的原则：排座位应综合考虑学生多方面因素及特征，有利于优势互补、相互帮助、共同提高。

（3）促进合作的原则：排座位应有利于激发每一位学生的学习状态，改变学习的方式，助推自主学习、探究学习、合作学习的深度发生。

（4）科学发展的原则：座位不是一成不变的，短期（每周）适合平移，长期（每月）应该适当调整，通过调整来解决有关问题。

做好思想工作的教育引导

（1）正确处理个人与集体的关系，个人服从集体。

（2）要正确处理个人与座位的关系，座位本无绝对的好坏，决定学习好坏的是态度、方法等。

（3）要善于克服自身的困难。

（4）希望各层次搭配，目的是为了共同成长。

（5）小组大体保持稳定，每一位学生都要为小组的发展做出贡献。

（6）有特殊情况适时提出要求。

传统座位安排的缺点

传统的课堂座位排列形式——秧田形（图 1）。

一排排课桌面向教师的讲台，学生与学生前额对后脑，左肩邻右肩。学生之间干扰少，便于教师观察控制，适合于集体讲授，但不利于学生之间的互动。

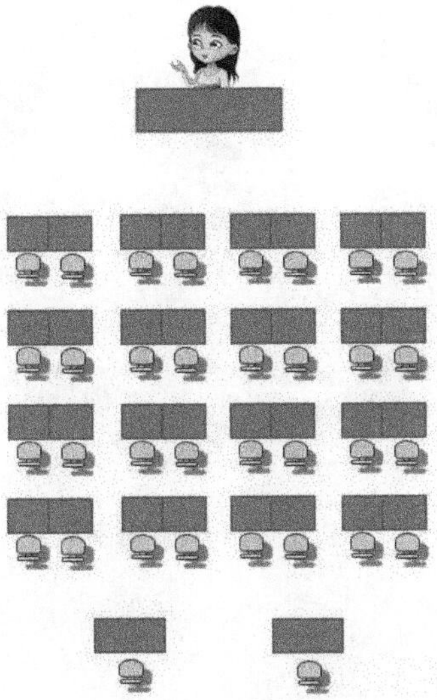

图 1　传统座位排列

这种排列方式突出了课堂以教师为中心，将教师放在表演的舞台上，学生成了被动的看戏者；突出了课堂以教为核心，教师成为教的“技术”与“技巧”的传播者，学生成了接纳知识与方法的容器。

魅力课堂是一种引力场、思维场、情感场，是生命的发展场。必须充分发挥师生双主体作用，激发学生内在动力。课堂应充分展现激情、美丽、思考、开放、分享、迁移、提升等特点。在课堂中，师生是平等的伙伴关系，相互促进的关系，课堂要面向全体，实现师生共成长。

要让学习成为课堂的核心，教师就要为学生的学习设计课堂流程，促进学生学习的真实有效发生，促进多样化学习，防止单一枯燥性学习。

我们认为，学生的精气神激发得越好，教育的效果就越好。

座位安排的创新思考

1. 圆形座位排列（图 2）

圆形的座位排列适合于课堂讨论，它可以大大地增加师生之间、生生之间的言语和非言语交流，促进学生间的课堂交往活动。

图 2　圆形座位排列

2. 马蹄形座位排列（图 3）

教师位于“U”形开口处兼有秧田形和圆形排列的某些特点，既有助于充分增进师生之间的交流，又有助于问题讨论和实验演示，还可以突出教师对课堂的控制，发挥教师的主导作用。圆形和马蹄形的座位排列，一般要求班级规模不超过 20 ~ 25 名学生。

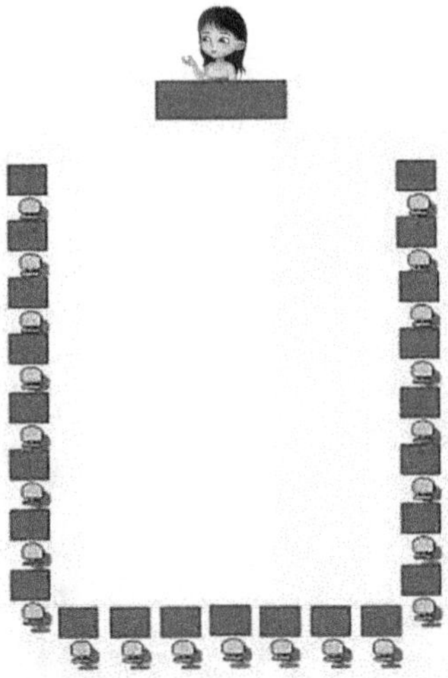

图 3　马蹄形座位排列

3. 同心圆形（图 4）和双马蹄形（图 5）的座位排列

如果学生人数超过 25 名，可以考虑采取同心圆形和双马蹄形的形式。

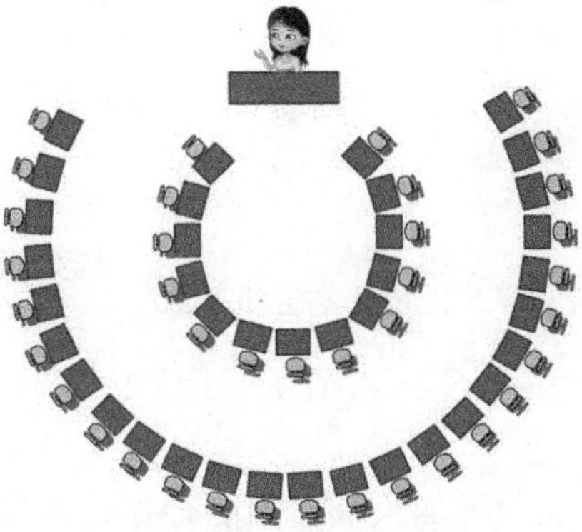

图 4　同心圆形座位排列

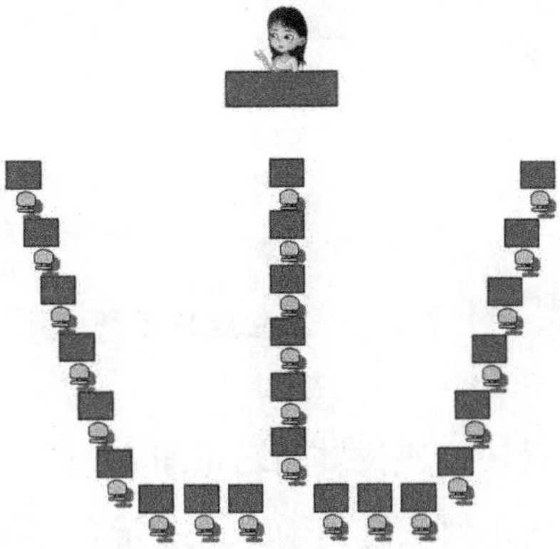

图 5　双马蹄形座位排列

4. 模块化座位排列一（图 6）

模块形的座位排列适合于小组活动，它十分有利于小组成员进行相互交流与合作，使小组成为真正意义上的“功能群体”。这种排列方式有利于学生学会与人相处，学会合作学习，培育团队精神，小组友谊竞争，学生间互助与监督，减少教师的教，增加学生的学。

5. 模块化座位排列二（图 7）

这种排列方式既有利于面对面的合作讨论学习，又能兼顾好教师讲授式学习。教师一定要引导孩子们在合作学习中学习合作。同一个小组的学生座位定期交换，不同小组的位置也要定期交换。变是为了保护身体健康，同时也让环境有一些细微变化，有利于学习的深度发生。

图 6　模块化座位排列一

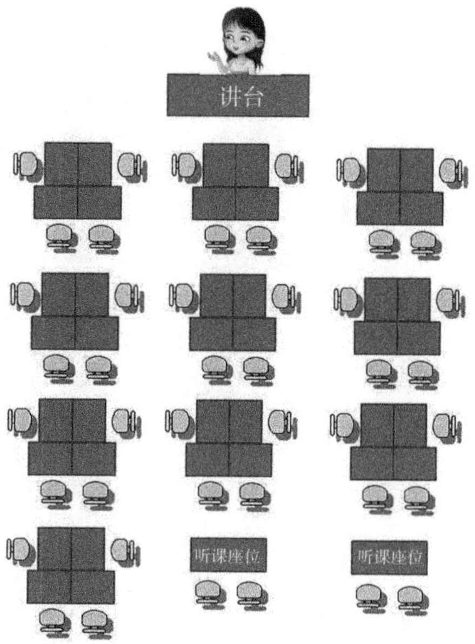

图 7　模块化座位排列二

6. 模块化座位排列三（图 8）

这种排列既有利于二人互帮合作式学习，又能兼顾四人面对面的合作讨论学习，还能兼顾好教师讲授式学习。文科学习中的问题、简单一点的理科问题可以在一对一中解决。理科中复杂一点的问题在四人合作讨论中解决。

7. 模块化座位排列四（图 9）

这种排列同样既有利于二人互帮合作式学习，又能兼顾小组之间的对话交流，还能兼顾好教师讲授式学习。文科学习中的问题、简单一点的理科问题可以在一对一中解决；一对一解决不了的问题可以通过小组之间的对话讨论来解决。

团队学习有利于改善学生的学习状态。学习的反应是通过情境中的表情、动作，或是细声的言语传递所做出的，学习反应的相互刺激有利于提升学习动能。同伴的相互教育、相互影响的作用是巨大的。小组合作学习的深入开展，做到相互为师、善于为师，助推“兵教兵”活动的主动开展，“兵教兵”能有效实现学生在起点上产生有差异的发展。

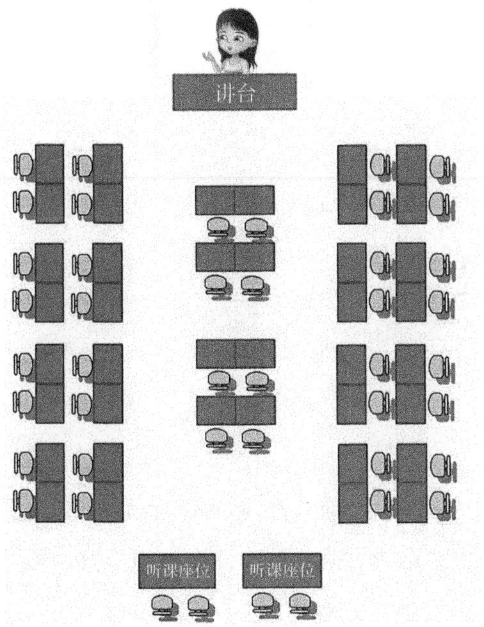

图 8　模块化座位排列三

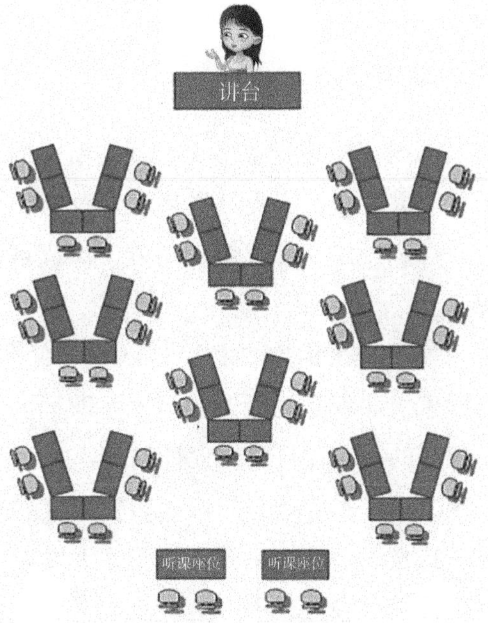

图 9　模块化座位排列四

国家课程的校本化与魅力课堂常态化

国家课程校本化

广义的课程是指学生在校期间所学内容的总和及进程安排。狭义的课程特指某一门学科。在我国，课程具体表现为教学计划、教学大纲（课程标准）、教科书。

从课程制定和课程管理角度，课程可以分为国家课程、地方课程和学校（校本）课程。

国家课程是由中央教育行政机构编制和审定的课程，其管理权属中央级教育机关。国家级课程是一级课程。国家课程的具体形态是指国家课程标准、围绕国家课程标准编写的国家教材及课程计划。

地方课程是省、自治区、直辖市或各区县教育行政机构和教育科研机构编写的课程（信息技术、四个一工程、开放科学实践活动等），属二级课程。可安排必修课，也可开设选修课。

学校（校本）课程是在具体实施国家课程和地方课程的前提下，通过对本校学生的需求进行科学评估，充分利用当地社区和学校的课程资源而开发的多样性的、可供学生选择的课程。通常以选修课或特色课的形式出现。

我们认为，国家课程在实施的过程中，首先要进行国家课程的校本化改造，国家课程的校本化改造就是根据校情和学情对国家课程的内容进行校本化改造，转变成适合学生学习的教学材料。

国家课程校本化改造的过程一般包括 6 个方面。

（1）课程计划校本化：将教育部和各省市课程计划根据本校师资和教学资源等实际情况，转变成能够上课实施的具体课程表。

（2）教学内容校本化：教学内容的本土化处理，如根据地域特点更换代表动植物，更换适合本地特点的学习材料。

（3）教学内容取舍：根据学生学习基础和认知水平对教学内容进行取舍、增加和调整。

（4）对教材进行问题化处理：教材的编写是陈述式的，进行问题化处理更有利于学生自主学习，明确要解决的问题，实现学习的任务驱动。

（5）教学的生活化（或者说教学的拓展应用）：教材提供的仅是学生学习的基本材料，学生在学习过程中老师要引导学生结合自己的生活认知和当地生产情况进行拓展应用，即结合生产生活实际解决实际问题，如生物学中的灌溉、施肥、光合作用的利用、血压测量、近视预防等。

（6）整合教学资源：对课程标准、教材、教辅、学案、课件、录像、实验材料、模型标本等进行统筹整合，预设出课堂实施的最佳学习流程，实际上这就是备课的过程。

国家课程校本化实现的三种形式

国家课程的校本化实施一般通过设计教案、导学案或课件三种形式来实现。

（1）设计教案：设计教案是在以教为主的教学思想指导下，国家课程校本化实施的主要方式，一般包括课题、教学目标、教学重难点、教学用具、教学过程（教学环节、教师活动、学生活动、设计意图等）、作业布置、板书设计、课后反思等内容。是整个教学流程环节和师生活动的设计。

（2）导学案：在以学为主的教学思想指导下，催生了以导学案为主的国家课程校本化实施方式。导学案是引导学生自主、探究、合作学习的方案。重点要解决学生学什么、怎么学和学得如何的问题。导学案的设计过程，也是根据学情和学生认知规律对教材进行改造的过程，将教材系统转化为适合学情的教学系统，成为通俗、易懂、具体的学习材料，便于学生有效地开展自主探究与合作学习。在解决学生学什么时，一要摸透学情，便于根据学情设计教学；二要吃透课程标准和教材，为导学案设计及重难点突破找到支点；三要明确学习目标，确定学习方向。在解决学生如何学时，一要对教学内容进行问题化设计；二要根据学习内容，设计具体有效的学法指导。在解决学生学得如何时，一要看学生是否构建起了本节课的知识体系；二要看反馈检测的情况；三要看学生是否学会了应用本节知识。

（3）课件：在当前信息技术条件下，课件是常用的国家课程校本化实施方式。通过课件可以预设整堂课的学习环节和流程，可以进行精彩引入，可以直观显示自学的问题、要求、材料，通过动画、视频等很容易突破学习的重难点。

以上三种国家课程校本化实施方式，各有优势，需要相互配合，才能取得最佳学习效果。如教师主导作用、师生活动设计和课堂生成的预设需要通过备课来进行；问题化设计、当堂训练和学法指导通过导学案更容易实现，重难点的突破通过直观、生动的课件效果会更好。

魅力课堂常态化

魅力课堂是生命化的课堂，只有共性的理念和要求，没有具体的模式，但针对具体一节课要针对具体内容、学情设计具体的学习流程，包括新授课、复习课、探究实验课、习题课、讲评课等。就像真正的武林高手可以做到无招胜有招一样，我们要学习掌握无数的招式，才能将不同内容的每一节课都上成充满魅力的课堂。

魅力课堂作为高级的课堂形式，可以说只有更好，没有最好。比赛课、观摩课、公开课可以有力促进教师课堂魅力的提升和教师专业能力的发展，但真正的魅力课堂主要体现在常态课的魅力上，魅力课堂的打造需要教师长时间的、在构建魅力课堂各个要素上专业能力的研究和提升，即要进行魅力课堂基本功的训练。其主要内容包括各个学段学生核心素养和学科核心素养的落实、课标与教材在教学设计中的把握、教学资源的整合、学习问题的设计、教学语言的设计、学生问题讨论的设计、学生学习方式的多样化、课堂板书设计、教学课件设计、小组合作学习、导学案设计、家庭作业设计、讲评课设计、复习课设计、幼儿关键领域体验设计、区域材料投放设计等。

打造常态化的魅力课堂，作为一所学校、一个学部、一个教研组、一个备课组、一位老师，并非一日之功，不只需要深刻理解和领会落实魅力课堂的基本内涵，还需要从教师个体到学校各个层面，通过 3 ~ 5 年的时间对构建魅力课堂各个要素逐项进行训练、研究和实践，只有通过魅力课堂各项基本功的训练，教师的课堂魅力才能够彰显，才能将面对不同学段学情的、不同学科的、不同教学内容的、不同课型的常态课，上成充满魅力的课堂。

社会是不断变化的，教育是不断发展的，教育技术是不断更新的，魅力课堂也是与时俱进的。只有不断与时俱进的魅力课堂才能保证学生发展的与时俱进，造就具有“中国精神和国际视野”的现代人，适应未来社会发展的需要。

魅力课堂学习流程的设计与构建

“魅力课堂”是基于尊重学生自然天性、成长规律，激发学生内在动力，努力让教学迸发出绚丽多彩的魅力光芒，让学生在激情快乐、趣味幸福中学习成长，从而推动学生在自主、合作、探究、分享、迁移、总结、系统学习中主动成长、创新发展，是全面提升学生核心素养的生命发展场。对魅力课堂的这一描述和对魅力课堂提出的一些要求，决定了魅力课堂是课堂的一种高级形式，不会有固定的教学模式。但魅力课堂同时也提出，要针对具体学科、具体内容、具体课型和具体学情，整合各种教学资源，设计出具体的、可操作的、有效的学习流程。从而通过具体学习流程的设计，让课堂涌动着生命的灵性，充满智慧的灵光，成为“引力场”“思维场”“情感场”，成为人的“生命发展场”。从而由“知识课堂”走向“生命化课堂”。

由于魅力课堂针对具体学科、内容、课型和学情的学习流程设计，是一课一结构，一课一流程，无法一一描述。因此，关于魅力课堂的学习流程在这里只能以新授课为例给出一些学习流程设计的主要要素，供教师们参考。

新课程改革提出了自主、合作、探究三种主要的学习方式，这也是魅力课堂学习流程设计需要重点体现的。

自主学习

自主学习一般可以通过以下几个流程来实现。

（1）引入定向：引入，即通过简洁的语言、多媒体图片、实物情境等由生活常识、社会热点、知识铺垫等引入；定向，即是明确目标或学习方向。学习目标的设定要具体可测，重点、难点、疑点可以在引入后让学生感知，也可以在教学过程中分别呈现，或在学习结束后学生总结，以保证学生有目的地进行有效学习。

（2）自学指导：教师要让学生明确自学的内容、方法、时间，保证学生在教师指导或导学案引导下有效自学，自学指导越具体越有利于学生自学，出示的方式包括导学案、多媒体、口述等多种。

（3）自主学习：学生依据自学指导或导学案上的问题和学法提示快速自学，自学以教材为主要学习材料。可以采取阅读、标记、做题等方式，记忆巩固简单的知识，找出自学解决不了的问题。教师巡回督导，了解学生自学情况，并进行个别点拨，但不要随意干涉全体学生的自学活动。

合作探究

合作探究一般可以通过如下几个流程来实现。

（1）合作交流：合作交流一般以2人或多人小组交流为主，讨论解决自学中存在的问题，进行组内展示和有针对性的“兵教兵”，也可以集中到黑板上进行讲解演练；教师巡回了解学习中的难点、疑点、易错点，并对个别小组进行指导。

（2）疑难生成：小组合作结束后，学生学习中的疑难问题要适时得到反馈。这些疑难问题可以是老师的预设，但更多的是小组合作学习时的生成，对于这些共性的疑难问题，一般采取教师精讲的方式，充分利用各种直观教具和多媒体手段来解决，如果课堂时间充裕，也可以设计小组展示，教师点拨。

（3）展示点拨：老师根据生成的疑难问题，结合预设分配任务。各小组要做展示的准备，教师可以穿插到各小组中进行指导，重点关注疑难问题的解决情况和需要展示问题的板书，及时进行指导。各小组按任务分配情况展示讲解，其他学生可以补充和质疑，教师对重、难、疑点问题和解题步骤、注意事项等进行精讲点拨，同时对各小组学生活动情况进行量化评价和及时鼓励。此环节是课堂的高潮，也是突破重、难、疑点的关键环节。

反馈提升

学习反馈、总结与知识系统化，可以通过以下几个学习流程来实现。

（1）学习反馈：学生限时做反馈检测题，检测题可设计在学案上，也可以利用多媒体出示，或直接选用课本或教辅资料上的练习题，完成后核对答案。对错误较多的问题，教师要及时安排矫正、补救，老师注意点拨和评价。

（2）拓展提升：让学生设计拓展性题目或结合本节所学内容进行总结和系统化、谈收获、说感悟。也可以教师出示本节内容与生产生活、社会热点接轨的综合性题目，或是仿写、英语写作等拓展训练，学生解答，教师点拨。

在针对具体学科、内容、学情设计学习流程的过程中，学习流程的这些主要要素可以根据实际情况进行删减、调整、增加、颠倒、循环或有所侧重，从而突破程式化的学习流程设计，真正打造一种以魅力课堂理念为指导，以学生为主体，教师为主导，以小组活动和课堂展示为载体的新型课堂，给师生和学科更大的开放空间。

在魅力课堂学习流程的设计中，“自主学习”是基础，“合作探究”是核心，“反馈提升”是保证。

“自主学习”是在教师的指导下，学生“以教材为主源，以导学案或课件为主线，以找出问题和疑难为主攻”，独立自主地进行阅读思考，动手动口动脑，自主探究，明确目标，解决基本问题，找出难点和疑点。

“合作探究”是在教师的调控指导下，以不断解决问题为主线，通过合作探究、疑难生成、展示点拨，合作解决自学解决不了的问题，生成重点和共同的疑难点，通过教师精讲或展示点拨，师生共同解决存在的疑难问题。

“反馈提升”即通过测评拓展，对学习目标进行回归性的评估，并对知识进行迁移和提升。

在整个学习流程的设计中，强调的都是学生的“学”。根据学习任务和学习要求的不同，学生的“学”又适时地分为“自主探究式”新知预习和“合作交流式”发散学习两种学习方式。这一切的出发点和归结点都是为了提高学生的学力，推动学生思维的发展、灵性的生长这一核心。魅力课堂不仅仅是学习形式的改变，更是学习观念更新下对学生学习的再认识。教材或者说知识不再是学习的单一目标，它作为学习内容的一部分，更大程度上起着一个学生核心素养提升载体的作用。

在魅力课堂上，师生的角色这样定位：只要站起来面对全体学生，你就是教师；只要坐下来倾听，你的视角就是学生。在魅力课堂上，时时学习、处处学习，不分地点、时间、形式和对象。

魅力课堂中学生的学习是创新学习，学习方式灵活多变，重在突出学生的主体地位，突出学习的过程和实践。魅力课堂是生命化课堂，涌动着生命的灵性，充满智慧的灵光，是“引力场”“思维场”“情感场”，是人的“生命发展场”。

实践表明，当学生的学习潜能被充分挖掘、学生的“思维发动机”被激活自转的时候，他们身上所激发出来的巨大能量、热情和智慧，是我们所始料未及的。在这里，学习是一种生命旅途的探险，是一种超越自我的挑战，是一种知识建构的体验。

学习作为学生自我成长的人生历程，教师无法替代，他人无法做主。唯一的主人就是学生自己。而教师是学生学习活动中的激发者、观察者、引导者、督促者、鼓励者、服务者，是学生学习过程中的重要同行者。

我们在尊重学生自然天性、成长规律的同时，要敢于把课堂交给学生，让学生最大限度地发挥主体作用，激发学生内在动力，实现主动学习。让学习变成学生自主的事、自觉的事、快乐的事。努力让课堂迸发出绚丽多彩的魅力光芒，让学生在激情快乐、趣味幸福中主动成长、创新发展，真正让课堂成为提升学生核心素养的生命发展场。

魅力课堂实施中的多样化学习方式

提高学生的学力，推动学生思维的发展、灵性的生长，是魅力课堂的核心。在魅力课堂上，自主学习、合作学习、探究学习、分享学习、迁移学习、总结学习、系统学习等学习方式，是针对不同学科不同内容的多样化学习方式，是魅力课堂尊重学生自然天性和成长规律，激发学生内在动力，提升学生核心素养，推动学生主动成长、创新发展的重要载体，也是魅力课堂生命发展场的重要表现形式。

自主学习

自主学习是指学生个体在学习过程中一种主动而积极自觉的学习行为。自主学习是建立在学生具有内在学习动机基础上的“想学”；建立在学生掌握了一定的学习策略基础上的“会学”；建立在意志努力基础上的“坚持学”。

顾名思义，自主学习将学生作为学习的主体，通过学生独立地阅读、思考、记忆、分析、探索、实践、质疑等来实现学习目标。

“自主”是自主学习的本质。学习自主表现为“自立”“自为”“自律”。因此，自主学习需要培育学生强烈的学习动机和浓厚的学习兴趣，从而实现主动自觉自愿的学习。如培养学生制定计划并严格按照计划开展学习的习惯，建立学习目标的意识，进行自主学习比赛，营造自主学习的氛围等都是激发学生学习动机的有效形式。

在课堂上，自主学习的主要目的是让学生记忆重点内容，找出不会的问题，将不会的问题在合作学习和教师精讲中重点解决；为了提高自主学习的效率，我们一方面要在布置自主学习任务时明确自学的内容、需要解决的问题、所需时间、自学方法及如何检测等；还要培养学生快速阅读、读出问题、标划记录、查找疑难、强化记忆的能力。

合作学习

合作学习是指学生为了完成共同的任务，有明确责任分工的互助性学习。合作学习鼓励学生为了集体利益和个人利益而一起工作，在完成共同任务的过程中实现自己的理想。

合作学习一般由 2 ~ 6 名能力各异的学生组成一个小组，以合作和互助的方式从事学习活动，共同完成小组的学习目标，在促进学生个人学习水平提高的前提下，提高整体成绩。合作学习对于培养学生的合作精神、交往能力、平等意识、竞争意识、创新精神等综合能力有重要意义。

合作学习在分组方式上要遵循同组异质的原则，即将每班学生按成绩、智力、特长、性别等进行均衡分组，这样既有利于小组内的学习互补，又有利于小组之间的均衡，便于实施公平的评价，激励小组进行竞争。

合作学习的方式一般分为问题式、表演式、讨论式等几种方式。合作学习要选择恰当的时机，一般在自主学习有困难时，操作实验时，意见不统一时或重点内容需要表演展示时进行。合作学习还要培养学生合理分工、表述质疑、指导讲解、倾听演练、疑难共商的能力，以保证合作学习的顺利进行。

持久的合作学习需要一定的激励机制作保证，我们可以按节、天、周、月进行小组评价。例如在某小组优先合作完成了学习任务时，可以奖励小组一定的评价分数，这种评价方式要注意遵循机会均等原则；也可以让在一定时间内完成一项集体任务的小组得一定分数，在一段时间内所得到的分数作为这个小组的得分；有时还可以按照某一段时间小组平均的成绩变化作为小组评价的依据。小组奖励的方式可以多样化，如班级表彰发奖状，给家长发喜报，奖励小组成员参加某项活动等。

探究学习

探究学习是学生在主动参与的前提下，根据自己的猜想或假设，在科学理论指导下，运用科学的方法对问题进行研究，并在研究过程中获得创新实践能力、获得思维发展，自主构建知识体系的一种学习方式。探究学习有利于发展学生的主体性，有利于学生自主地学习所需要的知识，有利于培养学生的可持续发展能力，使学生学会学习，培养学生的创造精神和创新能力。而这些品质都是需要终身学习的，而且是适应社会所必需的。

知识是学生自主建构的，学生通过自己的探究与实践，构建自身的知识体系，符合学生的认知发展规律。探究学习要求学生学习时具有主动性、问题性、开放性、生成性和创造性。

探究学习的主体虽然是学生，但也离不开教师指导；探究学习要从问题或任务出发，遵循科学的研究方法。通过探究学习，学生不仅能获得知识，还能培养他们的探究和创新能力，增加他们的情感体验。

学生通过探究活动生成知识，通过亲身活动发现答案，可形成发散性和创造性思维，培养分析、综合和评价等高阶思维技巧。学生在探究学习中可以运用多种多样的方式，如图形、图表等组织和分析他们获得的数据，使研究技能与知识掌握统一起来，从而使学生不仅能够获得更多的科学知识，而且还能亲身发展科学知识，更好地理解科学的本质。

探究学习更适用于数学、物理、化学、生物等科目中的探究实验和实践活动，由于研究学习要求条件稍高，并且较费时，只能在部分学科的部分内容中使用。

分享学习

分享学习是学生个体或者学习小组，将在学习过程中探索发现的优秀思维方法与独特学习感悟，进行小组或班级分享，从而启迪与推动全体学生整体思维能力提升与学业进步的学习方式。

分享学习也可以称为共享学习。学生将自己的学习成果、好的解题方法或思路在小组内或全班分享，从而达到小组或全班共同学习、解决问题的目的。分享学习在2人合作、多人合作和班级学习中非常常用。因为分享学习属于同伴学习的范畴，其学习效果要远远好于教师讲授。分享学习可以是朗诵、讲解、板书演示、解疑、展示等多种方式，适用于各个学科的学习内容和学习方法的共享，对于培养学生的表达能力、合作能力，提高学习信心和学习效率均具有重要意义。

迁移学习

迁移学习是一种学习对另一种学习的影响，它广泛地存在于知识、技能、态度和行为规范的学习中。任何一种学习都要受到学习者已有知识经验、技能、态度等的影响，只要有学习，就有迁移。迁移是学习的继续和巩固，又是提高和深化学习的条件，学习与迁移不可分割。

迁移学习是一种思维发散的学习方法，就是把解决任务 A 的方法使用到解决任务 B 的过程中，通过学习方法或思维方式的迁移，解决更多的问题，或跨学科、跨领域解决问题，迁移学习可以有效提高学生解决问题的能力，培养学生的创造性思维。

总结学习

总结学习是在学习完一部分、一课时或者一单元内容后，对所学知识的梳理归纳，总结学习是魅力课堂的一种重要学习方式。总结学习主要是回顾归纳主干知识和重点难点，通过总结还可以找出知识间的联系，概括出知识网络体系，让所学知识成为一个整体。

总结学习的方式可以分为回顾主要知识点、列知识条目、画思维导图等形式。

总结学习既包括对学习内容的总结，也包括对学习方法、解题策略等的总结，对于提高学习效率和学习能力有重要意义。

系统学习

系统学习是从学科的整体上系统构建学科知识链条，系统认知与感悟学科知识内在联系与规律，从而实现对学科整体知识的认识与把握，进而提升学生整体思考与系统思维能力的学习方法。

系统学习将零散的学习内容通过整理、编排形成具有整体性的有序的知识体系。因为系统学习的内容具有多元性、差异性、相关性和整体性，具有内在的必然联系和共同规律。因此，系统学习的关键是找出学习内容之间的共同规律和必然联系，通过学习内容间的共同规律和必然联系将零散的学习内容整理成为有序的知识体系，有利于学生知识的有序建构和长久记忆。

系统学习是一种快速学习零散内容的方式方法，可以有效提高学习效率。系统学习一般在总结解决问题的一般规律、知识共性或梳理单元知识时使用。

魅力课堂导学案的设计与编写

在魅力课堂构建的过程中，为了有效地组织、引导学生学习，需要一种工具。导学案就是常用的工具之一，并已成为推进学生有效学习的重要手段。

魅力课堂没有固定的模式，也没有固定的工具。但为了深入推进魅力课堂学习，北京实验学校对导学案编写从需要解决的问题和原则上提出了一些要求，作为魅力课堂学习深入推进和课堂落实的一种重要手段。

导学案是引导学生自主、探究、合作学习的方案。导学案的设计重点要解决学生学什么、怎么学和学得如何的问题，同时又要针对课堂上学生自主学习、合作交流、拓展感悟、总结提升、反馈测评等环节进行设计。

导学案设计的过程，也是根据学情和学生认知规律对教材进行改造的过程，将教材系统转化为适合学情的教学系统，转化成通俗、易懂、具体的学习材料，便于学生有效地开展自主探究与合作学习。

如何设计和编写导学案？

1. 要解决学生学什么的问题

解决学生学什么的问题，一要摸透学情，了解学生的知识基础，以便于根据学情设计教学；二要吃透课程标准和教材，理清知识脉络，梳理教材中的知识点、重难点和易错点，找出知识间的内在联系、层次递进关系和拓展提升点，为导学案设计和重难点突破找到支点；三要明确学习目标，确定学习方向，学习目标设置要可测，以便于紧扣目标来设置学习问题、学习过程和反馈训练。

2. 要解决学生如何学的问题

为了方便学生自主学习与合作交流，达到导学的目的，对教学内容宜进行问题化设计。即依据学生的认知规律，结合学生的知识基础将教材中的知识点、重点、难点和易错点设计成富有启发性和引导性的问题。

问题的设计要针对教材，既要有坡度又要有启发意义，起到引领学生自主合作学习的目的，问题的表现形式除引领学生自学交流的问题外，也可以采用要点挖空、填图、习题等形式。同时也要防止过度问题化，不必要问题化的简单知识可以让学生直接记忆或阅读。

在教学内容问题化的同时，根据学习内容，要设计具体有效的学法指导。学法指导可以从知识铺垫、思路点拨、疑难解读、易错点提示、记忆口诀、学法介绍、知识缺陷补充等角度编写，重在教给学生方法和技巧，培养学生的学习能力，起到“激兴趣，导学法，引思路”的作用。

3. 要解决学生学得如何的问题

学生学得如何可从三个维度来测量。

一是看学生是否构建起了本节课的知识体系。这部分编写可以采取完全留白由学生自主构建的方式，也可以直接展示构建好的知识体系，或在知识体系中进行要点挖空让学生填写，从而达到归纳梳理知识体系的目的。

二是看反馈检测的情况。按针对性、典型性、层次性的原则，精选教材和教辅中的习题，按对应的知识点和难度梯度编写反馈检测题。反馈检测题要紧扣教材内容进行选题，主要考查基础知识和能力，题量不宜过大，以 10 分钟以内完成为宜，要避免习题的简单罗列。

三是看学生是否会应用本节知识，即拓展提升。拓展的方式可以是教师先设计好题目让学生解决，也可以让学生结合所学知识自己编写应用性的题目。拓展主要结合生产生活实际和社会热点，可以是实验设计与探究、材料分析、实践应用等。

导学案编写基本原则

1. 以学生为本原则

导学案设计要基于学生学，以学定教，充分考虑学生的认知水平、学习技能和知识基础。

2. 循序渐进原则

为引导学生探究性学习，导学案设计要遵循学生的认知规律，遵循知识的生成过程和知识内在的逻辑关系，由易到难，由简到繁，由浅入深，体现学习的递进性。

3. 分层设计原则

根据知识内在的逻辑关系和学生基础的差异性，导学案宜进行分层次设计，以适应学生的认知规律和不同学生的个性化需求，让学困生吃得了，优等生吃得饱。

4. 实用性原则

如有些问题在教材上可以直接标写勾画，教材中的材料、习题可以直接标注等。在信息技术已经迅速普及的今天，导学案编写要使用电子稿，编写格式（页面、字号、字体、标点等）要统一，以便资源共享和进一步的修改完善。

魅力课堂问题设计的“十二性”

课堂是学堂，是师生增长知识、健全人格、拓展思维、提升创造力的乐园，是师生同生共长的家园。课堂有一项重要的使命是培养“会思考、有思想”的“现代人”。

“疑为思之始”，问题是思维的起点，设计课堂问题的前提是“疑”。从“疑”入手，能够给学生营造一个适于探究的学习氛围，通过新材料、新情境、新视角设计问题，引导学生在宽松的思维时空中思索、讨论、辨析，从不同角度、不同层面加深对知识的理解，实现认知的重组和思维的创新。从“疑”入手，激活学生潜在的学习需求，在有疑、追疑、思疑、质疑、生疑、释疑的过程中，激发起学生主动学习、主动探索、主动创造的探究动力。

教师要注重课堂问题的科学设计，要理性思考设计问题的价值与意义，通过创造性的问题设计、问题解决实现教学目标，助力师生的健康、持续、智慧成长。魅力课堂的问题设计通常会具有以下特质。

目标性

以课程标准中的三维目标、提升学科核心素养为出发点，整合教材，将问题设计成基于掌握学科知识的问题、基于理解学科知识的问题、基于运用学科知识解决实际生活中的问题、利于探究的问题，引导体验感悟的问题。问题设计的目标性越强，课堂教学的效果就会越好。

情境性

教师要善于创设问题情境，并尽可能地使这些情境与学生的生活经验和学习需要联系在一起。首先，教师提出的问题情境要有针对性，即创设符合学生认知水平的问题情境，同时，要创设具有悬念性的问题情境；其次，问题情境要有探索性和开放性，即创设启发学生思维的问题情境，创设实验性的问题情境，创设生动有趣的问题情境；再次，在问题情境的设计中还应注意鼓励学生“敢问”和“善问”，让学生在情境中学会读取信息、提炼信息、归纳信息、总结提升。创设问题情境，归根结底是为了调动学生主动、合作、探索学习的积极性，真正使教学过程实现师生互动，达到“教学相长”的目的。

趣味性

好奇心人皆有之，强烈的好奇心会增强学生对外界信息的敏感性，激发思维，培养学生的注意力，培养学生的自主学习意识。在学生的生活中，每时每刻都在与自然界、社会发生联系。生活中的许多问题背后都隐藏着使学生心存疑惑、充满好奇的学科问题。问题设计的趣味性，有利于促进学生精力的集中、精神的兴奋、探究的欲望，增强课堂的吸引力，促进学生主动愉快地成长。

阶段性

教师的问题设计贯穿课堂教学的每一个环节。既要有主问题的设计，又要有解决问题时的追问，并且提问要有层次和梯度，既有预设的问题，也有课堂临时生成的问题。但在课堂的不同阶段，设计的问题应该是不同的，在感知阶段，宜设计引发性问题，目的是指导学生阅读理解课文，把握学习重点；在局部分析阶段，宜设计疏导性问题，激发学生思维，帮助学生攻破学习难点；在整体综合阶段，宜设计概括性问题，让学生学会归纳总结，获得理性认识；在复习、练习阶段，宜设计检查性问题，以查漏补缺，巩固提高。问题设计的阶段性越突出，课堂的结构就越清晰，解决问题的路线图就越清晰，课堂教学的效果就会越好。

针对性

课堂教学问题的设计必须要紧紧围绕课堂教学任务来进行，教师在授课前要精心设计提问的内容与形式，所提的问题既要有典型性，突出课堂教学的重点，又要调研学生的基础、了解学生的最近发展区，使提出的问题问在知识的关键处、难点处、盲点处、交叉处、拐点处。如果对课堂教学提问的设计过于随意，偏离课堂教学的中心，针对性不强，就会使课堂教学的目的不明确，达不到预期的教学效果。课堂问题的设计要加强针对性思考，一是要思考如何针对教学目标的要求，二是要思考如何针对学生的实际情况，在两个针对的基础上进行创新设计、趣味设计、科学设计，才能凸显问题的功能，以问题带动发展，有效提升课堂质量。

应用性

设计课堂问题，要注重关心来自学生身边的问题。这些问题符合学生的心理特征和认知水平，贴近社会和学生生活，有利于拉近学生对学科的情感，激发学生学习的兴趣，有利于学生参与到课堂教学中来。设计的问题，如果远离学生的实际生活，就会在情感上难以产生认同，就容易让课堂变得枯燥、乏味。课堂问题的设计要注意理论联系实际，增加知识的应用性，强化学以致用，提升运用知识解决实际问题的能力。

科学性

问题设计是教学设计的重要内容。课堂上要讲究节奏，强弱、快慢、张弛都要有“度”，一节课分为多少个组块，用什么样的教学结构，哪些部分是铺垫、引入，哪些部分是核心，哪些部分是引申或深化，都要在设计时用心考究。“结构决定功能”，如果层次不清，讲、练都乱了套，就不会有好的教学效果。问题设计时，其一要重在传授知识，培养能力，但也不可忽视学生思想道德素质的培养；其二，可以把“文”与“道”合二为一，亦可分别设计，可以单就课文内容设计，也可联系生活实际设问。问题设计的科学性，既要注重问题本身设计的科学性，又要始终关注课程育人，把发展学生创新能力与提升道德素质有机结合起来。

创造性

设计课堂问题，要注重培养学生的创造性思维。课堂问题设计应有一定的探究性和开放性。通过问题的设置，引导学生多角度、多途径、立体式、合作式地寻求解决问题的方法，培养学生思维的发散性和灵活性。在学生解答完提出的问题后，教师还应留下具有生活化、探究性的空间，让学生利用课余时间进一步去探究、去思索、去创造。设计创造性的问题，有利于激励学生的斗志，激发探究的欲望，激活思维的灵性，激起思想的火花，提升创新素养，为培养创造性人才打下坚实基础。

挑战性

课堂问题的设计，必须是学生的真问题，不是假问题。要形成问题链条，呈螺旋式上升的问题，而不是平铺直叙的问题，问题要有高潮，要有挑战性效果。课堂问题设计要有一定的难度：以激发学生的求知欲与攀登精神，不能以简单的一问一答，或是引导学生按教材顺序的简单问题进行回答。问题要有梯度：以层层递进的问题引领不同层次的学生共同发展。问题要有密度：一节课问题的多少量要适中，全课无问和满堂皆问都是不科学的。此外还要注意问题的跨度、深度等。设计的问题有挑战性，就能激发出对问题的不懈追求，培育勇敢的精神、不畏困难的精神、团结合作的精神，从而激发潜能、爆发力量、释放出更大的能量，促进学生在挑战中成长壮大！

启发性

教育家叶圣陶曾说过："教师不仅要教，而且要导。"教师精心设计的问题要侧重思考型、启发型和开放型的问题，好的提问应该富有启发性，应该是把注意力放在激发学生的思维过程上，而不应该急于走向结果。启发性的另一重要方面是老师的问题能引发学生提出新的问题，教师要鼓励学生自己去发现问题、探知问题，让学生获得自主探索的成就感。例如，在物理教学中，由于物理学科中有较多复杂的物理情境过程，所以我们要把复杂的学习任务逐步深入地加以分解，以便学生能自行构建知识体系和物理思维来达到教学目的。通常这个时候我们就可以采取有效的提问，进行搭桥引领探究知识结论的方向，而不是直接把答案告诉学生。新教材中已经非常注重"探究"这个获取知识的过程，而探究性提问能启发学生思维的灵活性，也有利于培养学生思维的深刻性。

生成性

教师在课堂教学中设计问题、提出问题固然重要，但我们更要关注来自学生的问题，使学生在发现问题、解决问题中真正成为学习的主人。学起于思，思起于疑，古人云："学贵有疑，小疑则小进，大疑则大进。"教师不仅要"解惑"，还要教会学生"生惑"，教会学生发现问题、提出问题、怀疑问题，这样才能不断促进学生创造性思维的发展。让学生有问，能无中生有，生成问题，激发学生的探究欲望；让学生敢问，有问题敢于提出来，勇于和老师、同学分享。这就要求教师要善于营造一种自由的氛围；善于问问题也有技巧，要培养学生透过现象、触及本质的本领。在学生提问中，对有独到创见的学生，予以鼓励；对发问积极、讨论踊跃的学生，予以肯定；对不善于发问和不积极参与的学生，提出希望，要有意识培养学生质疑问难的勇气和兴趣。教师要善于捕捉学生的问题，不断鼓励质疑，不断生成新问题，不断培养质疑生问的习惯，促进其思维的纵深延展、立体开发、智慧提升和创造力发展。

自主性

教的目的是为了不教，课堂教学要努力促进学生自然发展、自己发展、自由发展、自主发展。课堂问题的设计，要有利于促进师生互动、生生互动，要让问题之球不断在学生中传递，形成提出问题、争论问题、解决问题的高潮。高质量的教师提问能激发学生的疑问、追问、深问。教育哲学家布鲁巴克认为：“最精湛的教学艺术，遵循的最高准则就是让学生自己提出问题。”巧妙的提问一定能启迪学生的思维，促进学生产生问题、发现问题。老师的问是为了让学生问，几个学生问是为了让全体学生都能问，互动性提问可以调动学生主动思考和探究学习的能力，从而促进全体学生的主动发展。教师要善于通过情境设置、问题驱动、友谊比赛、合作进取、智慧撞击，营造自主学习的氛围，助推每一个学生的自主发展，让每一个学生真正成为自己成长的主人。

魅力课堂教师语言设计的“六有六会”

教师工作的主要手段之一是课堂教学用语，教师的语言水平直接影响到课堂教学的质量和效果，关系到学生思维能力的提高，影响学生的语言表达能力和语言的规范化，甚至关系到学生审美能力的培养。从这个意义上说，教师的魅力，很重要的一方面在于教师课堂语言的魅力。教师课堂的语言不仅需要思考说什么，还要思考怎么说。语言信息以何种方式进行传递，对听众产生的影响至关重要。如果以更科学的方式进行排序，以更亲切温馨的语言进行归纳，以更洪亮激情的话语进行对话，对听者能够充分理解信息有很大的好处。课堂语言对学生的成长至关重要，教师要努力研究、实践探索、积极提升、练就口才，提升育人的能力与智慧。

我们常常可以看到，有的教师上课精神饱满，面含微笑，语调声情并茂，抑扬顿挫，学生们总能兴致勃勃地听讲，一堂课下来，学生很快就领会并掌握了教师所传授的知识。当然，不容回避的是，我们也曾看到，有的老师走上讲台一开口，声音细小，苍白无力，学生就皱起眉头，低头瞌睡，下课铃声响，学生们依然一知半解，模棱两可，探寻知识的眼神也会黯淡下来，久而久之，对这位老师所教的这门学科，也日渐失去兴趣，成绩也就可想而知了。

语言是一个“变量”，可以变大，可以变小；可以变多，可以变少；可以变强，可以变弱；可以变软，可以变硬。语言是一个极其复杂的问题，需要每一位教育同仁用心去思考、去积累、去实践、去升华，让语言充满吸引力、感染力、鼓动力，唤醒孩子梦想，激发其对生命理想的追求。

语言表达出现的问题，是直观可见的，但却是由不可见的思维导致的。一位教师的语言思维与其教育理念、情感、视角、艺术、智慧紧密相连，更与其价值追求、人文底蕴、性格特点、精神修养、专业能力息息相关。

教师课堂语言的“六有”

“六有”把课堂带入人性、温情、雅趣、享受的佳境。

1. 有理念

理念决定行为，有什么样的教育理念，就会有什么样的教学语言。尊重是前提，要尊重每一个生命个体，包容每一个生命个体的不完美。平等对待、高度关爱每一位学生，让每一位学生感受到平等的爱。期望每一位学生的进步，对其充满信心，用期盼赏识的眼光与学生交流。开放是现代教育的新特点，要走向师生、生生有效对话，激励碰撞交流。分享是走向开放的重要条件，是优秀思维方法的传播，是促进共同发展的好途径。有先进的理念，才会有教育的课堂对话，才能有效促进学生健康的成长。

2. 有激情

有爱才有情，有深爱才有激情。教育事业是人类崇高而伟大的事业，她传播着人类文明，守护着民族精神，为国育才，是无上的光荣与自豪，教师对教育事业要充满敬畏与热爱，让激情充满在课堂语言里，让激励流淌在课堂中。以情激情，以爱育爱，让激情的爱催生学生的快乐成长。有激情才会有更好的教育，有激情才会传递更多的力量，从而激发学生前进的动力。

3. 有温度

教师的语言要温暖，要用温和、柔软、细腻的话语走进孩子的心田。温暖的语言可以溶解心灵的冰块，温和的声音就像冬天里的一把火，可以点亮学生理想的火苗。教师只有从心灵深处发出来的话语才会亲和、甜美，才能传递到学生的心灵深处，才会有感召力、感染力，才会成为黑夜里的明灯，照亮学生前行的路。

4. 有节奏

教师要把握语言的节奏、快慢、高低、强弱、大小，决不可一种声调、一种频率、平淡无奇。教师的语言有时需要洪亮、有时需要细微，有时需要响亮、有时需要轻快，有时需要浑厚、有时需要清脆，有时需要豪言壮语、有时需要低声细语。语言波澜壮阔、高低起伏，才有冲击力，才能助推学生的主动成长。

5. 有文采

苏霍姆林斯基所言：“教师的语言素养在极大程度上决定着学生在课堂上脑力劳动的效率。” 例如，语文课堂是一门综合艺术，说要明理，诵要动情，演要尽兴，写要求美，绘景要惟妙惟肖，状物要栩栩如生，塑人要活灵活现，展现意境要境界全出。教师的语言有时需要字酌句斟、丽句清词，有时需要情文并茂、喷珠噀玉。语句的优美，带来心境的快乐，带给学生享受，激发成长的兴趣，让学生诗意地成长。

6. 有智慧

诚实的语言让人感受你的真诚；明智的语言让人感受你的才华；智慧的语言让你在危险中死里逃生。教师要认真观察学生，全面关爱学生，科学研究学生，努力读懂学生。教师要多读一些心理科学、脑科学、思维科学的书，要关注学生的喜爱、性格、基础、特长。如“听你们的朗读是一种享受，你们不但读出了声，而且读出了情，我很感谢你们。”既有理论支撑，又有实践探索，师生这样的对话才会精彩，学生才会有兴趣，才会激发其追求，推动其成长。

教师课堂语言的“六会”

“六会”，将课堂推向进取、科学、超越、挑战的高地。

1. 会激励

课堂激励的目的是为了调动学生学习的积极性，有效组织学生趣味快乐的学习，激发他们学习的主动性和创造性，以提高学习的效率。课堂学习是一种有组织、有意识、有目的活动，人、环境条件、教学方式是学习的三要素，在这些要素中，人是最活跃、最根本的因素，其他因素只有同人这个关键要素相结合，才会成为现实的学习力，才会发挥各自的效用。因此没有人的积极性，或者人的积极性不高，再好的环境条件、再好的教学方式都难以发挥应有的作用。教师要善于学会过程激励、期望激励、目标激励、个体激励、团体激励，创建课堂激励的文化，形成课堂激励场，人人受到鼓舞，各组得到激励，这将极大地调动学生的学习热情，激发学习的内在动力，激励学生不断攀登新高峰的勇气。

2. 会概括

教师是一种高专业性的工作，需要学业的精湛、专业的厚实、学识的广博、思维的严谨、口语的流畅。教师的课堂语言一定要干净、精练、浓缩、准确。教师既要有丰厚的学科专业、教育心理学、教材教法知识，也需要学习思维科学、逻辑学、心理学、脑科学的知识，还需要研究语言学、人文学等知识，只有这样，课堂语言才会凝练、精当、科学、完美。杨利伟用三句话概括了他 21 小时的太空旅行：“飞船飞行正常。我自我感觉良好。我为祖国骄傲。”说明一位军人较高的语言素养，值得教育者学习。会概括应该成为教师的一种基本能力，只有用概括的语言才能抓住要领、击中要害、剖析清楚，才能更好地提升课堂育人质量。

3. 会比喻

比喻是认知的一种基本方式，通过把一种事物看成另一种事物而认识了它。也就是说找到甲事物和乙事物的共同点，发现甲事物暗含在乙事物身上不为人所熟知的特征，而对甲事物有一个不同于往常的重新认识。依据描写或说明的方式，比喻可分为“明喻（直喻）”“暗喻（隐喻）”“类喻”“借喻”“对喻”“博喻”“简喻”“详喻”“引喻”“虚喻”等。比喻的优点：生动、形象、易懂；比喻的缺陷：感性、不准确、有漏洞。逻辑思维的优点：准确、严谨。二者比例的控制显示讲话人的水平。教师要善于运用比喻与逻辑这两翼，让课堂站得更高、飞得更远。

4. 会推理

推理是思维的基本形式之一，是由一个或几个已知的判断（前提）推出新判断（结论）的过程，有直接推理、间接推理等。教师的课堂语言要充分运用推理这一思维形式，推理是人们进行思维活动时对特定对象进行反映的基本方式，即概念、判断、推理。思维的基本规律是指思维形式自身的各个组成部分相互关系的规律，即用概念组成判断，用判断组成推理的规律。简单的逻辑方法是指，在认识事物的简单性质和关系的过程中，运用与思维形式有关的一些逻辑方法，通过这些方法去形成明确的概念，做出恰当的判断和进行合乎逻辑的推理。严密的推理，是教师课堂语言的重要法宝，科学的推理，是创新精神的重要思维方式。会推理也将促进创新人才的培养，为国育才，应当努力探索之。

5. 会风趣

苏霍姆林斯基曾说过：“在拟定教育性的谈话内容的时候，你时刻也不能忘记，你施加影响的主要手段是语言，你是通过语言去打动学生的理智和心灵的。”幽默风趣是课堂语言的调味剂。教学语言应是具体、形象富有吸引力的，应使用大众化的语言，力求明白晓畅，通俗易懂。同时，还要注意语言的生动活泼，娓娓动听，妙趣横生，要把抽象的内容具体化，深奥的道理形象化，枯燥的知识趣味化。教师的语言如果能幽默睿智，妙语连珠，在他的课堂上，总能听到学生们的笑声，那么课堂就变得有意思，课堂学习就可能演绎成一种趣味性的活动，教育质量也将得到全面提升。

6. 会评价

瑞典皇家科学院诺贝尔奖评选委员会主席说：“诺贝尔奖的宗旨是，奖励那些率先提出可以改变其他人思维方式观念的人。”著名教育家夸美纽斯说：“教师的嘴，就是一个源泉，从那里可以发出知识的溪流。”这从一个侧面充分说明教师的课堂评价的重要性。

总之，课堂教学评价应该建立一套行之有效的评价体系，应该是一种民主、平等的“对话”。这种“对话”过程贯穿着尊重学生、爱护学生、发展学生的人本主义情怀。让我们实施科学有效的评价策略，用积极的态度看待学生，从每个学生发展的内在需要和实际状况出发，评价他们各自的发展进程，让每个学生都得到赏识，体验成功，促使他们向着更高、更美而努力！不要简单地对结果进行评价，如：棒、很棒、特别棒，真好、非常好等，均是对结果进行的评价，起不到对行动的引领作用。过程决定结果，有好的过程才会有好的结果。建议教师这样说：“读是我们学习语文最基本的方法之一，读书时应该做到眼到，口到，心到。我看，你们今天达到了这个要求。”这种对过程的激励评价就能推动行为的改变，从而为提升教育质量打下重要基础。

在一个人的精神世界里，关键词是最活跃的一部分。在一个人的倾诉或与人的对话中，关键词折射着他的性情、心理和价值观。回到教师文化的语境来说，所谓关键词，就是教师在职业生活（包括教育发言、教育写作、教育反思等）中经常使用的那些词汇。其中最值得我们关切的是，在课堂上、在与学生的交流中，教师主要是用了什么样的词汇，以及他以什么样的语气、节奏，在什么样的上下文环境中，使用了这些词汇。

有的教师，其关键词散发着呵护、关爱、理解、激励、期待的美好气息，充满着一种对生命的肯定的力量；有的教师则相反，他总是在批评，在嫌弃，在指责，在排斥，其关键词夹杂着否定、拆解、破坏的元素。

你的关键词在建设你的职业形象的同时，也建设了你的语言容貌。所以，我们既要避免走向“思想的穷乡僻壤”，还要警惕“语言的穷山恶水”。让我们通过充满魅力的语言，在学生的心中，变得高贵和美丽。

魅力课堂学生讨论的30种方法

组织课堂讨论是激活学生思维、丰富学生想象、激发学生学习兴趣、促进学生主动学习的重要方式。积极有趣、有效的课堂讨论方式，有利于开展师生、生生之间的多向信息交流，有利于拓展学生思维的深度与广度，有利于培养学生主动求知、合作探索、积极进取的意识。目前，能否有趣、有效地组织课堂讨论，已成为判断一堂课是否能够真正体现学生主体地位，是否能够培养学生探究能力、创新精神的重要标志之一，得到了越来越多教师的重视。目前，课堂讨论浅、泛、虚的现象在教学实践中大量存在。因此，探究课堂讨论的原则与方法，有利于我们把握课堂讨论的规律，切实有趣、有效地组织课堂讨论。

课堂讨论的原则

目的性原则：课堂讨论应该围绕教学目标进行，研究教学目标，研究学生的真问题。设计问题的切入点应该围绕接近目标、突破重点、攻克难点进行。

主体性原则：课堂讨论始终是师生双边关系的结合。课堂讨论的真正主体是学生，但教师在课堂讨论中要始终处于主导地位，教师要为学生的主体地位营造环境、精准服务。

激励性原则：课堂讨论的目的是为了激活每一个学生的思维，调动每一个学生主动探究与发表见解的积极性。我们要激励学生参与到课堂讨论中来，在共同的合作交流、激情讨论中取得问题的圆满解决。

敏锐性原则：课堂教学是一个动态生成的过程，课堂中除了教师事先精心设计的问题之外，还有在学生讨论过程中出现的疑点、盲点、拐点、交叉点，我们要敏锐地抓住这些生成的问题，推动思维的灵活迁移，促进课堂讨论的进一步深入，培育学生多样化思维的能力。

课堂讨论的基本方法

（1）反问法：学生提问后，反问其他同学，激发思维的欲望。

（2）讨论法：“这个问题有一定的难度，我们分组讨论一下吧。”发扬集体的智慧，提升小组的凝聚力。

（3）追问法：在学生回答的基础上，设计逻辑推理的问题继续追问，促进学生逻辑思维能力的提升与发展。

（4）暗示法：“你非常聪明”“回答很好”“你还有别的想法吗?”继续发问，提升思维的热度，培育思维的灵性。

（5）补充法：“刚才三个小组进行了分享，思考的方式各有特点、各有优势，大家是否还有补充的，还有没有其他的方法或做法?”进一步推动思维的发散。

（6）评价法：小组汇报了讨论成果后，让学生作评价给予量化打分（满分为10分），并说明打分的理由，提升思维的严谨性，提高评价的能力，强化公平意识。

（7）将错就错法：对于学生发言中的错误，教师装糊涂先不评价，让学生自己发现问题，培养学生发现问题的能力。

（8）质疑法：“他说的理由充分吗？哪位同学有想法，并阐述你的思考。”培育学生善于思考、深度思维的习惯。

（9）举例法：“请举出几个实例，证明他刚才的说法。”进一步激活思维的空间。

（10）向邻居请教法：每个人有不同的想法，不同的优势，不同的基础，与同桌或前后桌交换一下意见，能相互促进、相互学习、共同提高。

（11）破绽法：教师故意犯个错误，引起学生的质疑，激发学生的好奇心，培养学生的自信心。

（12）特殊法：“这类问题，大多用这个思维方法就能解决，有什么例外的情况吗?”培养学生认识事物的普遍性与特殊性的关系，防止思维的单一性。

（13）反证法：“这个问题从正面难以说清它错误的理由，我们不妨用反例来证明它是错误的，请大家再讨论。”注重思维的双向思考。

（14）发散法：“我只想到一种方法，谁还能想到其他方法?”努力打开学生思维的空间。

（15）辩论法：“这两个小组的想法都有各自的理由，我们让双方辩论一下吧，其他组的同学可以做裁判。”

（16）表达法："请互相讨论一下，怎样表示更严谨、更准确、更有说服力。"提升小组合作能力与语言表达能力。

（17）理论法："请运用你所学过的原理，解释这一现象或结论。"提高运用理论来解决实际问题的能力。

（18）一题多解法："此题除了这种方法外，应该还有其他的方法，我们再进一步探索。"先让学生独立思考、动手练习后，小组对话交流，最后组织小组分享交流，在练习中实现质的升华。

（19）辨析法："前面两位同学的回答不同，你认为谁的观点正确，为什么？"用以提升辨析能力与语言表达能力。

（20）联想法："这个概念和以前哪个概念有相似之处？相似点在哪？不同点在哪？"

（21）提问法：提问题是善于思考的结果，"下面是针对这节课的内容提问的时间，请大家提出你的问题，并请会的同学主动来解决问题。"确实学生解决不了的问题，教师再予以解决。这样可以培养学生提出问题与解决问题的能力。

（22）求教法："有一个问题，是我要求教大家的，谁能帮我解决？"这样可以促进师生相互学习，改善师生关系。

（23）出主意法：优秀的作文是全班的财富，应该让大家来共享，请大家出出主意。如何使这些财富充分地发挥作用，让每一位学生受益，可以特别请这些财富的创造者出出主意。

（24）比较法："这次考试中有两篇优秀的作文，大家先通读一下，比较一下这两篇作文各自的写作特点与优势，给予我们的启发是什么？"学会欣赏，提倡向身边的优秀者学习。

（25）鼓励法："我们同学的思想变得很敏锐，这些问题提得很好，请继续对提出的问题进行深入讨论，让我们的思维撞击出火花。"

（26）询问法："这里有同学提出了这样一个特别有意思的问题，请大家看看是否有答案。"激发探究兴趣，催生思维能力。

（27）比赛法：为了推动小组讨论交流引向深入，本学期开始，我们开展小组之间合作讨论的友谊比赛，并进行量化评分，请每个小组精心策划、分工合作，力求有好的表现，每节课结束将表彰两个优秀小组。激发团队合作的精神，培养积极主动参与的意识，实现在团队中成长。

（28）抽签法：我们设计了四个问题链，请八个小组的代表上台来抽签，每个问题链将会被两个小组抽到。各小组分工合作，先独立思考，然后集体攻关，最后进行小组间的分享。

（29）抛球法：教师将问题之球抛给学生，不要让问题之球在师生间一对一传递，而应让问题之球在学生之间传递，让问题生出问题，激发学生讨论的热情，让讨论不断撞出灵感。

（30）团队法：合作讨论只对团队评价，不对个人评价，不搞个人英雄，走向大众英雄。不搞全班讨论，注重小组讨论，推动全班优秀思考方法的分享。展示小组成果时，是一个集体的展示，小组成员都站起来或都上讲台去展示。关注每一个个体的成长，实现一个也不能少的教育。

有趣、有效的课堂讨论，会促进学生主体意识的唤醒，提升学生思维的灵性，拓展学生思维的空间，培养学生的团队精神，提升学生语言表达能力，有效改善师生的关系，促进学生主动快乐成长，让课堂增添魅力。

有趣、有效的课堂讨论是魅力课堂的重要组成部分，魅力课堂的探索永远在路上！

魅力板书设计的基本原则和主要方式

板书是魅力课堂信息传递的重要载体，即教师通过在黑板上书写文字、符号或绘图等方式，向学生传递学习信息、分析认知过程、突出学习重点、帮助学生正确理解并增强记忆，是提高学习效果的一种重要手段。

因板书具有可以随时书写，并能够保存的特点，在学生课堂学习中起着重要作用，是其他学习手段不可替代的。能否针对学科和学习内容特点精心设计有特色的板书，直接影响着学生课堂学习的效果。本文介绍魅力板书设计的基本原则和主要方式，供老师们在不同学科、不同内容课堂教学设计时参考。

魅力板书设计的基本原则

魅力板书的设计一般要遵循计划性、规范性、适合性、逻辑性、简洁性、重点性、美观性七大原则。

1. 计划性原则

板书的计划性就是根据学习目标、学习内容、学习方式和黑板的情况，对板书进行有计划的预设，即根据教室黑板的大小确定安排板书的格式、内容和位置。板书的计划性表现在对整堂课的板书有一个通盘的考虑，一堂课要板书哪些内容，安排在哪个位置、先板书什么、后板书什么、大标题写在什么地方、小标题写在什么地方、哪些东西应该保留到讲课终了、哪些作为临时板书随写随擦掉等。

板书的计划性主要体现在主板书上，主板书是在教师对教学内容进行概括的基础上，提纲挈领地反映教学内容的书面语言，可以是讲授要点、层次分析、论点论据、概括总结，一般写在黑板的左半部和中部，主板书作为学习内容的框架一般应全堂保留，从而在学习结束后，在黑板上留下一个完整、美观的板书，有利于学生对整堂课知识体系的全面感知。

副板书是在教学过程中教师为了引起学生的注意或是为了解释一些学生难以理解的字、词和问题，顺手写在黑板右侧的书面语言。副板书一般只起到辅助口语表达的效果，可以随即擦掉。

2. 规范性原则

课堂学习的重要任务之一是传递知识信息，其基本要求是科学、准确。板书作为一种基本的信息传递方式，首先应做到科学规范，以保证学生接受信息的科学性。具体来讲，要注意以下几个方面：①文字书写要规范，遵循汉字的书写规律，注意笔顺、不倒插笔，不写连体字，不自造简化字。一行字要写平直，不可越写越歪。板书除了传授知识之外，还有一个引导和训练学生养成良好书写习惯的任务。②字母、符号使用要正确、规范。③画图要用尺规认真完成。④用语要规范科学，不能用一些似是而非的字眼。⑤解题格式要规范，过程要详略得当，关键步骤要完整、准确。

3. 适合性原则

适合有三个方面的含义：一是板书设计要根据学习内容、黑板的大小、位置统筹考虑，整体设计，预设出与黑板和学习主题相适合的板书。二是指根据学习的需求和实际需要，选择性的设计适合的板书内容和板书形式，保证学习效果的最优化。三是从板书的时机把握来说的，要求每一次板书都要在合适的时机进行，保证收到最好的学习效果，并最大限度地节约时间。

4. 逻辑性原则

板书设计要尽可能体现知识之间的内在逻辑关系和层次递进关系，让板书的各部分之间相互支撑、融为一体、不可分割，以帮助学生深入理解学习内容，构建完整的认知结构，提高学习效率和质量。

5. 简洁性原则

为了节约时间和版面，板书在保证信息完整、规范的基础上，应尽可能地减少书写内容，主要做到以下几个方面：①只板书关键字和词。②对板书内容进行合理的加工重组，尽量符合学生的接受能力。③合理使用符号语言和图形语言，节约文字书写量。

6. 重点性原则

即是能简则简、突出重点的原则。也就是只板书学习的重点内容，而非面面俱到进行板书，从而适应黑板面积和板书时间有限的实际情况，更好地满足板书突出重点的客观要求。

7. 美观性原则

既在统筹设计板书时，充分考虑板书的美观度，给学生以美的享受，让学生在美的享受中愉悦地获取知识，同时也可以增强学生审美意识，提高审美情趣，提高学习效果和认知品位。

魅力板书设计的主要方式

根据学习内容和形式的需要，魅力板书设计的主要方式一般可以分为以下六种。

1. 要点式板书

要点式板书是按教学内容和活动设计，对一节课的学习内容，通过教师的分析与综合，归纳出若干要点，以先后顺序将各个要点层层展开，依次板书，从而条理分明、提纲挈领地编排书写的板书形式。要点式板书除板书课题以外，可以根据学习进程将一节课的知识要点适时逐条板书在黑板上，内容层次和序号等级分明，或用大括号明确表示知识层次，具有逻辑关系清晰、重点内容突出、知识要点全面、书写格式规范等特点。这种板书利于学生记笔记，全面把握重点和关键内容，理解、掌握所学知识，所以使用比较广泛，可以在各个学科新授内容学习或复习时使用。

2. 网络图板书

网络图板书是在学习过程中，根据知识之间的联系、逻辑关系和学习进程，将一节课的知识点进行系统设计，最终形成网络图或思维导图的板书形式。网络图板书能够在学习的过程中，将知识之间的内在联系和逻辑关系自然呈现出来，便于学生理解和记忆，在各学科的新授课学习和单元复习时经常用到。如七年级下册生物《血液循环的途径》一节的板书，就可以通过网络图很好地呈现体循环和肺循环的途径、联系、血液循环中的物质交换、血液变化等内容，从而将血液循环的有关知识和联系全面地进行展示。

3. 艺术化板书

艺术化板书一般是用不多的文字和简洁的艺术化形式，表明一节课的主题。板书文字虽然不多，但可以起到画龙点睛的作用，突出一节课的主题，同时又给人美的享受。艺术化板书在语文、政治、历史、美术等学科经常使用。如四年级语文《桂林山水》的艺术化板书设计（图 10），就通过简洁的词语和艺术化图形的设计布局，表现出桂林山水甲天下的主题，板书形象、贴切，给人以身临其境的艺术感受。

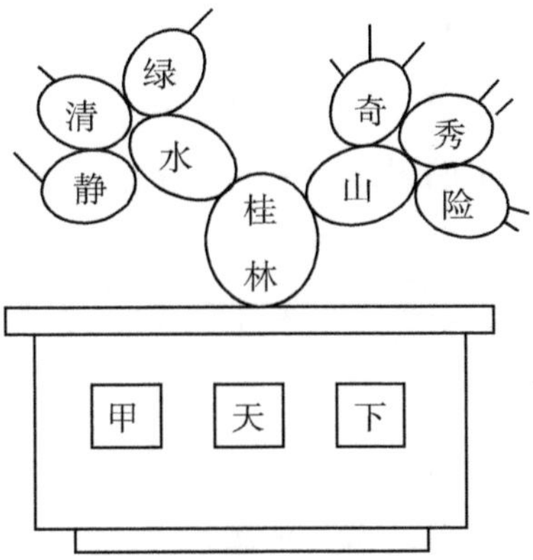

图 10 《桂林山水》艺术化板书

4. 图示式板书

顾名思义图示式板书是用图画、文字、线条、符号、框图等方法表现教学内容的板书。图示式板书可以使教学中的难点通过图示形象化，从而化难为易，化繁为简，既便于学生理解，又可以给学生留下非常深刻的印象。图示式板书具有形象、直观的特点，可以把物质的变化过程和事物间的关系简明地表达出来，能引起学生兴趣、思考与记忆，并具有一定的艺术性。由于少年儿童以形象思维为主，图示式板书在幼儿园和小学得到普遍使用。如小学数学、英语、科学等学科，用动植物或物体的图画表示学习内容，方便学生的理解和认知。在中学阶段根据学科特点和学习内容精心设计图示式板书，也可以收到很好的效果，如数学中的坐标图，物理中的电路图，化学中的装置图，地理和历史中的地图，生物中的生物图，都是根据学科特点设计图示式板书的常用形式。

5. 表格式板书

表格式板书是根据教学内容可以明显分类、进行比较等特点，找出教学内容的要点，列成表格，通过横向对比和纵向归纳，获得新知识或建立知识之间联系的一种板书形式。表格式板书适用于教学内容各要素具有并列关系、新旧知识对比学习、实验数据分析归纳等内容的学习。表格式板书可以用表格的形式表现一节课的重点内容，思路清晰，便于比较，非常有利于学生对知识的理解和记忆。表格式板书在诸多学科的新授课和复习课中非常常用。如在历史学科学习中，可以通过表格的形式板书历史事件的时间、地点、人物、背景和意义，让学生对不同历史事件一目了然。

6. 学生版板书

为了突出学生的主体地位，给学生更多的展示、训练空间，现在很多学校的很多教师将板书让位于学生，我们将其称为学生版板书。学生版板书是与时俱进、适应新时代课程改革需要的结果，如数学、物理、化学等学科可以让学生在黑板上板书演示习题的计算过程，暴露学生真实的思维路径和易错点，既有利于实现课堂的生成，又可以在学生真实的认知之上，有针对性地进行点评和讲解，更好地完成学科知识的建构和完善。语文、英语字词的学习，以听写的形式让学生写在黑板上，易出现的问题一目了然，非常有利于教师纠错。政治、历史、地理、生物等学科学习中，可以将某一知识点的梳理和归纳让学生在黑板上完成，对全体学生起到示范作用，而且非常有利于点拨梳理归纳学习方法及容易出现的问题。

教学有法，而无定法。板书作为魅力课堂信息传递的重要手段，也没有固定的模式。在魅力板书的设计中，我们只要根据学科特点、学习内容和学生认知需求，设计出学生易于接受和学习的板书，从而取得好的学习效果，就属于充满魅力的好板书。

魅力课件设计的基本原则和注意事项

多媒体课件是指把计算机综合处理的文本、图形、声音、图像、动画、视频等多种媒体信息，应用于教学上，改变信息的呈现形式，在计算机上利用媒体开发工具把图、文、声、像集成在一起，以提高教学内容表现力和感染力的教学软件。

多媒体课件使用的意义

多媒体课件教学作为新媒体教学手段，在课堂教学中起到了重要作用。一是向学生直观地呈现各种教学信息；二是通过动画等手段提高学习的积极性，制造学习动机，用于强化学习刺激；三是用于对学习过程的诊断、评价或引导学生处理各种信息；四是通过互联网更新学习数据、实现学习过程的灵活控制。

多媒体课件制作的基本原则

1. 辅助性原则

多媒体课件是教学的辅助手段，使用多媒体课件的目的是为了提高教学效果，更好地完成课堂内容的学习。因此，课件必须从教学需要出发，进行设计。制作多媒体课件，首先关心的应该是利用或设计某个课件进行教学是否有必要。教学辅助手段的采用要根据教学内容及教学目标来选择，不同教学手段有机结合，优势互补，才能收到事半功倍的效果。多媒体辅助教学一般在以下三种情况下才使用：一是常规方法无法演示或不易演示、演示观察不清的内容；二是课堂上用常规手段不能很好解决教学重点、难点问题时；三是通过提供与教学相关的媒体信息，可以创造良好的教学情境、资源环境，扩大学生的知识面和信息源。

2. 科学性原则

科学性原则是指课件不要出现科学性错误。一要注意概念表述的准确性：概念是教学内容的逻辑起点，概念的表述必须准确无误、严谨规范；二要注意内容呈现的准确性：课件的取材要适宜，教学内容要科学、正确、严谨、规范；三要注意资料引用的准确性：课件中引用的资料必须准确无误、严谨规范；四要注意图文清晰易辨，文字用语要符合学习要求，不要与课程标准、教材相背离。

3. 简洁性原则

即多媒体课件的信息呈现应尽量简洁明了，以简洁实用、操作方便为原则。多媒体课件是为学生学习服务的，在学生学习中处于辅助地位，因此，要避免多余文字、图片和动作过多过杂，喧宾夺主；过多的文字阅读容易使人疲劳，影响学习效果，可以用图片或音频、视频替代文字叙述。

4. 实用性原则

课件是辅助教学手段，课件的使用必须能最大化地优化课堂教学结构，提高课堂教学效率。课件要突出学习的重点、突破学习的难点，为学生解决学习中的重难点和困难服务；课件的画面应符合学生的视觉心理，同一画面颜色、图片、音效等不宜过多，切忌过于花哨，避免对学生注意力产生干扰；每页 PPT 的背景、主色调、字体格式、动画设置以及页面之间的动作等风格要尽量统一，避免影响学生注意力；注意动与静的对比，前景与背景对比，线条粗细的使用，字符大小的使用，从而保证学生能够充分感知学习内容。多媒体课件虽然比一般教学形式的信息量大，但也不能过大，节奏也不宜过快，要适当地留出学生思考和消化的时间。

5. 艺术性原则

画面艺术：符合学科特点，有稳定的风格、整体标准相对统一。语言文字艺术：语言文字应规范无误、简洁明了，字号不宜太小。声音效果艺术：声音清晰，无杂音，切忌没有实际意义的声音、音响，影响学生注意力。图片影像艺术：图片影像清晰、质量高，切忌没有实际意义的图片、影像，干扰学生注意力。色彩搭配艺术：字体和背景颜色采用对比色，慎用相近色；背景颜色统一，切忌经常变换背景色，每屏课件颜色不宜超过四种颜色等，防止对学生造成非正常干扰，耽误时间。

6. 启发性原则

首先，课件的启发性表现在直观性和趣味性上，通过课件直观、形象的特点可以使抽象的学习内容变得直观易懂，从而启发学生顺利地理解知识。其次，课件趣味性的特点，可以调动学生学习的积极性和主动性，有利于突破重难点。再次，通过 PPT 课件还可以增加学习的信息量，扩大学生学习视野，给学生学习以全方位的启迪。

7. 开放性原则

制作课件要花大量的时间。若能直接采用现成的课件或对原有课件作少量修改就能为己所用，必将促进多媒体教学快速普及。因此，制作的课件是否具有开放性，也就是能否稍加改造就可以为其他教师所用，这是需要大力提倡的，这也符合开放共享的信息时代要求。由于不同教师的教学风格不同，使用别人制作的课件上课往往很别扭，主要是因为自己的思路和风格无法发挥，课件中的思想、思路、表现方式、体系结构和技巧运用与自己的风格相去甚远。因此，从素材使用开始，到整门课程，都应该可分可合，素材之间也应该既有知识上的联系，又彼此独立，可单独使用；在素材管理技术上，采用数据库管理，可以使得课件交流非常方便。

课件设计的注意事项

1. 主题明确

多媒体课件，作为板书的替代形式和直观的教学手段，它必须为教学主题服务。设计多媒体课件，首先要明确这堂课讲什么内容，重点、难点是什么？如何讲解？组织课件素材要围绕着教学的主题展开。

2. 风格统一

PPT 课件的风格，是人们在做 PPT 课件时表现出来的习惯配色、字体组合方式、PPT 底色（背景）等方面的偏好。一个好的 PPT 课件，应该通过“母板”定义好 PPT 的风格，以保持整个 PPT 课件的每个幻灯片的风格一致。风格的统一，可以让学生更好地集中注意力。

3. 布局合理

多媒体课件教学，可以节省教师板书时间，提高讲课效率。同时，每张幻灯片布局要简单均衡，逻辑层次分明，主题明确，风格统一，减少不必要的、与主题无关的多媒体信息（视频、动画）。这样不仅可以方便学生记笔记，也可以减少分散学生们的注意力。一个完整的 PPT 课件，一般包括标题页、正文、结束页，每张幻灯片布局都要合理布局，有一定的留白，让学生感觉比较舒服。

4. 配色简洁

配色一般是指两色和两色以上的组合搭配。PPT 课件不是绘画作品，配色方案应该追求简洁、明快。整个 PPT 课件，包括图表在内，颜色不应该超过 4 种，单张幻灯片上的颜色不应超过 3 种，使用的颜色一定要协调，尽量保持同一色调，不要自造颜色，应用屏幕取色器，去“扒”已经成功应用的颜色。

5. 文字规范

文字是记录语言的书写符号体系。一个完整的PPT课件，要想围绕主题讲明白道理，文字是必不可少的表达手段，需要简洁、清楚的逻辑层次。实际使用中，我们一般只用“并列”和“递进”两种逻辑层次。通常采用准确的文字、规范的字体和标准字号表现出不同的逻辑层次。所以，字号和字体也不要随意使用，要力求规范、统一，避免给人眼花缭乱的感觉，一张幻灯片上一般不要超过三个层次，不同幻灯片上相同层次的文字要采用相同的颜色、字体和字号。

6. 图表表达

图表是一种很好地将对象属性数据直观、形象地“可视化”的手段。图表的最大特点就是“用事实说话”，一幅好的图表可以用数字、图案等来表达客观事实，形象地反映发展规律和趋势走向，起到文字、图片所达不到的效果。所以在PPT课件中，合理使用图表表达能充分发挥多媒体教学的长处，起到语言表达和文字描述所达不到的效果。

7. 适量击键

使用PowerPoint制作PPT课件，可以通过设置自定义动画的方式，设置对象显示顺序，使得幻灯片的内容可以根据讲述的需要，适时、有序地显示出来，这在很大程度上增加了用户使用PPT课件的灵活性，但设置自定义动画不要过多，否则，容易影响学生听讲，也会分散讲课人的精力，使讲课人不停地按键，而没有精力和时间连贯表达自己的思想。

8. 适度动画

适当使用和教学主题密切相关的短小动画，会提高教学的效果，特别是一些实践性很强的课程，可以适当通过动画（FLASH等），动态演示事物演变过程，帮助学生形象理解事物的变化规律和变化趋势。但也不要让动画破坏了讲课气氛、过多地吸引学生的目光，这会减少对老师口头和肢体语言的关注和理解。

魅力作业设计的主要类型和基本原则

作业一般是指定学生在课堂以外完成的作业，因为一般中小学生的课外作业需要在家庭中完成，有时也称家庭作业。课外作业是课堂教学的重要组成部分，是课堂教学的前伸和后延，是教师了解学生和检查教学效果的一个重要窗口，也是学生把知识用于实际的初步实践。作业落实得好，就能与课堂教学紧密配合，不断促进学生思维、智力、兴趣、意志等方面的健康发展，为新课的学习做好铺垫，也可巩固和查补所学知识的缺漏。设计少而精的高质量作业对提高学习质量非常重要。

作业的主要类型

中小学的课外作业，按属性划分，主要有预习性作业、随堂作业、课后作业、复习性作业、拓展性作业、实践性作业等。按形式划分，主要有书面作业、阅读作业、背诵作业，以及调查、实验等实践活动。

预习性作业

预习性作业是在课堂学习前，要求学生自己预先了解将要学习的知识和内容，初步掌握新知识的一种作业类型。预习性作业有助于学生提前了解新课内容，自己发现问题和认识学习的难度，为进一步的学习打下认知的基础。

随堂作业

随堂作业是跟随教学进度布置的作业，要求学生在课堂中或课后马上完成，是一种即时性的作业类型。随堂作业有助于学生巩固新学的知识，训练和应用新的学习技能和学习方法。

课后作业

课后作业是在一节课结束后，为了巩固所学知识，提高熟练应用程度设置的一种作业类型。课后作业有助于学生在头脑中再现所学知识，并能在巩固、熟练的基础上，得到实际的应用。

复习性作业

复习性作业是在学习任务完成后，要求学生对所学知识进行重新认识、加深理解和巩固记忆的一种作业类型。复习性作业，有助于学生进一步理解知识，并通过实际应用加深记忆。

拓展性作业

拓展性作业是在学习任务完成后，在所学知识的基础上，要求学生借助相关知识，通过不同的途径，采用不同的方法，完成对所学知识理解和应用的一种作业类型。拓展性作业有助于学生加深理解和巩固所学知识，灵活运用知识，学会从不同角度和采用不同方法认识问题。拓展性作业的完成需要学生具备一定的学习基础和技能。

实践性作业

实践性作业是在学习任务完成后，要求学生运用所学知识和技能、方法，解决现实生活中的问题或解释生活现象的一种作业类型。实践性作业有助于学生将课堂与现实生活联系起来，将书本知识与实践应用相结合，加深理解，提高学习技能、方法的应用水平；有助于增强学生的学习兴趣和求知欲望。实践性作业具有实用性强的特点，并具有一定的挑战性和创新性。

书面作业

书面作业是通过纸笔的方式，对所学知识进行复述或实际应用。书面作业有助于学生对所学知识的巩固和记忆，以及对学习技能和方法的应用。

阅读作业

阅读作业是在学习任务完成前或完成后，要求学生通过浏览、观察、粗读等形式，自己完成一个学习任务。课前阅读，有助于学生初步了解和认识将要学习的知识和内容，为进入学习奠定认知的基础；课后阅读，有助于学生加深理解所学知识，并将所学知识运用于对新知识的理解。

背诵作业

背诵作业是在学习任务完成后，要求学生在离开教科书的前提下，熟练复述所学的内容。背诵作业，有助于学生巩固记忆，熟练内容。背诵是一种简单、机械记忆，不涉及学习技能和方法的应用，比较枯燥、乏味，难以调动学生的学习兴趣和积极性。

魅力作业设计的主要原则

（1）依据设定目标和重点内容设计。作业必须依据学科课程标准设定的目标，围绕课堂学习的重点内容进行设计，从而对课堂学习起到铺垫、巩固、拓展的作用。

（2）切记重复抄写和机械训练。作业设计应有助于转变学生的学习方式和学科素养的提升，在学生理解课堂知识的基础上，加深对所学知识的巩固、拓展、深化，以及学习技能和方法的应用；有助于通过活动体验、直接感知等实践活动，提高学习质量和水平。

（3）作业要精选、适量。针对课堂教学内容的重难点进行精选和设计，同时要合理控制作业时间，保证作业的有效性，防止学生应付作业和增加课业负担。

（4）根据学生差异分层或有选择性地布置作业。因为学生之间存在差异，我们不应该设计完全统一的作业来限制优等生、难为学困生，作业设计应以保证学生在各自认知的基础上得到提高为标准。

（5）作业要激活思维，体现个性化理解。课堂作业除了巩固基础知识外，还应注重学生思维的训练，有一定的思维含量。

（6）作业形式要变换角度。尽可能使作业形式灵活多样、生动有趣，不死板、不机械、不重复、不枯燥、不乏味，能激发学生的学习兴趣。如可以着眼于提高学生的应变能力，注重多角度的变式训练（包括图形变换、题型变换、结构变换、题设结论变换等）和逆向思维能力的训练。

（7）作业设计要有一定的新颖性。作业不能一味地布置陈题、旧题，要有新意，要与时代合拍，体现当前培养学生实践能力和创新精神的要求。比如环保、经济增长、克隆技术等这些当前热门话题，都已进入学生的生活，成为学生思考谈论的话题，完全可以进入学生的作业之中。

（8）加大口头作业力度。书面作业只是作业的一种形式，泛泛地布置书面作业，很容易让学生厌倦，可以多布置一些口头作业。因为学生在课堂上有不同的学习体验，可针对教学内容设置一些问题让学生思考讨论。在口头作业的完成过程中，随着讨论交流、相互触发，会诱导更大范围的发现，引导对同一问题的多角度观察、全方位思考，伴随着新问题的提出与解决必然会使学生产生成功和满足的情感体验。口头作业还能够对学生进行思维训练，熟练驾驭语言文字，提高口头表达能力，提高学生的口语交际能力。

（9）结合教学内容适当布置一些动手、实践、小实验类的作业。这类作业一方面可以调节学生的学习生活，另一方面将大大激发学生的参与意识，应用意识和学习兴趣，锻炼学生的自主动手和实践能力，使他们在愉快轻松的环境中学到知识、接受教育、提高能力。

因为基础教育涵盖了幼、小、初、高不同的学段，学生处于不同的年龄阶段和认知水平上，对作业的要求也有很大差异，在这里只是列举了作业的一般常见类型和作业设计的一般原则。具体到不同学段、不同年级的学生，我们可以根据相应学段和年级的教学要求及认知水平，设计出适合每一个年龄阶段学生发展的作业，以满足学生学业发展和学科素养提升的需求。

魅力课堂的假期作业设计

当前的课程和课堂教学改革，对课程标准学习、课程建设和学习方式变革都很重视。但作业尤其是假期作业，还没有逃出重复训练的怪圈，作业的繁重、低效，仍然严重影响着学生的学习兴趣和发展，并在一定程度上加重了学生的课业负担。

2011 年开始，我校在总结近几年假期作业改革的基础上，围绕学生核心素养的发展，进行了魅力假期作业的系统设计和探索。

传统的假期作业一般是巩固性的训练作业，是对旧知识进行重复训练，导致学生厌烦。2011 年，我们提出将假期作业改为自主预习作业或实践类作业，也就是将假期作业设计为新学期的自主预习学案或实践活动，解决不了的问题可以记录下来，开学时在课堂上解决。开学时任课教师还要设计开学检测，根据学生的自学情况和存在的问题有针对性地设计教学。同时，自主预习作业和活动的设计也有较强的计划性，如数学、英语每天一个课时的预习学案，学生可与其他作业合理搭配，交替着轻松完成。

设计实践性作业，让学生假期动起来

知识只是载体，在知识学习过程中形成的思维方式和学习方法，以及在实践操作中获得的学习体验、实践能力，才更有利于学生对知识的理解。为此，学校在假期作业的设计中，将部分学科设计成了实验实践性作业。如生物假期作业对初一、初二 4 个学期的实践活动进行了统一安排，寒假 2 ~ 3 个，暑假 4 ~ 6 个，包括制作肌肉牵动骨运动的模型、制作米酒、制作孢子印、验证植物的蒸腾作用等。某些学科则部分设计成了实验实践类作业，如物理中的制作弹簧测力计、英语中的制作英文小报等。

设计生活性作业，让学生体会学以致用

《中国学生发展核心素养》中关于“乐学善学”有这样的描述：能正确认识和理解学习的价值，具有积极的学习态度和浓厚的学习兴趣。为此，学校在假期作业的设

计中特别重视作业的生活性和趣味性。如生物中的观察发酵现象，发酵让气球鼓起来；物理中观察重力方向竖直向下在生产生活中的应用；语文中的春节习俗等。这些联系生活的作业对于激发学生学习的原动力起到了积极作用。

设计考察性作业，在参观感受中拓宽视野

近年来，学校每年寒暑假都布置参观考察或调查类作业，如初中学段的学生会参观国家博物馆、鲁迅博物馆、中国科技馆、北京动物园、曹雪芹纪念馆等；高中学段会进行职业生涯调查。这些已经常态化了的作业，对提高学生的爱国情怀、感受中华文化魅力，以及个人生涯规划都起到了重要的作用。

设计阅读类作业，积累学生文化底蕴

《中国学生发展核心素养》要求学生“具有古今中外人文领域基本知识和成果的积累，能理解和掌握人文思想中所蕴含的认识方法和实践方法等”。一个人的人文底蕴和文化修养，主要靠大量的阅读来培养。北京实验学校从小学到高中分学段和年级指定了不同的课外阅读书目，如初中学段有四大名著和《鲁滨孙漂流记》《四世同堂》等经典文学作品。初高中学段还指定了英语阅读书目，如2017年初二的寒假阅读作业设计为让学生自选一本适合自己的英文读物进行阅读。

设计主题项目作业，尝试整合学习

学生核心素养的六个方面是综合性的，各个学科的学习也是相互联系的。为此，在假期中设计主题项目型作业，既可以实现学科间的有机融合，提升学生的综合素养，又可以降低学生作业负担。如在寒假中围绕春节这一主题，设计历史、传统文化、英语等多个学科融合的作业。再如，在设计假期游学类作业时，根据不同的游学行程将多学科内容和素养培养融入其中，就是很好的主题项目作业。2017年寒假我们设计的一次成都游学作业，就包括指向语文的杜甫草堂、指向地理的都江堰水利工程、指向化学的水质检测、指向历史的武侯祠等，并兼容了合作、表达、安全、应急处理等综合素养培养。

设计游学类作业，让学生边旅行边学习

2016年12月19日，教育部等11个部门联合发布《关于推进中小学生研学旅行的意见》，明确指出中小学要将研学旅行活动纳入教学计划，将学生参与情况纳入综

合素质评价体系。《中国学生发展核心素养》也要求培养学生“具有文化自信，尊重中华民族的优秀文明成果，能传播弘扬中华优秀传统文化和社会主义先进文化；具有全球意识和开放的心态，了解人类文明进程和世界发展动态等”。

北京实验学校在多年探索的基础上，设计了从小学到高中的假期研学系列课程。作为假期作业的一部分，每一次研学课程均结合学科教学和学生核心素养发展要求设计《研学手册》，让学生在旅行的同时真正学有所得，在进行学科实践的同时开阔视野，学会合作。

设计运动锻炼类作业，让学生养成强健身体的习惯

“掌握适合自身的运动方法和技能，养成健康文明的行为习惯和生活方式等”是学生发展的重要核心素养。然而，当前中国学生体质呈明显下降趋势，这与学生在假期中缺乏锻炼有很大关系。正常上课时，学校有体育课、课间操等，能够基本满足学生的健康发育需要。一到假期，学生就患上了“假期综合征”，生活无规律，缺乏锻炼，导致学生体质下降。

为此，每个假期学校都会安排运动锻炼类作业，一般设计为体育自选项目进行训练，内容包括跑步、篮球、滑雪、游泳、爬楼梯等。学生可以根据家庭和社区条件自选，填写锻炼记录表，包括每天的运动时间、运动方式等。既达到了锻炼的目的，又有利于让学生养成强身健体的良好习惯。

学生在知识水平、能力发展、成长背景、家庭条件等方面存在着很大的差异，于是学校在设计假期作业时，让学生有一定的选择性。书面作业有一部分选做题，学生自学解决不了的问题可以及时请教老师，也可以空出来，等返校后与同学讨论解决；实验实践性和考察性作业一般采取四选二或六选四的方式，以满足不同学生家庭中实验实践的条件和所处社区的资源情况。

随着我国基础教育改革步伐的加快，我们对假期作业的探索和实践也一定会与时俱进，进一步满足学生发展的需要，为魅力教育普适品牌的打造和中国基础教育改革做出更大的贡献。

魅力讲评课的设计与实施

讲评课是在学生做完习题或试卷后，根据作答情况，对习题或试卷进行评析的一种课堂类型，是学生巩固所学知识、深化对知识的理解、升华综合运用能力的重要环节。

魅力讲评课的目的

要谈讲评课的设计，首先要明确讲评课的目的或者说目标。讲评课的目的：首先，是让学生认识到试卷得分与自己实际学习能力的出入；其次，是纠正学生答题中的各种错误，掌握正确答案；再次，是分析产生错误的原因，即分析得失，通过试卷讲评引导学生学会学习、学会考试，掌握学习和考试的方法；最后，是提炼概括，即对知识、方法做进一步的归纳，从学科思想和方法的高度认识所学内容。

明确了讲评课的目的以后，我们就可以知道上讲评课之前应做的准备工作，即完成答题、完成批改、完成逐人逐题的正答率统计，写出教案或者做出课件，下发试卷后才能上讲评课。

魅力讲评课的方式

为了提高讲评课的效果，根据学生答题情况进行有针对性的讲评，我们可以对讲评课的方式进行如下设定：一是老师只精讲错误率达到 60% 以上的题目，集中解决大部分学生不会的问题，教师讲评的试题因为是重点、难点和易错点，讲评时不要就题论题，要注重变式训练、适当拓展、前连后挂，讲评解题的思路和方法，让学生做到举一反三；二是对于错误率在 30%~60% 的试题可以采取学习小组内讲评的方式，因为在这个错误率范围的试题，每个小组都有会做的，组内讲评可以提高学生的参与度，提高讲评课的效果；三是对于错误率低于 30% 的试题，因为人数极少，没有必要因为极少数人浪费全体学生宝贵的课堂时间，可以不在课内进行讲评，在课下让这部分学生找老师讲解即可。

魅力讲评课的基本原则

为了让讲评课取得最佳效果，在设计讲评课时我们还要注意以下几个原则。

（1）及时性原则。考试、练习是学生独立思考、巩固运用知识的具体实践，在此过程中学生有很多解题的念头和想法，即使是试卷上做错了甚至没有做的题，他们都曾有过若干思维的火花，若不及时交流，这些火花就会熄灭。因此考试、练习后应做到及时反馈，及时讲评。

（2）激励性原则。讲评的目的是通过检测反馈和试卷讲评，让全体学生在学习上得到提升，避免再犯类似的错误。所以，表扬与激励应贯穿于讲评课的始终。例如，表扬成绩最高者和成绩提高幅度较大学生，对于原来基础较差的学生，教师应从试卷中捕捉其闪光点，对他们在卷面上反映出的点滴进步加以肯定，尤其是新颖的思路和独到的见解应向全班学生推荐。从而通过讲评，充分调动全体学生的学习积极性，激发学生进一步学习的愿望，以期待在下一阶段有新的突破。

（3）典型性原则。讲评课上教师讲评的试题一方面是错误较多的，另一方面是典型的有共性错误的试题，或者选择学生卷面上有独到见解的题，切忌面面俱到，逐题讲评。

（4）互动性原则。讲评课是师生交流，生生交流的思维碰撞过程，我们要给予学生发表见解，表述真实思维过程的机会，允许学生对试题进行“评价”或“反评价”，通过学生积极主动参与，得到相互启迪，这样的讲评课才容易让学生接受大量的知识及解题信息，有助于学生知识的掌握和解题能力的提高。

（5）系统性原则。试卷讲评要使学生形成的系统知识结构得到进一步巩固，使学生在头脑中形成的经纬交织、融会贯通的知识网络得到强化和再现，这样有助于对所学知识的深刻理解和长久记忆。为此，讲评课应将分散于各题中的知识点和解题方法进行系统归类，梳理出相应的知识网络。

魅力讲评课的基本环节

阅卷统计环节

讲评效果的好坏取决于试卷信息反馈的准确性，在按照评分标准完成认真阅卷后，应做好有关数据的统计分析。做好以下准备工作。

（1）对每个小题的得分情况进行统计、汇总，确定教师和学生讲评的重点。

（2）分析全班错误人数及错误类型。对典型的、普遍性的错误特别关注。

（3）查找出错误率 60% 以上、30% ~ 60%，30% 以下的三类试题情况，准备有针对性的讲评。

（4）对学生错误较为集中的题目进行分析，找出错误根源，确定讲评和纠错的具体措施。

（5）对试卷中学生好的解法进行整理，以向其他学生介绍，促进全班的共同提高。

（6）分析学生对相关知识、方法的掌握情况，定出补救措施，设计好补救训练题。

（7）将试卷提前发给学生，要求学生初步订正错题，分析错因。对错误率在 30% 以下的试题进行个别提醒，对考试不正常的学生进行个别约谈。

简单评析试卷

讲评课开始时，可以用几分钟时间概述考试成绩情况：如考试的最高分、平均分，优秀率、及格率、低分率等；表扬达到优秀和进步较大的学生，如果有考试目标可以对照目标进行评析。如果整体考得不好，应多从教师自身找原因。不要讽刺挖苦学生，应多热情鼓励帮助他们，可通过一些进步快的学生为实例，教育他们不要泄气，要奋力直追。

教师讲评环节

教师讲评要突出重点，突破难点，加强思路分析，讲究对症下药，找到错误原因。对于学生错误集中，题目解法新颖，启发性强的题目应重点讲评。应将较多的时间用在错题原因分析与思路启发上，只板书必要的解题过程。必要时可以请学生发言，主要是为了暴露思维过程，包括典型错误的思考，巧妙的思路等，以对其他学生起到警示、示范作用。要做到错误让学生“改”；思路、解法让学生“讲”；变换题目让学生“练”。

学生小组讲评

针对错误率在 30%~60% 的题目，进行小组内讲评，教师要注意巡视，了解学生讲评的情况和容易出现的共性问题。

系统小结环节

许多教师因讲评试题较多，常感时间不够，总是匆匆忙忙下课，忽视系统小结环节，这是课堂一忌。系统小结，可以概括章节主要内容，归纳解题方法，强调注意事项，对整堂讲评课进行提升。

反馈补救环节

一堂讲评课的结束，并不是试卷评讲的终结，教师应利用学生的思维连贯性，扩大“战果”，有针对性地布置一定补救作业，补救题可以是对某些试题多角度的改造，或者是同一问题的另一种考查方式，这样就可以通过讲评的反馈，巩固和补救学习内容。

教学有法，而无定法，魅力讲评课是面向所有学生的、有针对性的、学习方式多样的一种课堂设计，目的是在有限的时间内获得最大的教学效益，通过检测讲评，让学生对所学知识起到巩固提升、融会贯通、实践应用的目的。

“三轮一回扣”复习课整体设计策略

——以初三中考复习为例

初三中考复习备考即初三总复习，一般有 3 ~ 4 个月的复习时间。如何利用这么短的时间，取得最大的复习效果，很多学校对复习课的设计进行了系统地研究，并通过实践不断进行检验和完善。我校对初三总复习进行了较为系统的研究，在此介绍“三轮一回扣”复习课整体设计策略，供大家在设计复习课时参考。

“三轮一回扣”复习课整体设计策略

一轮就是指一轮复习，其指导思想是梳理课本内容，巩固基础知识，训练基本技能。但这并不是说只复习课本、做课本上的原题，而是用重组的知识和题目来巩固课本中的基本原理，也就是说理在课本中、题在课本外。二轮即二轮复习，一般是专题复习。主要通过专题选讲，解决专题之间以及整个教材的内在联系，培养学生的学科能力。三轮即三轮复习，也叫综合练习，即在一轮和二轮复习基础上的综合模拟训练。“一回扣”是指回扣课本和回归基础。

在“三轮一回扣”复习中，第一轮是整个总复习的基础性工程，时间较长，大约需要两个月的时间。第一轮复习不好，第二轮、第三轮复习就是空中楼阁；第一轮过快，进退两难，进不能进，退来不及。因此，要做好第一轮复习的周密安排，不要让学生吃夹生饭。第二轮复习相比一轮复习需要时间相对较短，但却是整个总复习的关键，是分专题归类提升的重要阶段，可以起到归纳概括、掌握规律、举一反三的重要作用。第二轮复习大约需要一个月左右的时间。第三轮复习即综合训练，大约占一周的时间。“一回扣”即在中考前一周的时间回扣课本和回归基础性题目，不要再做偏题、难题，以免浪费时间。

实践证明，在中考总复习的过程中，第二轮和第三轮的复习任务可以交叉完成，甚至在第一轮复习的过程中，根据具体情况，适当穿插模拟考试，可以起到部分复习和整体复习相统一的效果，有利于学生尽早地整体把握全部内容，防止学习内容的割裂和孤立。

针对性地组织复习，认真分析命题

在目前直辖市统一命题、各省份地级市统一命题，而且取消考试说明的背景下，中考命题的依据都是学科课程标准，因此，对于课程标准，需要每一个老师认真学习，做到字字推敲，句句落实，以便于有针对性地组织复习。

现在的中考命题，尤其是北京的中考命题，都遵循“考查基础知识的同时，注重考查学生能力即学科素养考查”的命题原则。全面考查学科对基础知识的掌握情况，但又不刻意追求知识的全覆盖，重点考查支撑学科知识体系的主干知识，特别重视对学生后继学习乃至终生学习影响较大的知识的考查。在试题形式上，不是直接考查学科知识，而是将所学知识放在一些学科前沿、社会热点或生活实践中去考查学生解决实际问题的能力。这就要求在复习时要深化对知识的理解，抓融会贯通，抓灵活运用，而不是要求形式上机械记忆。这样的命题趋向，既来源于教材，又高于教材，而且阅读量明显增大，综合性明显增强，这就需要学生在记忆理解学科知识的基础上，通过训练形成解决问题的思维方式，掌握解决实际问题的基本方法，具备利用学科知识解决问题的基本能力。

根据命题确定第一轮复习的重点

根据中考命题的特点，第一轮复习必须具备全面性、基础性和条理性。全面性要求我们对课程标准上所涉及的内容进行全面、系统地复习，不能放过任何一个知识点，采取拉网式复习。拉网式的复习训练，最好以知识要点和题组形式进行，并且设计的题组应该具有层次性、针对性，以确保学生尽快地形成基本技能。基础性要求我们狠抓基础、夯实基础，让学生抓牢、吃透学科基础知识。训练所选的例题、习题一般应以中、低档题为主。条理性表现在课堂上，就是要求注重知识发生发展的过程（和新授课是不同的）、新旧知识联系沟通的过程，也就是要梳理好学科知识，在学生脑海里初步构建知识框架。课堂上老师讲解的过程中，最好要以例题、习题为载体，逐步构建知识体系。

在第一轮复习中，文科尤其是语文，突破了“以本为本”的命题惯例，阅读部分多选取课外材料，重视知识的迁移，所以在复习教材的同时，要注意精选与生活、生产实践、现代科技联系较密切的文章，注意结合社会热点、焦点问题，引导学生关注国家、人类和世界的命运。理科应渗透应用性试题、探索性试题和开放性试题，以便在第二轮复习中得到很好的解决。

对于第一轮复习的整体设计，年级组要制定一轮复习计划，各备课组在年级组复习计划的指导下，制定出本学科的第一轮复习计划，其中包括复习的指导思想、时间、采取的主要措施等，各备课组讨论制定第一轮复习计划的过程，就是提高认识、统一思想的过程，从而让每一个老师对第一轮复习计划及措施有一个比较清晰的认识。课堂是落实复习效果的主要阵地。第一轮复习开始后，各备课组要推出第一轮复习研究课，成功的进行推广，不成熟的模仿提升，从而保证所有学科组、所有老师复习课的质量。

第二轮复习注重提高

第二轮复习不是对一轮复习的简单重复或浓缩，而是在第一轮复习基础上的提高，重在各知识点之间的内在联系，形成学科知识体系，让学生在思维的水平上逐步接近中考要求。

第二轮复习一般是以专题的形式来进行，而对于专题的确定，大致又可分为以下几类：一是以知识点联系为研究对象的知识专题，二是以解题规律为研究对象的解题方法专题，三是以答题类型为研究对象的分类专题。大部分学校采用第一种方式，即按照知识块把初中所学内容划分成若干个专题来讲解。第二轮专题复习，课堂信息量会更大，内容会更多，给备课带来了很大的难度。为此，需要进一步加强集体备课，在充分研究教材、课程标准、近三年中考试题的基础上，对复习内容进行大胆取舍，决不能平均用力，要把支撑学习知识体系的主干当作重点来讲解。专题确定以后，要下功夫整合教材，按专题编写出各专题的学案或复习材料。

在编写好专题复习材料的前提下，可以以备课组为单位推出第二轮复习研究课，以供老师们参考。在第二轮复习课堂上，还是应以学生独立探索为主，但要注意知识的不断深化，逐步形成一个条理化、有序化、网络化的有机知识体系。从教材、历年中考题和平时训练题等材料中搜集素材，进行对比、联想、总结、提炼，挖掘沉淀在学科知识背后的“学科思维主干”，以培养学生具备学科最基本的思维品质。每学完一个专题，可以做一套精选的针对性训练题，通过批改，对普遍存在的问题进行讲解，巩固学生所复习的内容。同时，对在第一轮复习中出现的偏差和遗漏，要在第二轮复习的过程中得到及时的纠正和补救。除此之外，在第二轮复习中，还要准备适时地穿插模拟考试。这样，就使讲评课在第二轮复习中占有了重要位置，所以上好讲评课就显得特别重要。为此，这个时候要进行“怎样上好讲评课”的培训和研究，以保证讲评课的效果。复习课、讲评课是初三总复习过程中的两种重要课型，我们要对这两种课型进行深入研究，以提高课堂效率。

第三轮复习注重考试技能

第三轮复习即综合训练，一是让学生熟悉把握整套试题做题的规律和技巧，从容应对中考的各种题目，提高中考实战技能；其次，要求学生按照中考的要求，严谨、规范、准确地答题。训练后，老师的任务是批阅试卷，上好讲评课，并辅之补救题。

“一回扣”树立信心

最后的“一回扣”，是指在中考之前的一周时间里，让学生回扣课本，回归基础，做一些基础性的题目，毕竟中考基础性题目占绝大部分。同时，也可以起到调整心态，树立信心的作用。

“三轮一回扣”复习策略是中考复习的整体设计，因为复习中涉及串讲课、训练课、讲评课等多种课型，针对某一具体课型的设计，可以参照魅力课堂的基本理念和要求自行设计，在此不再一一赘述。

多学科整合背景下的主题教学设计

人类最初对世界的认知是综合的，感性的，没有学科界限的，随着人类对世界认识的深入，人类逐渐透过现象，不断从本质上认识事物的规律，慢慢地，也就有了学科的划分。随着人类研究的不断深入，分科也越来越细。现行的分科教育体系主要是从学科体系的完整性出发，同时注意了与生产生活实际的结合。但要让教育回归本质，就需要在教学中整合多学科的知识，让学生利用综合的多学科知识去正确认识事物和解决生产生活中的实际问题。

多学科整合主题教学设计的必要性和可行性

从学科内容的编排上，学科之间是相互联系、相互融合的。如语文阅读是历史、数学、物理、化学等学科学习的基础；语文和英语的语言学习互为借鉴；历史学科融入了文学、诗歌、地理、数学、生物等学科发展史；生物学习过程中，离不开语文、物理、化学、数学等知识做基础等。

《教育部关于全面深化课程改革　落实立德树人根本任务的意见》教基二〔2014〕4号明确指出："坚持系统设计，整体规划育人各个环节的改革，整合利用各种资源，统筹协调各方力量，实现全科育人、全程育人、全员育人……统筹各学科，特别是德育、语文、历史、体育、艺术等学科，充分发挥人文学科的独特育人优势，进一步提升数学、科学、技术等课程的育人价值，同时加强学科间的相互配合，发挥综合育人功能，不断提高学生综合运用知识解决实际问题的能力……统筹课堂、校园、社团、家庭、社会等阵地。发挥学校的主渠道作用，加强课堂教学、校园文化建设和社团组织活动的密切联系，促进家校合作，广泛利用社会资源，科学设计和安排课内外、校内外活动，营造协调一致的良好育人环境。"这就从国家层面为多学科整合背景下的主体教学设计明确了方向。

在分学科的教学设计中，通过学科交叉和跨学科的教学设计，可以适当提升学生利用多学科知识融合解决问题的能力，落实学科融合和全面育人的教育理念。但这种教学方式对全面提升学生素养是远远不够的，还需要通过多学科整合的主体教学设计进一步强化这一教育理念的落实。

以提升学生综合素养为取向的多学科整合主题教学，是在培养学生学科素养的基础上，贯通跨学科素养的发展，可以为学生迎接未来生活的挑战提供更加丰富的学习阅历，有利于培养创新型、复合型人才，通过主题教学设计将多学科知识相互融合，进行应用和创新，从而培养学生对知识的综合应用和解决问题的能力。

培养学生利用多学科知识解决实际问题的能力和实践创新能力，在中高考试卷中已经有明显体现，多学科整合的主题教学已成为基础教育研究的方向之一，是当前学校课程体系完善和重构的一个着力点。

实践证明，在传统文化、研学旅行、社会热点、综合实践等教学活动中，设计多学科整合的主题教学活动是必要的，也是可行的。

多学科融合主题教学设计的基本原则

（1）主题性原则。多学科整合的主题教学设计，首先要找到适合的教学主题，然后围绕教学主题将多学科的内容整合到一个完整的教学体系中，在教学实施中进行落实。

（2）关联性原则。在确定教学主题后，进行多学科整合教学设计时，要遵循关联性原则，将确实与教学主题相关联的学科内容整合在一起，而不能为了整合牵强附会地硬性拼凑。围绕确定主题进行的多学科内容整合应该是符合逻辑的、回归事物本质的、自然的关联，这样才真正有利于解决实际问题、培养创新能力。

（3）情境性原则。与单一的学科教学设计相比，多学科整合的主题教学设计更需要情境做支撑，在真实的情境中围绕教学主题关联各学科内容，让学生在真实情境中学会综合利用多学科知识解决综合问题。

（4）操作性原则。多学科整合主题教学设计的易操作性，是主题教学落实的关键。在教学主题确定、教学场地选择、教学情境选择、相关学科关联、学习小组搭配、各学科自然衔接、教学实施安全等方面，都要考虑教学设计的可操作性，以保证主题教学设计的顺利实施。

（5）科学性原则。多学科整合主题教学设计中学科的关联，要遵循科学性原则，包括学科内容本身及学科内容之间的逻辑关系，应该是围绕教学主题的、遵循学科科学性和学科关联科学性的自然、科学的统一。

（6）多样性原则。多学科整合主题教学设计，要打破教学设计的固有思维模式，在教学形式、主题设计、情境选择等方面遵循多样性原则，从而充分利用传统文化、研学旅行、时代热点、博物场馆等各种教学资源，拓宽和创新多学科整合主题教学设计的形式。

（7）发展性原则。发展性原则指在多学科整合主题教学设计时，要以落实相关联的各学科素养为导向，在提升学生各学科素养的同时，提升学生在人文底蕴、科学精神、学会学习、健康生活、责任担当、实践创新等方面的综合素养。培养具备扎实文化基础，较强自主发展和社会参与能力的“全面发展的人”。

（8）全面性原则。多学科整合的主题教学设计，与单一学科的教学设计相比，更有利于培养德智体美劳全面发展的社会主义建设者和接班人。因此，在主题教学设计中除了关联多学科内容外，要关注德智体美劳全面教育的渗透和落实，促进学生的全面发展。

（9）生成性原则。多学科整合的主题教学设计，由于多学科整合的综合性、情境性等因素，教学的生成性将会大大加强，这是培养学生发现问题、解决问题的良好契机，我们要充分利用这一特点，强化教学生成意识，培养学生创新能力。

（10）系列化原则。对于一个学校来说，多学科整合主题教学设计应该上升到课程层面，开发出系列化的多学科整合的主题教学课程，形成完善的、适合现代教育要求的新型课程体系。

多学科融合主题教学设计的主要方式举例

1. 结合传统文化设计多学科整合主题教学活动

中华传统文化历史悠久，内涵丰富，如二十四节气、春节、对联、谜语等，都与多个学科内容密切关联。很多是进行多学科整合主题教学活动的好素材。北京实验学校以二十四节气为主题开发了多学科整合的教学课程，受到了师生的一致欢迎。

围绕二十四节气开发的主题课程，整合了音乐、语文、数学、历史、地理、生物等关联学科，课程浑然一体，让学生从多学科角度对二十四节气有了全面的了解。

“二十四节气”多学科整合主题教学设计，第一环节从音乐老师带领学生学习二十四节气歌开始，使学生对二十四节气有了初步的了解。第二环节由历史老师解读二十四节气的确立与传播，带领学生进行有奖竞猜节气活动，让学生熟悉二十四节气是如何确立和传播的。第三环节由语文老师从历史典故出发解读清明、小满两个节气的由来，让学生阅读二十四节气命名的文字，并将对应的节气贴粘贴在对应节气文字一侧，从而让学生对二十四节气有了更深的理解。第四环节由地理老师从地球自转角度解释自转产生昼夜交替和时差讲起，在地球自转产生冷热日变化的同时围绕太阳公转，随着太阳直射点的移动，全球冷热发生年变化，清晰地展示了我国接受太阳辐射量的变化，从而使学生理解古人通过经验总结形成的指导农业生产的二十四节气，是地球公转导致冷热变化的结果，让学生对二十四节气的形成有了科学的认识。第五环节由数学老师通过正午太阳高度角计算公式，计算北京夏至日的正午太阳高度，并应用到生活中，“如果让一楼冬至这天有光照，计算所需的楼间距”，让学生了解二十四节气在生活中的应用。最后环节，生物老师介绍植物在一年的生长中，随着气候的季节性变化而发生萌芽、抽枝、展叶、开花、结果、落叶等规律性变化的物候现象，二十四节气与鸟类的迁徙、动物的冬眠等动物活动的关系，以及“清明前后，种瓜点豆”等二十四节气与农业生产的关系，课程的尾声，让学生制作花叶标本节气书签，从而对二十四节气有了更加全面的了解。

2. 在研学旅行中设计多学科整合主题教学活动

研学旅行是设计多学科整合主题教学活动的重要资源，是全面提升学生综合素养的重要途径。在研学旅行中可以全面渗透学科知识，提升学生科学文化素养；学会交流合作反思，培养学生综合学习能力；培养学生自我管理和健全人格，实现自主发展健康生活；培养良好行为习惯，感受践行公民社会责任；认同中华历史文化，培养学生的国家认同感；参与劳动和体验生活，培养学生实践创新能力。

近年来，北京实验学校结合研学旅行设计了很多主题研学活动，如成都“巴蜀文化”主题研学、古徽州学农主题研学、西安古都文化主题研学、湖南凤凰寻根之旅主题研学、蓬莱海洋文化主题研学等。下面主要从学科整合的角度说明成都“巴蜀文化”主题研学的设计。

成都地处我国西南地区，在公元前310年建城，距今已有2300多年的历史。成都所在的成都平原素有“天府之国”的美称，地处长江流域，河流纵横，水系发达，沃野千里，物产丰富。此处不但有代表古蜀文明的三星堆遗址，古蜀文明延续的金沙遗址；更有蜀郡太守李冰在此建造的中国早期伟大的都江堰水利工程；亦是三国时期蜀国历史的发生地和诸葛亮、刘备等蜀汉英雄的纪念地；诗圣杜甫曾先后在此居住近四年，留下了名传千古的不朽诗作；这里还有中国政府实施大熊猫等濒危野生动物迁地保护工程的主要研究基地——成都大熊猫繁育研究基地。成都是中华传统文化、古诗词、历史、地理、生物、物理、化学等多学科主题整合教学的绝佳选择地。

为了突出主题研学在实践中学习的理念，学校精心制作了《北京实验学校成都社会实践课程手册》，包括重要的时间节点、参考天气、物品准备、重要提示、实践活动分组表、活动的详细安排、行前需了解的知识、主要游学项目介绍和实践作业等，为主题研学活动做好了充分准备。

在成都大熊猫保护繁育基地，专门聘请了进行大熊猫野外调查的研究人员进行讲解，并在参观结束后进行了大熊猫、濒危动物保护等有关知识的竞答。在三星堆和金沙遗址博物馆，学生认真聆听讲解员讲解，解决游学手册中的问题，全面了解了古蜀国文明的起源、发展和古蜀国文化未解之谜。“变脸”等蜀风雅韵表演、画川剧脸谱、巴蜀茶文化与茶艺体验，充分感受了中华传统文化的博大精深和中华的文化多样性。李冰修筑的都江堰水利工程没有一处堤坝，却解决了岷江上游的水患和成都平原的灌溉问题，丰水期可排水、干旱时可灌溉，还有排沙功能，经历了几千年的历史沧桑，仍然完好无损，保护和浇灌着“天府之国”的肥沃土地，可以说将治水智慧发挥到了极致，堪称世界奇迹。在郫县安龙村，由成都城市河流研究会的专家带领，走进村庄农田，实地参观考察了都江堰河流水系在当地农业灌溉中的作用，了解水力发电、人工湿地水污染处理、生态农业和沼气制备，并分组进行了水质检测和展示，对很多书本知识有了直接的感知和体验。在杜甫草堂，身临其境地了解诗圣杜甫的人生经历，体验诗人创作的灵感和爱国情怀。成都武侯祠是最负盛名的诸葛亮、刘备及蜀汉英雄纪念地，也是全世界影响最大的三国遗迹博物馆。参观武侯祠，有助于学生实地感受三国历史，深刻体会刘备的雄才大略，诸葛亮心系天下的国士精神、审时度势的务实精神、鞠躬尽瘁的负责精神、公正廉明的法治精神。

这次成都主题研学活动几乎涉及了初中所有学科，是一次非常好的多学科整合主题教学活动，为学生提供了一场丰富的文化盛宴。这次活动安排在期末考试结束过后，使学生既得到了放松休息，又在实践中学习到了课堂上体验不到的实践知识，让学生在实践中增长了知识、提高了能力、学会了合作、学会了自理和独立解决问题，是一次名副其实的成长之旅。

3. 结合社会热点设计多学科整合主题教学活动

结合社会热点是设计多学科整合主题教学活动的重要形式。如结合一带一路、进口博览会、抗日战争胜利七十周年大阅兵、中国改革开放四十周年、建国七十周年庆典等，都是很好的多学科主题教学设计的选题。2017 年北京实验学校初二年级设计了全学科参与的整合主题教学活动，收到了很好的效果。

结合社会热点的多学科整合主题教学活动，一般直接将社会热点确定为教学主题。因为“一带一路”这一社会热点可以关联到沿线国家的方方面面，所以可以涉及初二年级开设的语文、数学、英语、物理、政治、历史、地理、生物等所有学科。

为了突出教学中学生的主体地位，培养学生的自主合作和研究性学习能力，这次活动通过自愿报名的形式，成立了各学科展示活动的项目组，以各学科老师为项目指导教师，项目组设立组长、副组长，其他参与学生为组员。项目组主要利用课余时间进行收集材料和研究，年级统一利用一节综合实践活动课进行集体研究和教师指导，梳理确定各学科展示的主要内容，制作 PPT，并进行展示的排练，最终，在学校礼堂进行了北京实验学校初二年级“一带一路”学科联动主题展示活动。

这次展示活动，各学科分别展示了精彩的内容。

语文项目组：语文项目一组以“畅游一带一路，感受各国文化”为主题的游学路线设计，介绍了由“金城千里，天府之国”西安至马来西亚吉隆坡的不同特色，将沿途不同风格的建筑艺术尽收眼底，让丰富多彩的风俗融于心中。项目二组以中国文化嘉年华活动策划书的形式，介绍了非物质文化遗产、书法、传统服饰等中国特色，领略中国风采，向世界各国展示中国特色。

数学项目组：数学项目组基于近五年“一带一路”沿线各国的贸易总额，提出了全新的观点与建议，在这条充满着活跃而缜密思维的道路上，收获不一样的旅程、不一样的精彩。

英语项目组：英语项目组精彩演绎了童话故事白雪公主，带领我们认识了这个童话的国度。

物理项目组：物理项目组详细介绍了“一带一路”中的绿色能源。一带一路不仅促进经济的发展，也推动了科技进步。

历史项目组：你知道的“一带一路”是什么样？是两千多年前张骞出使西域时丝绸之路上大漠中的艰辛，还是如今2017年集经济贸易和文化交流于一身的繁荣文化？是开拓者坚持拼搏的精神，还是各国繁荣昌盛的风采？“一带一路”今昔对比，历史项目组介绍了丝绸之路上有名的历史名城，比较它们在路线、目的和发展前景上的异同，总结了它们的优势和劣势，给予我们深刻的启发。

地理项目组：“一带一路”促进每一个成员国的快速发展。中巴经济走廊的建成，将使“巴国梦”成为现实；“一带一路”的建设也为巴基斯坦带来金色的发展机遇。

地理项目组的发言让我们了解了“一带一路”对巴基斯坦发展的重大意义。

思品项目组：“一带一路”究竟有什么样的经济意义？在查找大量资料，推断思考和总结分析后，思品项目组带领学生从本质上了解了一带一路及它的重要意义。

生物项目组：“一带一路”不只是经济与文化的交流胜地，它同样还蕴含着大自然的奥秘。生物项目组的阐述让学生走进大自然，了解那些“一带一路”上不可不知的动植物，包括经济作物、珍稀动植物和国花等。

最后，学生代表就参与“一带一路”学科联动项目谈了自己的感受和启发：这种自主学习兼实践的方法能让我们汲取到更多的知识；活动将沿线各国与各个学科有机结合，让我们更深入地了解自己的国家；激发了我们为了祖国复兴，锲而不舍、努力奋斗的精神。

4. 结合综合实践设计多学科整合主题教学活动

北京作为我国的首都，有国家博物馆、首都博物馆、中国科技馆、自然博物馆、抗日战争纪念馆、北京天文馆、北京动物园、北京植物园等众多的教学资源，是多学科融合教学设计的良好资源。北京实验学校初中学部每届学生都要去中国科技馆进行主题教学活动，在这里仅以此为例说明博物馆类多学科主题融合教学活动的设计流程。

（1）博物馆类多学科整合主题教学活动的教学主题一般直接以进行教学活动的博物馆名字确定，如中国科技馆主题教学活动。

（2）对于关联的学科要提前进行实地考察，找到与相关学科内容的融合点。如中国科技馆主题教学设计可以关联初中物理、化学、生物、地理等学科的相关内容。

（3）这类主题整合教学设计除了关联的学科知识外，还可以自然融入人文底蕴、科学精神、学会学习、健康生活、责任担当、实践创新等综合素养的教育。如通过我国科技的快速发展渗透爱国主义和责任担当的教育，通过自然科学的重大发现渗透科学精神、实践创新的教育，通过生物学的研究进展进行健康生活的教育。

（4）这类多学科整合主题教学是以年级为单位进行的集体教学活动，也是进行文明礼仪、团队建设、合作学习、责任担当、交通安全等综合素养教育的良好契机，一般在活动出发前以行前动员的形式进行，并在教学活动过程中提示落实。

（5）在确定教学主题、关联的学科知识点、需要融入的教育目标后，需要有针对性的设计导学案或任务单，以保证通过任务驱动有效达成教学目标。

（6）教学流程的设计是有效落实多学科整合主题教学活动的关键。如教学活动的时间要学校或年级层面统筹安排；教学的路线要根据多学科教学和综合素养提升的教学任务进行科学安排；跟队教师要根据涉及的指导学科和教学管理的需要合理搭配班主任和学科教师；午餐的时间节点要根据教学时间和教学中学生的活动量合理确定。

（7）博物馆类多学科主题整合教学活动一般可以通过设计主题壁报的形式进行成果展示，从而固化教学成果，并完成对主题教学的总结性评价。

北京实验学校初中学部关于多学科整合背景下主题教学设计的探索与实践，在培养学生学科素养的基础上，贯通了跨学科素养的发展，落实了新课程理念，全面提升了学生综合素养，有助于学生更好地适应未来社会生活需要，促进人的全面发展。可以相信，北京实验学校的这些尝试，一定会起到抛砖引玉的作用，全面推动我国基础教育课程改革的进行。

关于基础教育学段贯通的思考

当前我国基础教育实施的是分段教育，幼儿园、小学、初中、高中分属于不同的学段，但人的发展是连续的过程，分段教育体制有利于针对各个学段的特点实施专业化的研究和教育，但却割裂了人发展的连续过程。如果能够实现基础教育各学段全方位的贯通，使本来连续的人的培养和教育得以贯通，无疑更有利于人的发展。

《教育部关于全面深化课程改革　落实立德树人根本任务的意见》教基二〔2014〕4 号明确指出："基本建成高校、中小学各学段上下贯通、有机衔接、相互协调、科学合理的课程教材体系；基本确立教育教学主要环节相互配套、协调一致的人才培养体制；基本形成多方参与、齐心协力、互相配合的育人工作格局。"这为解决多年来基础教育中存在的学段割裂的状况，实现基础教育学段间的贯通指明了方向。

办学体制的贯通

办学体制的贯通是影响学段贯通的瓶颈，解决不了办学体制问题，实现学段贯通就是一句空话。根据当前我国基础教育办学体制的现状，从办学体制上打通各学段的壁垒，可以采取以下几种方式。一是整合创办一贯制学校。九年、十二年甚至是十五年一贯制的学校，可以有效地对中小学教育实施一体化管理，这是实现学段贯通的最佳方式。二是实行学区制办学。学区制管理不仅可以实现同学段办学模式的统一，也可实行同学区不同学段学校的一体化管理，对口直升，实现不同学段间的有效衔接和贯通。三是集团化办学。集团化办学是优质学校资源扩张的重要方式，这种办学模式不仅可以横向扩大优质学校资源，也可以纵向的让不同学段在办学体制上实现贯通。

课程教材的贯通

课程教材是实施教育的主要载体，课程教材的贯通是影响学段贯通的关键。这就需要改变课程教材研究与编写存在的"铁路警察，各管一段"的局面，遵循学生成长的内在规律、学科知识体系的内在逻辑关系和教育教学的规律，通盘考虑，一体化设计，设计编写出即符合各学段特点，又相互融通的课程和教材。国家课程、地方课程、校本课程的设计与教材编写都要融入学段贯通的一体化教育理念，从而实现各学段课程的有效衔接和贯通。

学校管理的贯通

学校管理是学段贯通落实的保障。在办学体制贯通后，还要通过各学段间一体化的管理来保证各学段贯通具体措施的落实。在学校的一体化管理中，人的管理是根本，实现了人的一体化管理，就打通了学段间的壁垒，就可以使学段贯通真正得以落实。对于九年或者十二年一贯制学校，人财物的管理都是统一的，这样就可以实现人的统一调配、资源的共有共享、信息的及时沟通，使各个学段的管理实现一体化。对于学区制和集团化管理的学校，至少要实现人事的统一管理，才能有效地沟通各个学段的教学活动，保证学段贯通具体措施的落实。北京实验学校实行的各学段干部集体会议和课程委员会会议制度，就很好地解决了各学段工作协调和课程的互通衔接问题，值得借鉴。

教师教研的贯通

师资的贯通是落实基础教育学段贯通的保证。师资的贯通需要通过教师教研来实现，这就需要落实大教研的思想，在做好教师学段教研的基础上，通过教师教研活动的贯通，让每个学段的老师都能从学生整体发展和学科的完整体系出发，通盘考虑设计本学段的教学，从而保证教育教学的连贯性，防止学段间教育教学的割裂、缺失，甚至是矛盾。学段间教师教研的贯通方式可以是不同学段间课程标准的集体培训、教师教研的观摩、集备、听课、论坛等，也可以是教师的置换交流，只要搭建了大教研的平台，不断创新大教研的方式，不同学段间教师在教法、内容等方面的贯通就是水到渠成的事情。

特色教育的贯通

特色教育的贯通是学段贯通的重要方面。每个学校都有的特色教育项目，如器乐、体育等。但在同一地区的不同学段，因为分属不同学校，却存在着特色教育项目不能连续贯通的现象，使一些很好的特色教育项目不能实现传递，造成学生特长不能连续发展，影响了学生特长技能的连续培养。一种特长技能在不同学段对学生的要求是不一样的，只有做好不同学段间特色教育的贯通，才能保证学生特长技能的连续提升和发展。这就需要在办学体制贯通的背景下，从项目设计、师资调配、生源调配、硬件配置等方面统筹考虑，有效地做好不同学段间特色教育的贯通。

各个学段的衔接

办学体制、课程教材、学校管理、教师教研和特色教育的贯通并不等于学段之间实现了无缝对接，还需要做好各个学段间全方位的衔接。各学段衔接的内容和形式一般包括6个方面。

（1）开发衔接课程或者叫引桥课程。在上一学段结束或者下一学段开始时开设，可以更好地实现学段之间课程的贯通。

（2）让低学段学生提前走进高学段。让低学段学生提前感受高学段课程、学法、管理的变化，或者举办“大手拉小手”活动，让学生对高学段充满期待，也对学段之间的变化做好思想准备。

（3）学生心理的衔接。如随学段的升高，需要引导学生自主安排好学习生活，遵守学校规则，提高自我规划、自我管理、自我发展的能力，实现学习动机由直接向间接、远期的转变。

（4）师生交往的衔接。随学段的升高，师生的交往方式逐渐由保姆式、教师与学生共同生活学习，慢慢过渡到注重师生情感沟通交流、集体教育和个别谈心相结合，最终过渡到学生的自主管理和自我教育。做好这方面的衔接可以更好地保证学生尽快适应高学段的学习生活。

（5）班级管理的衔接。不同学段班级管理的方式是不同的，班主任一定要在了解上一学段管理方式的基础上，结合学段特点设计班级管理的方式，并告知学生，才能保证有效班级管理的实施。如小学阶段以班主任管理为主，初中则以班集体建设和自主管理为主，要强化学生的集体意识和自我管理意识。

（6）学习方法的衔接。如听课、预习、复习、作业等学习方法在不同学段是不同的，在学生进入高一学段前，要让学生提前熟悉学习方法的变化，以保证学生尽快适应新学段的学习。

人工智能下的魅力课堂探索

如何面对智能时代的教育未来？互联网 + 教育，怎样加？今天的学生，是数字化时代里生活的“原住民”，他们从小就接触和使用这些数字化产品，体验数字化环境带来的种种便利。作为教师，如果不正视这个现实，坚守在固有传统的经验上，那么，就会被自己的学生和先进的技术远远地抛在后面。今天，教师要和学生们一起拥抱新技术。

“互联网 + 教育”对于教师来讲，到底意味着什么呢？只有不断“海纳百川”，才能“源源不断”；只有不断吐故纳新，才能与时俱进。互联网时代最重要的能力就是——学习能力。“互联网 + 教育”，让学习由“套餐”变成了“自助餐”，因材施教变成了现实。

互联网时代，教师对学生的“言传身教”已经发生了改变，如何更接地气地与学生交流，如何更具时代感地“润物细无声”呢？给学生提供生活的另一种可能性，传递积极、快乐、阳光的生活理念，让它成为课堂的延续。

“互联网 + 教育”不仅在于可以实现教学信息和内容的远程传输和资源共享，更重要的是可以突破时空的局限，让学生与学生、教师与学生之间进行全方位的双向互动交流。这种交流可以是实时的，也可以是非实时的。教师借助互联网不但能够满足学生的个性化学习需求，真正做到因材施教，同时也能通过虚拟学习社区、在线社区和每个学生进行更全面、更密切的互动和交流，这也便于教师深入了解学生需求。

未来教育的重要特征是要基于脑、适于脑、促进脑

教育的现代化必须遵循人的发展规律、学生发展的规律、教育教学的规律，必须培养学生的问题解决能力、创新能力。因此，对未来教育和未来学习的前瞻设计是当前我国教育发展的重要问题。关于未来教育、未来学习的构想有很多，其中有一个角度是将脑与认知科学的成果应用于教育。

学生是学习的主人，学生是用脑进行学习的，脑是学生学习的主要器官。因此，我们有必要从脑与认知科学的角度思考今天的教育、改进今天的教育。

教师工作的创造性推动学生学习的自主性

人工智能技术的发展将极大地解放教师在认知领域的教学与评价工作，如事实性知识、概念性知识以及部分程序性知识的教学都可以由机器来完成。学生作业的自动批改，在线学习的智能支持和服务等，这些都可以通过技术来解决，甚至技术解决问题的效率要远远高于教师。所以，人工智能的运用可以将教师从大量的重复性机械劳动中解放出来。这样教师就有了更多时间和学生进行个性化的交流与沟通，组织学生参加更多的活动，进行更有效的教学设计等，充分发挥教师作为人的不可被替代的作用与功能。

从知识分类的角度而言，认知领域的教学交给机器，让教师有更多的时间从事情感、态度、价值观领域教育以及动作技能领域的教与学。人工智能改变教育的最终目的和指向是实现每位学生学习的个性化和自主化。随着移动互联网等现代信息技术的发展，教育将迎来多数人个性化教育阶段。如果说中国古代的因材施教的理想体现在少数学生身上，那么，移动互联网等现代信息技术，尤其是人工智能技术的发展将使得对多数人，乃至对每一个人的因材施教成为可能。丰富的在线资源、智能的诊断与推送等，使得学生可以自主和个性化地进行学习。

课堂教学走向弹性、灵活性、实践性和开放性

课堂教学需要更加灵活、更具弹性。每节课不一定是现在的 40 分钟，每天也未必是 7 节课。针对特定的内容，为了达到特定的掌握程度，每个学生所需要的学习时间是不一样的，有的学生 20 分钟即可掌握，有的学生需要 40 分钟。掌握是一个常量，学习时间则是变量，当然学习的变量还包括学习的材料、学习者个人的天赋，以及学习的形式等。

针对不同的学生个体，班级授课制这种整齐划一的教学管理制度，也越来越暴露出其不能满足学生个性化学习需求的弊端。人工智能时代的教学管理需要更具弹性，基于学生学习的需求和掌握程度进行调整。

人工智能时代学生学习打破了时空限制，随时随地均可在线自主学习。和学生在线自主学习不同，师生面对面的课堂教学，应有更多的实践和体验、更多的活动和交流。未来学校课堂可能会有诸多形式，翻转课堂、交流辩论课堂、合作研讨课堂、主题班会课堂等，应是其中的一些重要方式。

基于学生课前在导学任务单帮助下的在线自学，来到师生面对面的课堂上，更多可能性将得以展开。人文社科类的课堂，师生、生生之间可以有更多针对问题的深度研讨；物理、化学、生物等实验类的课堂，学生可以有更多的时间开展探究实验；音乐、美术类的艺术课堂，师生可以有更多的时间进行艺术鉴赏和创作；语言类的课堂上，学生可以有更多的时间进行口语对话练习。

教学评价更加立体、多元和客观

评价是检查并促进学习的重要方式，利用人工智能技术改善学习评价，尤其是诊断性的学习评价，是人工智能之于教育最具潜力的领域之一，当前人工智能技术也催生了诸多智能诊断产业。和学生学习自主性相一致，在人工智能技术的帮助下，人工智能平台随时主动收集、自动抓取学生学习的各个数据点，形成针对所有学生和每个学生的数据集。基于特定的分析模型，平台快速及时地对每个学生的学习形成诊断评估报告，并给予个性化的学习资源和发展建议，切实做到为每一个学生量身定做一把尺子，促进学生做最好的自我，改变一把尺子评价所有学生的现状，让评价更为科学、客观和及时。

终身学习的习惯与能力将决定人生的发展高度

在智能化的新时代，世界在飞速变化，新情况、新问题层出不穷，知识更新的速度大大地加快，正在快速改变着人们的生产方式与生活方式。人们要想适应不断发展变化的客观世界，就必须把学习从单纯的求知变为生活的一种方式、一种习惯。努力做到活到老、学到老。

从幼年、少年、青年、中年直至老年，学习将伴随人的整个生活历程并会影响人一生的发展方向。这是不断发展变化的客观世界对人们提出的新要求。人类从诞生之日起，学习就成了整个人类及其每一个个体的一项基本活动。不学习，一个人就无法去认识和改造自然，无法认识和适应社会；不学习，人类就不可能有今天的美好与进步，更不可能创造更加美好的未来社会。

终身学习能够使我们克服在工作中、学习中的困难，解决工作中的新问题，以满足我们生存和发展的基本需要；终身学习能使我们得到更大的发展空间，更好地实现自身的价值；终身学习能充实我们的精神生活，并且不断地提高生活品质。只有终身学习的民族，才可能实现民族的振兴与伟大；只有每一个中国国民具有终身学习的能力与智慧，才能实现伟大复兴的中国梦。

关于线上教学的十点建议

一、怎样开展线上教学才能促进学生更好地居家学习？

2020年，学生通过各类网络平台开展的线上学习是“停课不停学”（居家学习）的重要组成部分。居家学习并不等同于新课直播，在组织学生学习时，教师要充分考虑两者之间的区别，要更多考虑这一学习形态的特点。客观上，离开学校现场的班集体，学生产生一种松弛的感觉是自然的。因此，教师精心准备PPT、视频等教学资源和教学设计时，应将指导学生如何进行自学作为重点。前者是路径，后者是目的。

教师可以在课前录制如何开展自学的教学视频，也可以在讲课过程中结合具体内容讲解自学的要点。教师要努力改变学校日常教学的习惯，调整“教”与“学”的时间分配，将指导学生开展自主学习放在重要位置。此外，考虑到居家学习学生分散的特殊性，教师线上教学的重要功能在于组织学习，通过学习赋权，激发学生学习的责任感、紧迫感和主动性，激励并指导学生开展自主而有深度的学习。

二、线上教学的教学时间安排与学校日常教学应有哪些不同？

线上教学一定要摒弃教师长时间讲授的单向灌输。教师不应该是“主播”，而应该是课堂学习的组织者和引导者。但与日常线下教学不同，线上教学中师生的互动降低、“教”与“学”的整体性时间则会拉长，因此，建议教师在线上教学中关注课堂的“首尾两端”，“首”即是精心策划和布置需要学生在线下进行自主、合作、探究的学习任务，“尾”是对学生提交的作业和表现进行评价指导。同时考虑到学生视听健康，初中生一天面对电子屏幕的时间不应超过3小时，每节课教师讲授时间控制在20分钟以内，将剩余的时间留给学生完成教师设计的问题、任务、项目等，鼓励学生自主学习和分享交流。

此外，当前线上教学文化类课程课时过多、排得太满，不利于学生独立自学的开展。线上教学中也要坚持“五育并举”，落实立德树人的根本任务，尽可能交叉安排好各类课程的学习。即使是文化课学习，教师也可多安排一些时间让学生动手操作和自主探究。

三、怎样的线上教学内容更适合学生学习？

安排线上教学内容既要根据学校日常教学情况，更要考虑学生的学习能力发展和品格养成。目前，很多学校安排了新课的教学，其出发点是为了保持学期整体的学习进度。但不是所有的新课内容都适合线上教学，譬如语文学科，我们认为基础性知识点的学习和适合自主学习的内容（如文言短文阅读）可以安排线上教学，教师可以多做知识性讲解和答疑。根据前期的反馈，我们建议初中线上教学不能按照原定计划按部就班上新课，而要适当调整教学内容，减少新课的直播，教师可以利用假期安排学生开展各种作品的阅读。

同时，基于假期学习的时间特点和自主性，教师可以设计一些项目式学习课程，引导学生在富有挑战性的实践性活动中开展深度学习。如某教师让学生为学校门口设计一个体温移动监测房，学生既要了解人、健康、环境之间的相互关系；也要认识到现实生活中蕴含着大量与数量和图形有关的问题，并将之抽象成数学问题加以解决；还要了解所学的不同学科之间知识的关联，发展应用意识和能力，认识数学、科学和技术的社会功能。通过该项目学生不仅提升了系统性知识的理解能力、动手应用能力，还培育了自己的独立性、批判性、创造性和合作精神。

四、如何采用适合的线上教学形式？

线上教学的核心是“资源 + 任务 + 反馈”。直播课或线上资源是其中的一个重要方面，从前期调查来看，直播新课的学生满意度并不是很高，因此初中线上教学应充分利用现有平台资源，减少新课直播。我们建议面向个别薄弱学生可以用直播连线方式夯实基础，对于绝大多数学生，应该更多以资源包的形式鼓励自学。学校和教师要注重选择和开发一些适应差异对象的微课短视频，以及教材和补充材料相配合的资源系统，设计好导学任务（思考为主，训练为辅），组织好作业流转和答疑交流，才能将“学”落到实处。

五、线上教学的备课要注意哪些方面的问题？

选择了适宜的线上教学内容后，要根据线上教学的特点做好充分的备课。线上教学的备课尤其要关注课堂的学习“量”，力求少而精，指向教学内容的核心知识，教师争取在15分钟内讲解清楚，让学生能有所领悟；切忌出现蜻蜓点水、雨过地皮湿的现象，否则容易让线下的学生因教学内容零散、没有思维而脱离课堂。

正是因为线上课堂内容的“精要”，就更要重视学生的课前预学。要求学生提前预习相关内容，可以让学生带着思想进课堂，尽快走进教师的教学节奏里，在短时间内寻到解开知识的密钥，以期在后续的实践探索中完成任务的解决。

教学内容的精要，也要求教师设计精要的自主学习任务。这样的学习任务也不能多。“鼓要打到点上，笛要吹到眼上”，一节课一两个学习任务就好，它们要依据教学内容的核心知识设计，表述要简洁而明晰，情境尽量生动活泼，学习路径要有具体的安排。

备课要考虑师生的互动交流。教师教学语言的设计要有对话感，想象学生就在你面前。避免长时间独白。适当留有供学生思考的时间。控制语速语调，在重难点的地方放慢语速、加强语调。教师还要考虑利用作业交流环节进行互动交流，提高学生的学习积极性。

六、有哪些方式可以促进师生课堂互动?

线上学习中互动交流是个难题。教师要利用多种途径增加互动，例如直播课堂不要一直讲授，要留出学生提问的时间、学生反馈的时间、学生分享自己想法的时间，除指定的云课堂之外，建议教师运用钉钉、微信、QQ等平台互动工具，利用语音留言方式，跟踪学生作业完成进度和情况。

线上教学中教师要根据教学内容、学生特点和学习情境来设置互动交流的方式。教学开始之前，教师可以在平台的讨论区中提问，引起学生的注意，也可以利用选择题、简答题等测试方式来采集学生的观点和想法，为后续设计问题开展学生讨论提供基础。学生观看完录播视频或在线课堂，教师可以在平台上利用投票、测试工具了解每个学生的学习情况。如果是课堂对学生即时提问，要做好铺垫，避免请不在状态的学生回答。在线教学结束后，教师还可以在平台上给学生布置书面作业，通过作业批改来了解学生整堂课的掌握情况。

我们特别要注意学生的作业和成果展示。我们可以在网络上采取多种形式，开展学生间的线上学习成果、优秀作业等展示，发挥学生集体教育功能。特别是一些项目式实践性学习成果，可以在学生学习群中进行展示。如果条件允许的话，建议教师安排固定的时间对学生进行一对一或一对多的个性化指导，采用文字、语音、图文说明、直播或视频的方式帮助学生解答疑惑，但根据线上教学当前的特点，建议不对教师有反馈、批改作业的强制要求，要鼓励学生自纠自查。

七、线上教学如何促进学生自主学习能力的提升？

线上教学服务应立足自主学习为主、网络课堂直播为辅的原则，根据课程（项目）进度按单元（或课时）提供自主学习材料、微课短视频与学习任务单，鼓励学生自主学习。

自主学习不是简单地让学生自学，而是在教师指导下学生开展积极主动的学习、有思维的学习。教师要精心设计包括预学、课堂、课后的学习任务，这样的学习任务要有一定的情境性、难度和挑战性，以此吸引学生的学习兴趣，唤醒学生的学习欲望，触发学生的学习思考，让学生感到自己是活动的主体，能独立操作这些内容，发生积极主动的学习活动。

线上教学要特别关注学生学习的过程。教师应该关注到各类学生，依据学生居家学习和在线教学的特点，采取多种途径加强学习指导。教师可以通过个别交流作业评价等方式采集学情；通过学习任务单的形式引导学生带着任务学习教师授课视频；通过在线提问、随堂测验、讨论区小组研讨等形式促进学生间的交流互动。

八、如何提高毕业班教学的效率，更好地迎考？

初高三毕业班进行线上教学的过程中，学科教师要避免经验主义，深入研究学科课程标准，准确把脉教学要求，厘清教学重点，努力培养学生的认知能力、思维能力和实践创新能力。

鉴于线上授课的特点，可以整合学科教学内容，把难度不大，易于线上教学的内容提前，难度较大的教学内容后移。教学中要发挥骨干教师作用，集聚群体智慧，侧重帮助学生对教材知识加以分类、归纳和整理，指导学生在复习中以行之有效的形式明晰各学科知识体系，通透知识之间的内在联系。教师要依据学生情况补全知识清单，建构知识网络，提高学生的自主复习融通能力，同时发挥居家学习的优势，鼓励学生充分利用网络查找整理资料、及时连线教师化解线上课程疑惑的便捷优势自主、主动学习。在练习设计中也要注重联系学生生活体悟，提升知识迁移能力和综合实践运用能力，教师布置作业也可以根据学生实际情况，积极推进分层个性化作业，加强针对性评价与辅导，激发学生学习的内驱力与积极性。

九、怎样布置和批改作业，开展答疑与反馈？

适当的作业量、适切的布置形式和适时的批改反馈方式是线上教学课后作业有效性的三大保证。

为减轻学生的课业负担，居家学习的作业量一定要依规而定，适当减少学生作业的量，增加自主学习和交流时间。要立足学科特点，采取不同方式，口头即时作业和线下书面作业等多种形式相结合。除落实课堂知识的相关练习之外，还可以检查反映学生听课效度的课堂笔记、制作侧重反映思维能力的思维导图、撰写考查学生整合能力的专题小结，还可以录一段弥补线上课堂欠缺的互动语音小视频等。

当然，初级阶段不强调作业批改和反馈环节，应减少教师和学生的工作量，要多利用此机会培养学生自查自纠的能力和习惯，改被动为主动。客观性作业的布置和批改可灵活采用教学平台即时完成，也可由学生自主评批、统一讲解；思维导图、课堂笔记等主观性作业可利用平台共享、师生共评等方式促进学生互助互学并提高学习积极性。

答疑和反馈可坚持全体与个体相结合的原则，依据学科特点和作业形式选择快捷方便的反馈方式，可以全体或个体语音评价，也可利用平台涂鸦功能在作业图片上进行打等级、计分数或文字评价等，还可充分利用线上教学留言的功能，比如“每天一个好问题”或“说说我的不懂之处”来及时收集学生预习疑惑及课后困难，以便及时调整教学内容与方法，让教学真正在学生身上发生，确保从学生中来，到学生中去。

十、线上教学的校本教研如何开展？

线上教学期间，依然要充分发挥学科教研组统筹安排学科教学的作用。在学校的统一工作部署下，学校各个学科教研组仍要开展基于网络的校本教研，整体规划学生居家学习的教学安排，尽量搜集可以借鉴使用的课程资源，研讨并设计能促进学生学习的学习任务，统筹安排学生居家学习的教学管理。

教研组要依托网络强化教师集体备课的作用。居家学习带给学生新的学习氛围和新的教学模式，如何帮助学生更好地开展学习也是教师们当前面对的新课题，这就更需要团队的协作力和创造性。因此，学校要建立更加完善而有效的网络教研机制，定期开展网上教研，交流课程资源、备课成果，研讨教学方式，对于网上教学出现的各种新问题要有预判和解决方案；要经常性地和教研员保持网上沟通并接受专业指导；也要强化和其他学科教师的线上交流研讨，借鉴一些可行的线上教学举措。

线上教学焕发“课改”新活力

特殊时期的在线教学，对广大师生来说是挑战更是机遇，可以促进学习方式的转型、自主学习能力的提升、教育新技术的应用，进而焕发“课改”新活力。

自主学习能力的形成与快速提升

中小学生不同于成人，对学习的目的意义还不大明确，目标性不强，自制力不够，加之又活泼好动，正好可以借在线教学之机形成并提升学生自主学习能力。教师在线上教学实践中，可以利用学生喜欢质疑和表现的特点，通过问答、讨论、平台晒成果等方式，增加学生在虚拟学习空间展示成果、进行师生或生生互动的机会，充分调动学生的学习兴趣，借机提升学生的自主学习能力，保证学生居家学习的良好状态。同时，还可以发动班干部和科代表对在线学习情况进行总结反馈，促进学生自主管理意识形成与能力快速提升。

自主学习效果的自我诊断与检测

在线教学的远程教育特点，更需要学生对自身学习进行自我诊断与检测。在此背景下，教师要充分相信学生，借机培养学生自我诊断和检测的能力。教师将学习任务通过网络平台传输，依靠学生自我落实，然后进行比对、查找问题。学生借助查阅资料、求助网络、师友或家长得以解决，从而完成学习的自我诊断与评测，培养诚信、求真品质。

线下学习与线上学习相得益彰

全天候的在线学习是暂时的，但这种远程居家学习方式将会成为学生获取知识的重要手段和途径。未来的教学形态将是线下学习与线上学习并存，学校学习与居家学习同在，自主学习与教师引领互为补充、相得益彰，这必将持续改变现有的学习形态，通过线下与线上相结合的混合学习模式，大大提高学习效率。

集体学习与个性定制完美结合

在线学习是一个人居家自主的学习，具有根据自身实际情况自主安排、个性定制的特点。学校班级的现场学习具有鲜明的小组合作学习和集体共同学习的特征。对学生个体来说，未来最佳的学习形态将是班集体学习与个人自主学习的融合，个性化学习与集体互动学习的结合。这种集体学习与个性定制的有效结合，将会有力促进学生综合学习能力的提升，为终身学习打下坚实基础。

网络游戏干扰的主动自我规避

在学校教学环境中，电子产品的使用都有严格的规定。在线教学中，学生则不可避免地要使用智能化电子产品，如何主动抵制网络游戏的干扰，可以通过“网络游戏的利与弊”主题讨论，指导学生统一制定相对合理的作息时间表，高效学习，养成有规律的学习生活习惯。

在线教学助推区域教育均衡发展

在一定的课程、信息资源条件下，在线教学不受时间、空间的限制，每一个学生的学习、交流机会相对均衡；在教育资源和发展程度不平衡的区域，由于全国性的在线教学实践，“空中课堂”“远程直播”等实现了名师资源与优秀课程的共享，为教育扶贫拓展出一条新路径，在一定程度上助推了区域教育均衡发展。

魅力课堂评价标准量表

幼儿学段魅力课堂评价标准量表

时间：________ 教师：________ 领域：________ 班级：________

评价标准			评价得分					
一级指标	二级指标	评价要点	5	4	3	2	1	小计
教学设计	内容选择	教育活动内容符合本班幼儿的年龄特点和实际水平						
		教育活动内容贴近幼儿生活						
		教育活动内容符合幼儿兴趣						
		教育活动内容幼儿能够理解，并有一定的挑战性						
	整体设计	教师能认真准备教育活动计划，对教育过程有充分思考						
		教育活动目标符合本班幼儿年龄特点和实际水平						
		教育活动目标表述清晰、具体明确、可操作						
		物质准备能满足教育活动需要						
		幼儿有充分的与活动内容相关的经验准备						
学习过程	学习流程	教育活动过程认真落实教育目标						
		教育活动过程思路清晰、层次清楚						
		教育活动过程体现《幼儿园教育指导纲要》《3~6儿童学习与发展指南》所倡导的精神						
		教育活动过程能兼顾不同发展水平的幼儿						
		教育活动组织形式适合教育内容						
		教育方法与本班幼儿年龄特点相适宜						
		教育活动过程具有启发性						

续表

评价标准			评价得分					
一级指标	二级指标	评价要点	5	4	3	2	1	小计
学习过程	师生活动	幼儿在学习过程中积极、主动，思维活跃						
		教师能根据幼儿的反应适时调整教育活动						
学习效果		教师能用适宜的方法突出重点，突破难点						
		幼儿在学习过程中有进步、有收获						
总评								

小学学段魅力课堂评价标准量表

时间：________ 执教人：________ 课题：________ 班级：________

A级指标	B级指标	C级指标	分值	得分	标准
教学设计（10分）	内容安排	符合课程标准要求，注重拓展创新，沟通学科知识之间、学科与其他学科、生活、社会、时代等之间的联系	2		C级指标分“优、良、中、差”四等，依次酌情扣分
		达标作业小组反馈到个人，班级反馈到小组	2		
	目标设计	学习目标设定全面、恰当、具体、可测	3		
		知识目标有落实有反馈，能力目标有训练有提升，情感目标在掌握知识、培养能力过程中潜移默化自然达成，全面提升学生素养	3		
学生学习情况（40分）	学生参与	问题设计有层次，能兼顾学生差异；课堂展示机会均等，每位学生均参与学习	4		
		独学有反馈、对学有落实、群学讲效率	4		
		小组合作学习能形成“我们”的“共识”	4		
		实施课堂“团队”评价，不用“个体”替代“团队”	4		
	流程落实	自主学习：坚持系统学、学系统，一气呵成，不分解学程，不以教代学	4		
		课堂展示：任务分配有序，学习内容全覆盖，展示有互动，形式灵活多样	4		

续表

A 级指标	B 级指标	C 级指标	分值	得分	标准
学生学习情况（40 分）	流程落实	反馈提升：充分利用课堂展示资源，进行资源比较、系统、规范、点拨、升华	4		C 级指标分“优、良、中、差”四等，依次酌情扣分
	动态生成	及时捕捉、定位课堂学习资源的生成点，并尝试定向追问	3		
		横向生成见多元，纵向生成出深刻；坚持做到一明规律，二知方法，三清结构	3		
		注重情感、态度与价值观的生成	3		
		充分体现“自主程度、合作效度、探究深度”	3		
教师导学情况（30 分）	教师基本功	教师语言准确、简明、有对话性、启发性、激励性，善于组织教学，有教学调控机制，驾驭课堂能力强	5		
		以学生为主体，充分相信学生，尊重学生；师生关系和谐	5		
		通过看动作、听声音、察表情感知学生学习状态	5		
	教师活动	营造课堂“引力场、情感场、思维场”，为学生提供宽松、积极的课堂氛围，有充分表达的机会	5		
		教师的作用和基本价值体现在放手学、策动学、组织学、点拨学、反馈学上	5		
		有效组织、调控、参与学生自主探索、合作交流等学习活动，学习方式多样，并能多角度对核心活动的收获进行概括、提炼	5		
练习板书设计（10 分）	练习	课堂作业设计兼顾差异，限时完成，当堂反馈	5		
	板书	板书规范，设计合理	5		
效果（10 分）	学习效果	激扬生命活力，全面提升学生核心素养；学生学习主动，学习目标得到有效落实	10		
总评			总分		

初中学段魅力课堂评价标准量表

时间：________ 执教人：________ 课题：________ 班级：________

评价标准			评价得分					
一级指标	二级指标	评价要点	5	4	3	2	1	小计
教学设计	整体设计	教学内容符合课程标准、教材和学情，体现学科本质、学科融合和学习进阶；资源整合充分，贴近生活实际，符合学生发展需求						
		学习流程以学生为主体设计，思路清晰、循序渐进、突出重点，有利于突破难点						
		学生活动设计合理、有价值、易操作						
		学习目标设计紧扣学情，涵盖知识、能力、情感态度价值观三个方面						
		对学习方式进行多样化设计，在问题、训练、作业等方面，体现差异化教学						
	板书设计	板书工整，简洁、美观、实用，体现重点，有一定艺术性						
	辅助手段	课件、导学案等辅助教学手段设计清晰、实用、直观、形象						
学习过程	学习流程	课前师生准备充分，学生对课堂充满期待						
		课堂引入快捷、自然，效果好						
		自主、合作、探究学习充分，关注生成						
		课堂小结和知识体系梳理凸显学科素养						
		注重拓展训练落实，时间不少于 10 分钟						
		有适当、多样化的作业布置						
	师生活动	教态自然、语言规范精练、指令到位，教学策略多样，彰显教师教学魅力						
		教学相融，学生思维活跃，学习习惯良好、方法多样，善于展示、倾听与合作						
		营造“引力场、情感场、思维场”，指导学法，反馈及时，评价有效，创新活动						

续表

评价标准			评价得分					
一级指标	二级指标	评价要点	5	4	3	2	1	小计
课堂效果		激扬生命活力，全面提升学生核心素养						
		学生学习主动，学习目标得到有效落实						
教学特色		充分体现学科特点和学科思想、方法						
		体现出教师个人独特的教学风格和魅力						
总评								

高中学段魅力课堂评价标准量表

时间：________　执教人：________　课题：________　班级：________

评价标准			评价得分					
一级指标	二级指标	评价要点	5	4	3	2	1	小计
教学设计	整体设计	教学内容符合课程标准和学情，体现学科核心素养和学科本质，体现课堂生活化、学科融合和一体化整体教学的要求						
		学习目标设置明确、具体，具有可操作性，指向立德树人						
		能抓住重点和关键点，有效突破难点，解决疑点						
		以学生为主体，科学设计学生活动、注重课堂实效						
		注重学习方式多样化和教学问题、训练分层设计						
	板书设计	重点突出，简洁、美观、实用，具有启发性						
	辅助手段	课件、导学案等辅助教学手段设计实用、直观、简洁，有利于学习内容的理解和落实						
学习过程	学习流程	教学环节设计清晰、意图明确、操作流畅，关注学生的学习过程						
		能落实各个环节任务要求，难度适当，关注差异						
		合理整合教学资源，利用信息技术支持学习活动						
		基于学习目标和学习过程设计评价反馈						

续表

评价标准			评价得分					
一级指标	二级指标	评价要点	5	4	3	2	1	小计
学习过程	学习流程	课堂小结和知识体系梳理，凸显学科核心素养						
		关注学生的学习过程、体验和效果						
	师生活动	教态自然、语言规范精练、指令到位、教学策略多样，彰显教师教学魅力						
		教学相融，学生思维活跃，学习习惯良好、方法多样，善于展示、倾听与合作，关注课堂生成						
		营造“引力场、情感场、思维场”，指导学法，反馈及时，评价有效，创新活动						
学习效果		激扬生命活力，全面提升学生核心素养						
		学生学习主动，学习目标得到有效落实						
教学特色		充分体现学科特点和学科思想、方法						
		体现出教师个人独特的教学风格和魅力						
总评								

下篇

魅力课堂在各学段学科的应用举例

第四章
幼儿学段

幼儿园小班魅力课堂设计举例

活动名称	大自然的宝贝		
教师姓名	李佳	单位名称	北京实验学校（海淀）幼儿园
教学领域	科学	年龄段／班	小班
设计意图	秋天到了，天气凉了，幼儿园里美丽的秋景吸引着孩子们的目光，他们十分喜欢到户外、到大自然中去捡拾各种各样的自然物，如小落叶、小树枝、羽毛、石子等。正像《3~6岁儿童学习与发展指南》中指出的，幼儿的“好奇”主要表现在喜欢接触大自然和新鲜事物。幼儿身边富有变化的自然现象，特别容易成为孩子们关注的兴趣点和他们探索的目标。 在兴趣的促使下，班级里开展了关于“秋天”的主题活动。随着主题活动的开展，孩子们听“秋天”的诗、唱“秋天”的歌、画“秋天”的画，在感受秋之美的过程中全面发展。		
活动目标	1. 能感知和发现不同自然物各自的特征，如大小、长短、软硬、形状、薄厚、颜色等，并用自己的语言描述。 2. 能通过给自然物找朋友的游戏，对自然物进行分类。 3. 能手、口一致地点数自然物，并能说出总数。 4. 通过欣赏文学作品《收集东收集西》，喜欢接触大自然，对周围的事物和现象感兴趣。		
重点难点	活动重点：理解什么叫作“一样”，并按照“一样”这个标准分类。 活动难点：能够按照实物标记来归类。		
活动准备	物质准备：自然物若干，地垫每人一块，带有幼儿标志的小筐每人一个，玩具筐若干。 经验准备： 1. 到户外与大自然接触，曾多次捡拾大自然的宝贝，对它们感兴趣，并观察和感知。 2. 开展欣赏散文诗《收集东收集西》的活动，对诗歌内容初步理解。 《收集东收集西》 收集东，收集西，你喜欢收集什么东西？ 我喜欢收集娃娃衣。 奶奶喜欢收集木屐。 清洁工伯伯收集很多很多垃圾。		

续表

活动名称	大自然的宝贝
活动准备	树上的乌鸦，收集了一堆怪东西。 我问隔壁的圆圆：“你喜欢收集什么东西？” 圆圆问我：“‘蓝色’算不算东西？” 秋天喜欢收集落叶。 月亮喜欢收集星星。 海边收集了很多很多石头。 天空喜欢收集云。 小溪喜欢收集雨滴。 我问妈妈：“你喜欢收集什么东西？” 妈妈说：“我收集的都是‘你’的东西啊！”
活动过程	第一步：激发幼儿捡拾多种自然物的兴趣。 1. 教师带领幼儿复习诗歌《收集东收集西》。 2. 教师在幼儿面前展示从户外收集到的丰富的大自然的宝贝。
	第二步：带领幼儿到户外捡拾多种自然物。 1. 教师鼓励幼儿捡拾品种丰富而且数量较多的自然物。 引导语：“大自然送给我们许多宝贝，我们快用手中的小筐把这些宝贝收集起来，看谁收集的宝贝多而且宝贝的样子都不一样。” 2. 教师指导幼儿边捡拾自然物边感受、表达它们的特征。 引导语：“看看你们收集到的宝贝是什么？长得什么样？像什么？是什么颜色的？……”
	第三步：指导幼儿把收集的宝贝进行分类。 1. 引导幼儿展示自己捡拾到的自然物。 引导语：“你们收集到的宝贝真是太多了、太丰富了，小朋友们快把这些宝贝倒在地垫上，看看都有哪些宝贝？” 2. 指导幼儿将自己捡拾到的自然物进行分类。 引导语：“咦，我听到宝贝在说话，它们在说什么呢？”“原来宝贝们在说：‘手拉手、肩并肩，一样的宝贝在一起，相亲相爱不分离！’那我们快把相同的、一样的宝贝放在一起吧。” 3. 针对每个幼儿的具体分类情况进行单独指导，并记录幼儿的分类理由。 指导未分类的幼儿：“你收集的宝贝是什么？长得什么样？像什么？是什么颜色的？……”“一样的宝贝在一起。” 指导已分类的幼儿：“你为什么把这些宝贝放在一起？”“你认为它们哪里长得一样？”“数一数一共有几种宝贝，每种宝贝有几个。” 4. 请幼儿表达或教师转述个别幼儿的分类理由，进行经验分享活动。

续表

活动名称	大自然的宝贝
	第四步：利用集体分类帮助幼儿更加明确“分类”的概念。 1. 教师从幼儿捡拾到的自然物的每 类中取出 样放在玩具筐中，请幼儿对应这样的实物标记进行分类。 引导语：“现在请小朋友们给老师这里的宝贝找朋友，把你们手中的和它们一模一样的宝贝送到宝贝的家里来。” 2. 教师带领幼儿点数所有种类的数量。 引导语：“快来数一数我们一共把几种宝贝送回了家。”
	第五步：鼓励幼儿利用更多的或者其他的自然物进行数字游戏。 引导语：“今后，我们还可以收集更多的宝贝来做其他的有趣的游戏。”
活动反思	孩子们在进行用自然物分类的活动中，参与的情绪是十分高涨的，因为这样的活动是来源于他们的兴趣，来源于他们的生活。而在老师用童谣的形式提出分类的要求后，孩子们能够马上投入到活动的操作中，这显然是游戏化适合幼儿年龄特点的结果。 但是，在活动中孩子们的表达还是不太充分，这就需要老师在指导幼儿操作的环节中，给孩子更多的表达的机会，或者通过更加有效的方法鼓励幼儿进行表达，因为只有让孩子充分地表达才能真正了解孩子的分类缘由以及他们的真实水平。在接下来的其他活动中，老师应该有层次、有针对性地进行相关的连续性教育。或在区域活动中开设专门区角，给幼儿提供充分的探索和操作机会。

幼儿园中班魅力课堂设计举例

活动名称	我真的很不错		
教师姓名	杨静	单位名称	北京实验学校（海淀）幼儿园
教学领域	语言	年龄段 / 班	中班
设计意图	本节活动是结合主题“朋友”下的小主题设计活动。在认识朋友、解决朋友之间的矛盾后，希望孩子能结交更多的朋友，可是孩子们因为年龄小不知道说什么。因此在学期末，利用绘本《我不知道我是谁》，帮助幼儿认识自己、介绍自己、发现自己，从而建立自信，会介绍自己，能更加自信地去结交更多的朋友。		
活动目标	1. 能借助故事的情节，关注自己，懂得欣赏自己。 2. 喜欢用富有个性的方式进行记录。 3. 学习借助表格顺序较流畅地介绍自己的进步。		
重点、难点	活动重点：可以根据表格顺序较流畅地介绍自己的进步。 活动难点：会用富有个性的方式进行记录。		
活动准备	经验准备：绘本《我不知道我是谁》读过一次。 物质准备：表格、笔、图片 PPT、展示板。		
活动过程	第一步：回顾绘本。 教师通过提问帮助幼儿回忆绘本《我不知道我是谁》。 教师提问：达利知道自己是谁吗？洁西是谁？它吃什么？住在哪里？洁西来了，其他兔子是什么反应？达利为什么不害怕？为什么达利是英雄？		
	第二步：记录讲述。 1. 说说自己的进步。 借助绘本，幼儿说说一学期自己的进步，认识自我，欣赏自己。 教师提问：你身上有什么地方和达利的脚有一样厉害的本领？ 2. 教师介绍。 教师用绘图的方式介绍自己的进步。根据表格顺序流畅地介绍自己。 3. 幼儿操作。（教师巡回指导） 幼儿尝试用富有个性的方式记录自己的进步，发现不一样的自己。		

续表

<table>
<tr><th>活动名称</th><th>我真的很不错</th></tr>
<tr><td>活动过程</td><td>我最棒
<table><tr><td>我</td><td>男女</td><td>年龄</td><td>班级</td><td>喜欢</td><td>棒</td><td>棒</td><td>棒</td></tr><tr><td></td><td></td><td></td><td></td><td></td><td></td><td></td><td></td></tr></table>
4. 幼儿介绍。
请个别幼儿上前根据表格顺序较流畅地介绍自己。</td></tr>
<tr><td></td><td>第三步：小结。
教师：今天我们一起分享了故事《我不知道我是谁》，我们也知道了自己是谁，并且知道自己这学期的进步是什么，很开心和这么多天天进步的小朋友度过了愉快的时光。以后一定要向更多的朋友们介绍这么厉害的你自己。</td></tr>
<tr><td>活动反思</td><td>1.《3~6 岁儿童学习与发展指南》中指出中班幼儿要会运用介绍自己、交换玩具等简单技巧加入同伴游戏；对大家都喜欢的东西能轮流、分享；与同伴发生冲突时，能在他人帮助下和平解决。因此我们结合中班幼儿的实际情况开展了主题活动“朋友”。
2. 本节活动是主题“朋友”下的小主题，利用绘本《我不知道我是谁》，让幼儿在写写画画的过程中体验文字符号的功能，培养书写兴趣。帮助幼儿认识自己、介绍自己、发现自己，从而建立自信去结交更多的朋友。
3. 绘本中都是疑问句，我是谁？我住哪儿？我喜欢什么？等等，诙谐幽默的语言吸引了幼儿。本活动是“朋友”主题的第二次活动，三个目标基本完成。绘本中达利不知道自己是谁，迁移到本次活动中介绍自己。活动中使用表格的方式表达和支持幼儿的讲述，其目的有两个：一是按顺序进行讲述，幼儿用符号进行表达；二是能采用教师示范的方式进行记录，让幼儿对记录产生兴趣，这种方式符合幼儿的年龄特点。活动中，孩子们都在用个性符号记录。本活动的重点是引导幼儿用完整的话进行讲述，所以在讲述前和讲述中我通过老师的示范讲、强调讲，引导幼儿按照记录的顺序进行讲述。这次活动看到了孩子们讲述的差异，后续会通过活动的延伸，比如，让幼儿参与讨论，或记录、讲述故事情节等，逐步提高幼儿的讲述能力。</td></tr>
</table>

幼儿园大班魅力课堂设计举例

活动名称	保护地球妈妈		
教师姓名	马宇娟	单位名称	北京实验学校（海淀）幼儿园
教学领域	社会	年龄段 / 班	大班
设计意图	4 月 22 日是世界地球日，孩子们前期对于如何保护地球环境进行了小调查，今天的活动将孩子们分成四组，通过吃、穿、住、行四方面来分享保护地球妈妈的好方法，鼓励幼儿在日常生活中做环保小卫士，进一步培养幼儿的环保意识。		
活动目标	1. 能够以小组形式进行讨论，在讨论中能够积极主动，大胆表达自己的想法。 2. 具有初步的环保意识，懂得节约能源和资源。		
重点、难点	活动重点：具有初步的环保意识，懂得节约能源和资源。 活动难点：能够找到日常生活中适宜的环保方法并付诸实际行动。		
活动准备	经验准备：通过小调查对环保知识有初步的了解。 物质准备："保护地球妈妈"海报展板、幼儿环保调查表、画纸、彩笔、胶棒、幼儿环保行为照片、"人人都做地球环保小卫士"展示表、"地球小卫士"勋章、PPT、大屏幕。		
活动过程	第一步：引入活动，激发幼儿兴趣。 出示 PPT，简单介绍"世界地球日"。 引导语：小朋友们，你们知道 4 月 22 日是什么日子吗？（世界地球日）为什么要设立世界地球日？（保护地球环境）		
	第二步：幼儿根据环保调查结果分组讨论不同的环保方法。 1. 出示幼儿环保调查表。 引导语：之前小朋友们从吃、穿、住、行四个方面进行了环保小调查，今天我们一起分组来讨论一下保护地球妈妈的好方法。 2. 出示提示图，提出讨论的要求。 引导语：我们分成吃、穿、住、行四个小组，请小朋友们选好想要讨论的组，每组的几个小朋友一起讨论，尽可能多地想出环保好方法；每组的小朋友分工合作，每个人画出 1~2 种不同的方法，然后将所有的方法贴在大纸的表格中，再贴到海报展板上。 3. 请幼儿自由分成吃、穿、住、行四个小组进行讨论，并将讨论出的环保好方法简单地记录在画纸上，完成每组的大表格。		

续表

活动名称	保护地球妈妈
活动过程	教师巡回指导：鼓励每个幼儿都说一说，大胆表达自己的想法，引导幼儿互相商量、分工合作，将所有方法画在画纸上。 4. 展示“保护地球妈妈”海报展板，每组选一名幼儿上前进行分享。 教师小结：小朋友想出了这么多保护地球妈妈的环保好方法，这些方法都是在节约能源和资源、保护我们的环境。我们的海报展板也完成了，等到下周一升旗仪式的园会上，我们一起把这些好方法介绍给全园的小朋友和老师们吧！
	第三步：师幼分享日常生活中的环保行为，鼓励幼儿争做环保小卫士。 1. 出示教师抓拍到的幼儿生活中环保行为的照片，请幼儿说一说照片里的小朋友是怎么用实际行动进行环境保护的。 2. 请保育老师介绍自己工作中的环保小妙招。（消毒毛巾的水洗墩布，用过的擦手纸回收再利用等） 3. 出示“人人都做地球环保小卫士”展示表和“地球小卫士”勋章，鼓励幼儿在日常生活中做到保护环境，节约能源和资源，用实际行动保护我们的地球妈妈，争做地球小卫士。
活动反思	1. 本次活动的目标基本达成。孩子们在活动中一直保持着较高的活动兴趣，认真、专注、积极、主动。在小组讨论和分享环节，幼儿能够分工合作并大胆表达自己的想法。我在活动中也是支持和鼓励幼儿积极思考、大胆表达。我通过前期让幼儿进行小调查和活动中提供个人和小组记录表，支持幼儿与同伴进行分享交流，引导他们在交流讨论中尝试整理、归纳本组的讨论结果，体验小组活动的乐趣。活动中我将抓拍到的幼儿生活中环保行为的照片进行展示，支持幼儿的表达，以幼儿自身的实际行动教育幼儿要懂得节约能源和资源，进一步内化幼儿的环保意识，鼓励幼儿将环保行为运用在活动中，请保育老师介绍环保小妙招，真正做到保教结合。最后在延伸环节，我将本次活动与幼儿生活紧密联系，激励幼儿继续在生活中进行环保。 2. 不足：由于时间关系，最后的分享环节请了个别幼儿进行分享，应尽量给予每个幼儿充分表达的机会，个别幼儿在大胆表达方面还需加强培养，这些都是我今后工作中应注意和需要进一步努力的方向。

第五章
小学学段

小学语文魅力课堂设计举例

课例基本信息			
姓名	张兰建	学科	语文
学段	小学高年级段	年级	六年级
教材（出版社）	人民教育出版社	课题	六月二十七日望湖楼醉书
主题	感受自然山水之美，体会愉悦乐观之情		
课型	新授课		

课时教学设计	
学情分析	1. 六年级学生在小学前几年学习过苏轼的诗，分别是北京师范大学出版的语文教材五年级上册的《饮湖上初晴后雨》和五年级下册的《题西林壁》。此外，我校小学部语文组老师研发并出版校本教材《经典诗文 300 篇》，到六年级上学期，我校六年级学生已经完成了 250 首诗词的背诵，其中不乏苏轼的诗词。 2. 六年级 4 班的学生对语文学习有浓厚兴趣，特别是五年级下学期举行年级诗词大会，极大地提升了他们对古诗词积累背诵的热情。在准备诗词大会期间，全班进行了“我和诗人做朋友”的语文实践活动。每位学生选择一位诗人，利用思维导图的形式对其进行介绍，班级按照时间轴，集中展示了唐宋近 60 位诗人；他们还利用课余时间，为其他同学讲述自己搜集整理的诗人资料。学生对苏轼有大概的了解。 3. 本班大部分学生能借助课下注释了解诗文大意，能借助景物描写初步揣摩诗人的情感；不过，还有部分学生在准确理解诗意方面存在一定问题。另外，苏轼生活的年代离学生很远；旷世奇才苏轼的人生际遇，特别是他乐观豁达的胸襟也是常人难以企及的，学生对于这首诗中诗人表达的情感理解起来有一定的难度。
教学目标	1. 正确、流利、有感情地朗读全诗、背诵全诗。 2. 在不同形式的朗读中，感受诗歌的韵律美。 3. 理解重点词语，拓展相关资料，感受苏轼乐观豁达的人生态度。
教学重点	1. 有感情地朗读诗歌，体会古诗的韵律美。 2. 品读诗歌，感受苏轼乐观豁达的人生态度。

续表

<table>
<tr><th colspan="4">课时教学设计</th></tr>
<tr><td>教学难点</td><td colspan="3">品读诗歌，感受苏轼乐观豁达的人生态度。</td></tr>
<tr><td>学科育人</td><td colspan="3">成长的过程中，我们会遇到各种困难和挑战。引导学生面临各种困难和挑战时，积极应对，保持良好的心态。</td></tr>
<tr><th colspan="4">教学流程设计</th></tr>
<tr><td>教学环节</td><td>教师活动</td><td>学生活动</td><td>设计意图</td></tr>
<tr><td>一、活动导入</td><td>导入活动飞花令，激发学生兴趣。（同学们，今天上课前，我们来玩一次关于“雨”的飞花令。）</td><td>全班学生分男女生对抗，依次背诵关于“雨”的古诗文。</td><td>直接入题，激发兴趣。</td></tr>
<tr><td rowspan="5">二、整体感知质疑问难</td><td>1. 导入新课。（今天我们再来学习一首关于“雨”的古诗，老师板书课题，请大家自由朗读全诗。）</td><td>学生自由朗读古诗。</td><td rowspan="5">根据学生认知程度和心理特点，顺势而教，顺学而导，并根据学生的质疑梳理出主要问题。</td></tr>
<tr><td>2. 全班齐读古诗。</td><td>学生齐读古诗。</td></tr>
<tr><td>3. 请大家默读全诗，在书上用不同的符号标注出你自己能读懂的词句，和你不懂的词语。</td><td>学生默读全诗，标出自己能理解的和不能理解的词语。</td></tr>
<tr><td>4. 小组内分享交流。</td><td>学生小组内交流，解惑答疑。</td></tr>
<tr><td>5. 全班集中梳理难懂的词语和句子。</td><td>全班梳理问题：“未遮山”的“未”；“白雨”的“白”。</td></tr>
<tr><td rowspan="2">三、品读全诗，感受意境</td><td>1. 学生自主学习。请学生默读全诗，抓住诗中关键字、词感悟这是一场什么样的雨。再和小组同学一起选择喜欢的形式把同学们的发现表达出来。
建议：用思维导图、诗配画等形式。</td><td>学生自学，圈画关键词并批注。</td><td rowspan="2">此环节设计意在通过想象画面、读出情感、补充资料、体悟诗人情怀等方式，引导学生由浅入深、层层递进感知西湖雨后天晴的优美风景，感受苏轼乐观豁达的人生态度。</td></tr>
<tr><td>2. 小组合作探究。和小组同学一起选择喜欢的形式把同学们的发现表达出来。
建议：用思维导图、诗配画等形式。</td><td>小组交流，互相学习，并进行补充批注。选择喜欢的方式把小组的发现表现出来。</td></tr>
</table>

续表

<table>
<tr><th colspan="4">教学流程设计</th></tr>
<tr><th>教学环节</th><th>教师活动</th><th>学生活动</th><th>设计意图</th></tr>
<tr><td rowspan="4">三、品读全诗，感受意境</td><td>3. 全班分享，感知画面。</td><td>全班分享交流，学生之间或补充，或质疑。
小组一分享：我们觉得这是一场大雨。“未遮山”来不及遮住山；“白雨”言雨势很大；“乱入船”等。</td><td rowspan="4">此环节设计意在通过想象画面、读出情感、补充资料、体悟诗人情怀等方式，引导学生由浅入深、层层递进感知西湖雨后天晴的优美风景，感受苏轼乐观豁达的人生态度。</td></tr>
<tr><td>4. 全班分享，感受愉悦。
（1）教师提问：风停雨止之后，诗人站在望湖楼上，此时他看到的西湖是怎么样的景色？（骤雨初歇，眼前的西湖，水平如镜。）诗中哪一个字透露了诗人当时的心情？
（2）教师提问：你还从哪首诗中的“忽”字感受到了诗人的喜悦之情？
老师出示：
忽如一夜春风来，千树万树梨花开。
李白行舟将欲行，忽闻岸上踏歌声。
忽逢桃花林，夹岸数百步。
总结梳理：这些“忽”都表达了诗人意外惊喜之情。</td><td>学生回答问题一：我们觉得这是一场愉悦的雨。“水如天”碧空澄澈，景色优美。一切景语皆情语，感觉诗人心情很愉悦。“忽吹散”的“忽”让我们感受到了他很高兴。
学生回答问题二：“李白行舟将欲行，忽闻岸上踏歌声。”</td></tr>
<tr><td>5. 全班分享，感悟乐观。结合诗句，感受乐观之情。苏轼在西湖游玩，遇上这么一场急雨，来不及避雨、来不及靠岸，狂风骤雨中小船随风飘摇，这应该是一件不开心甚至有点扫兴的事情。诗人却全不在意，挥笔写下了千古佳作。你觉得这是一个怎么样的苏轼？</td><td>学生思考并回答。</td></tr>
<tr><td>6. 全班分享，补充资料，体会豁达心胸。
学生交流写作背景及人生经历，进一步了解苏轼其人。</td><td>交流查找相关资料。</td></tr>
</table>

续表

教学流程设计			
教学环节	教师活动	学生活动	设计意图
四、对比阅读，鉴赏评价	我们一起学习过两首写西湖雨的诗——《饮湖上初晴后雨》和《六月二十七日望湖楼醉书》，你们觉得这两首诗有何异同？	学生自主学习、小组合作探究。全班分享交流。从内容、写法、情感等角度对两首诗进行赏析。	学习古诗的层次要求：积累背诵、品读赏析和鉴赏评价，培养学生的比较鉴赏能力。
小结与作业			
课堂小结	这样一位豁达乐观的苏轼，给后人留下了丰厚的精神财富。同学们在初中、高中，还会继续学习苏轼的诗词，相信同学们一定会沉醉在苏轼的文学世界、精神世界里。		
课后作业	积累背诵《六月二十七日望湖楼醉书》组诗。		
板书设计	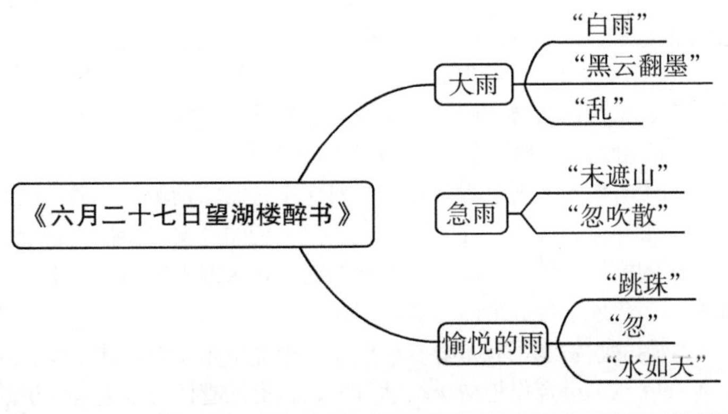	PPT、音乐	

小学数学魅力课堂设计举例

课例基本信息			
姓名	纪爱平	学科	数学
学段	小学高年级段	年级	六年级
教材（出版社）	北京师范大学出版社	课题	圆柱的表面积
主题	圆柱与圆锥		
课型	新授课		

课时教学设计	
学情分析	1. 学生在学习本节课之前已经认识了长方体、正方体、圆柱等立体图形，掌握了长方形、平行四边形、圆等平面图形的性质及其面积计算的方法，理解了长方体（正方体）表面积与体积的含义及其计算方法。 2. 为了有效地完成学习目标，我对学生进行了前测，从前测的结果可以看出：大部分学生知道怎样求圆柱的侧面积，但不能结合实践操作清晰地表述圆柱侧面积计算方法的推导过程。小部分学生不知道怎样求圆柱侧面积，不会用转化的思想把曲面图形转化成学过的平面图形。 3. 学生的学习水平有差异，因此本节课让学生结合具体情境，通过操作活动，以自主探究和小组合作相结合的学习方式，更加有助于学生对知识的理解和掌握，提高学生的观察能力、自主探究能力，发展学生的空间观念及合作学习的能力。
教学目标	1. 学生经历圆柱展开与卷成圆柱等活动，理解圆柱表面积的意义，知道圆柱侧面展开后可以是一个长方形，探索圆柱侧面积的计算方法，并掌握圆柱表面积的计算方法，能正确计算圆柱的表面积。 2. 学生能根据具体情境的不同情况，灵活运用圆柱表面积的计算方法解决生活中的一些简单问题，体会数学与生活的联系，丰富对现实空间的认识。
教学重点	学生理解并掌握圆柱表面积的计算方法，并能正确地进行计算。
教学难点	学生理解圆柱侧面积计算方法的推导过程，会正确计算圆柱侧面积。
学科育人	1. 通过剪、卷、滚等动手操作活动，培养学生自主探究新知的能力，学会用“转化”思想思考问题。 2. 学生通过小组合作学习，学会与人合作、沟通、交流的基本技能。

续表

<table>
<tr><th colspan="4">学习流程设计</th></tr>
<tr><th>教学环节</th><th>教师活动</th><th>学生活动</th><th>设计意图</th></tr>
<tr><td rowspan="3">一、复习旧知，明确新知</td><td>1. 出示圆柱形茶叶桶，复习圆柱的特征。</td><td>回顾圆柱的基本特征。</td><td rowspan="3">回顾旧知，为新知的学习做铺垫。激发学生内心的求知欲，点燃学生善于思考、勇于探究的热情。</td></tr>
<tr><td>2. 提问：大家还想研究关于圆柱的哪些知识？</td><td>自由发言。</td></tr>
<tr><td>3. 板书课题：圆柱的表面积（明确圆柱表面积的意义）。</td><td>明确本节课的学习目标。</td></tr>
<tr><td rowspan="3">二、小组合作，探究新知</td><td>1. 提出问题。制作一个圆柱形茶叶桶，接口不计，至少需要用多大面积的纸板呢？说说你是怎么想的。</td><td>明确问题。求圆柱表面积关键是解决侧面积的问题。</td><td rowspan="3">1. 学生在解决实际生活问题的过程中探究新知，目标明确，体现学习圆柱表面积的必要性。
2. 给学生充足的时间，让学生通过思考、动手操作、讨论等活动探究出圆柱侧面积的计算方法。</td></tr>
<tr><td>2. 合作学习。请学生进行小组合作，用自己喜欢的方式探究圆柱侧面积的计算方法。
教师出示合作提示。指导学生分小组合作学习并巡视指导。</td><td>读合作提示，明确合作要求，合理分工，开展小组合作学习。</td></tr>
<tr><td>3. 全班交流。</td><td>各组分享不同的方法。</td></tr>
<tr><td>三、运用知识，解决问题</td><td>解决问题：制作这个茶叶桶至少需要多大面积的纸板？教师出示相关信息。</td><td>独立解答。</td><td>数学来源于生活又应用于生活，学生通过解决生活中的实际问题，深刻理解学习数学的价值。</td></tr>
<tr><td rowspan="2">四、变式练习，巩固新知</td><td>1. 连一连。请学生认真观察，连一连，并在括号中填出相应的数。</td><td>学生连线并说明理由。</td><td rowspan="2">加深学生对圆柱、圆锥侧面展开图的理解。
学生能够灵活运用所学知识解决生活中的一些简单问题，体会数学与生活的联系。</td></tr>
<tr><td>2. 解决问题。课件出示压路机图片，请学生算一算压路的面积是多少平方米？</td><td>笔算。</td></tr>
<tr><th colspan="4">小结与作业</th></tr>
<tr><td>课堂小结</td><td colspan="3">通过本节课的学习你有哪些收获和体会？（学生自由谈：知识、方法、学习习惯等方面的收获。）</td></tr>
</table>

续表

小结与作业		
课后作业	课本第 6 页练一练第 2 题。	
板书设计	圆柱的表面积 剪　$S_{表}=S_{侧}+2S_{底}$　$S_{底}=\pi r^2$ 围　$S_{侧}=Ch$　$C=\pi d=2\pi r$ 卷　长方形的面积 = 长 × 宽 滚　圆柱的侧面积 = 底面周长 × 高	PPT

小学英语魅力课堂设计举例

课例基本信息			
姓名	陆芳	学科	英语
学段	小学高年级段	年级	六年级
教材（出版社）	校本教材	课题	Duanwu Festival
主题	中国传统节日之端午节		
课型	听说课		
课时教学设计			
学情分析	1. 语言基础：六年级学生在五年级下册第二单元学习了主要的中西方节日，能够从日期、饮食、庆祝活动等方面简单介绍特殊的节日。大部分学生能够说出 Duanwu Festival，知道端午节也叫 Dragon Boat Festival，会说 eat Zongzi、make Zongzi，row dragon boats 等，但是不能连续有逻辑地用英语描述端午节。 2. 知识经验：学生对传统文化背景知识感兴趣，乐于参与动手操作活动。对于端午节，知道吃粽子、赛龙舟、纪念屈原等。但对于端午节其他活动和习俗，如喝雄黄酒、门上挂艾草、戴香囊和五彩绳等了解较少，传统节日文化背景知识欠缺，相关词汇也存在障碍。 3. 学习能力：学生有一定的小组合作学习能力，能自主拼读符合发音规律的单音节词。		
教学目标	1. 掌握有关端午习俗的词汇 eat and make Zongzi、drink Xionghuang wine、have dragon boat races、hang mugwort、wear sachets、wear five-colored strings 的正确读音及初步运用，初步感知农历日期的表达。 2. 能够用英语简单介绍端午节的日期、来历、庆祝活动等。 3. 能够通过视听、探究、体验等学习方法与手段，体验端午文化的氛围，激发学生对传统节日文化的热爱。		
教学重点	1. 学习端午相关词汇并运用所学词汇初步介绍端午节。 2. 体验端午节日习俗，增强传统文化认同感。		
教学难点	1. 掌握 mugwort、sachets、lunar 的准确读音。 2. 有逻辑地连贯描述端午节。		

续表

课时教学设计			
学科育人	以端午这一中国传统节日为主题，对学生进行传统文化熏陶，增强传统文化意识，学会传承、传播中国文化。		
教学流程设计			
教学环节	教师活动	学生活动	设计意图
一、歌曲引出端午节	播放视频歌曲：Happy Dragon Boat Festival。歌曲导入问题“What did you hear in the song?”由学生答案“the Dragon Boat Festival.”聚焦主题 Duanwu Festival。	唱歌、跳舞。	歌曲热身，活跃气氛，所选歌曲直接引出本课主题。
二、整体感知并了解端午节	1. 教师提问：“What do you know about Duanwu Festival?”。把学生答案贴在黑板上，如 eat Zongzi、row dragon boats 等。 2. 教师再问：“What do you want to know about Duanwu Festival?”。引导学生提问，根据学生问题板书疑问词：How、When、Why……完成学习单，逐步了解端午。	基于已有认知和生活经验回答端午已知的知识，并就未知的内容提出问题。	1. 教师提问激活已知，学生提问激发学习兴趣和对端午节的求知欲。 2. 视听呈现，整体感知端午。完成学习单，逐步了解端午节，借助选择端午节日期，其他名称，勾画端午节活动，强化主要信息。学生拼读相关词汇，聚焦发音困难词汇。
	3. 教师引导：“Let’s learn more about Duanwu Festival.”。播放介绍 Duanwu Festival 的视频。引导学生完成有关端午日期，其他名称，主要活动的学习单。	看视频后，自主完成学习单，小组核对答案，并尝试拼读端午节相关词汇。	
三、深入学习端午节	1. 出示今年 6 月日历：“When is Duanwu Festival? It is on June 7th.”。出示 2017、2018 和 2019 年的端午节日历，发现不在同一天：“Why are they different?”？ 引出中国农历表达：lunar month in China。学习时间：“It is on the 5th day of the 5th lunar month in China”。	学习端午节日期的准确表达，区分公历和农历。	借助日历，通过观察、对比，明确公历和农历，学习传统节日农历日期表达。

续表

教学流程设计			
教学环节	教师活动	学生活动	设计意图
三、深入学习端午节	2. 学习端午庆祝活动：eat and make Zongzi、drink Xionghuang wine、have dragon boat races、hang mugwort、wear sachets and five-colored strings. 播放龙舟赛小视频让学生听鼓声，做划龙舟动作。 出示实物干艾草，让学生闻一闻，拼读 mugwort，并找一学生把艾草挂门上。 出示香囊、五彩绳，调动全身感官，看一看，闻一闻，摸一摸，读一读，操练词汇 sachets and five-colored strings。	看视频配合鼓点，做划龙舟动作，感受 have dragon boat races、闻艾叶、闻香囊、摸五彩绳并反复拼读词汇 mugwort、sachets、five-colored strings。	重点学习词汇 mugwort、sachets and five-colored strings。通过看视频并配合鼓点做划龙舟动作，感受端午节气氛；通过实物展示，调动全身感官，看一看、闻一闻、摸一摸、读一读，操练词汇的同时，体验端午节特色，刺激真实表达，加强对端午节习俗的理解记忆。
	3. 介绍端午由来："Why do we celebrate Duanwu Festival?Remember Qu Yuan."。播放介绍屈原的视频。 引导学生思考："What do you think of Qu Yuan?"。 预设学生答案：love his country，love our life。	思考并回答问题。	促使学生能够真实表达对屈原和端午认知，感受屈原的伟大和端午文化精髓。
四、小组合作介绍端午节	1. 引导学生介绍端午。教师结合板书，引导学生从 Date、History、Activities 方面再次梳理端午信息，整体介绍端午节。	小组合作介绍端午节，4人一组，每人介绍一个方面。	在介绍端午节的输出环节，教师进行分层处理。鼓励小组分工合作介绍端午节，更鼓励个人全面介绍。采用不同方式介绍端午节，既给每个学生表达的机会，提高参与度，也给能力较强的学生提供更高的舞台。
	2. 组织小组合作介绍端午节。	个人整体介绍端午。	

续表

教学流程设计			
教学环节	教师活动	学生活动	设计意图
五、体验端午节	Make and say 1. 将学生分成 8 个组，每组 4 人，共 4 项手工活动，每组自选一项：包粽子、做香囊、编五彩绳手环、拼赛龙舟乐高。 2. 指导学生小组简单介绍作品，表达端午观点。	小组合作制作端午节食品和装饰品，4 个组分别展示并介绍作品。	小组合作制作端午节手工，体验端午文化，感受端午氛围，激发对端午的学习兴趣和热爱。
六、端午节拓展	1. 教师提问：“Duanwu Festival is one of Chinese traditional festivals. What other Chinese traditional festivals do you know? ”。 出示其他传统节日图片：the Spring Festival、Zhongqiu Festival、Chongyang Festival、Qingming Festival，Yuanxiao Festival、Qixi Festival。 2. 播放自制传统节日宣传短片。	看图说传统节日名称。	增强传统文化意识，激发对传统节日文化的热爱。
小结与作业			
课堂小结	今天我们介绍了端午节，为端午节做了一些特别的东西。我们热爱中国的传统节日。我们为庆祝我们的节日感到骄傲和兴奋。		
课后作业	1. 向你的朋友或父母介绍端午节。 2. 制作一张关于端午节的海报。		
板书设计	on the 5th day of the 5th lunar month　　remember Qu Yuan Duanwu Festival eat Zongzi　　hang mugwort drink Xionghuang wine　　wear Sachets have dragon boat races　　wear five-colored strings		多媒体

小学科学魅力课堂设计举例

课例基本信息			
姓名	董丽丽	学科	科学
学段	小学中年级段	年级	四年级
教材（出版社）	教育科学出版社	课题	点亮小灯泡
主题	电		
课型	新授课		
课时教学设计			
学习内容分析	《点亮小灯泡》一课是教育科学出版社出版的小学科学四年级下册教材，第一单元“电”中第二课的学习内容。在新版课程标准中，“电能”隶属于“物质世界”中的“能量”之一。关于“电能”这部分学习内容，3 ~ 4 年级具体的学习目标之一是说出电源、导线、用电器和开关是构成电路的必要元件，说出形成电路的条件。第一课为静电，在静电部分，学习了物体都能带正电或负电的知识；学习了同种电荷相互排斥，异种电荷相互吸引。电路这部分涉及电流在导电的路径中流动。电池中产生电能，在电路中通过用电器转化为光能、热能、动能等，如灯泡、马达。要使电能在用电器中得到转换，电路必须是闭合的回路——电流从电池出发，经过导线，到达用电器，再经过导线回到电池。		
学情分析	1. 学生在初次用一节电池、一根导线连接使一个小灯泡发光的实验中，他们大多数都没有完成此项任务，他们尝试了多种错误连接方法。 2. 学生所具备的前概念是：知道要想点亮小灯泡必须有导线、电池和灯泡这些元件，但对于电是怎样点亮小灯泡的，学生却处于盲目的、机械的、反复试的过程，在试的过程中没有思维推理，因此学生就会产生认知冲突：为什么这样连接点亮不了小灯泡？教师就可以以此为突破口，与灯泡的内部结构相联系，再猜测电荷在电路中的流动方向，最后构建出电流只有经过用电器形成闭合的回路才能使小灯泡成功点亮。		

续表

课时教学设计	
教学目标	**科学概念** 1. 可以用一节电池、灯泡、导线连接成电路，点亮小灯泡，用文字、图画解释和证明电是怎样点亮小灯泡的。 2. 能发现、陈述、解释闭合电路原理：导线要分别连接电池的两极和灯泡的两个连接点，形成一个闭合的回路，电流通过小灯泡，小灯泡成功点亮。 **科学探究** 1. 初步猜测、尝试点亮小灯泡。 2. 观察小灯泡的构造。 3. 在观察灯泡构造的基础上点亮小灯泡。 4. 尝试归纳、总结、描述点亮小灯泡的原理。 **情感态度与价值观** 1. 在经历“发现问题—解决问题—生成新问题—再解决问题”的过程中，享受成功的喜悦。 2. 在分析、观察、比较、交流、验证过程中培养学生求真、严谨的科学精神。
教学重点	分析、观察、推理、验证电是怎样点亮小灯泡的。
教学难点	在不同的层次，搭设“脚手架”，帮助学生发现、推理电是怎样点亮小灯泡的。
教学用具	每组一套小灯泡、导线、电池、笔、灯泡，每组两套电池模板。
教学方法	探究式教学。
教学资源整合	学校实验室是学生自行实验的最好场所，充分利用学校资源，让学生在科学专业教室上课，让孩子进行探究解疑。积极利用信息技术支持整个课堂，让科学与信息技术充分整合，为学生解疑做更好的保障。
学科育人	通过学生的多次动手实践，不断对比连接方法，提升学生的科学思维；了解安全用电的重要性，增强生活常识。

教学流程设计			
教学环节	教师活动	学生活动	设计意图
一、集中话题	（展示小灯泡）“大家看，这是什么？它的作用是什么？现在它亮了吗？”	回答：小灯泡、照明。	吸引兴趣，引出课题。
	“我们需要什么材料能点亮这个小灯泡呢？有了它们，我们就可以点亮小灯泡了吗？今天我们一起来研究一下。”（板书课题）	回答：导线、电池。	

续表

教学流程设计			
教学环节	教师活动	学生活动	设计意图
二、探索调查，观察小灯泡内部结构	1. 实验 （1）“尝试用一根导线、电池点亮小灯泡。不管是否成功，请同学们将连接方法画在记录单上，时间 4 分钟。” （2）“说一说，你是怎样连接的？点不亮小灯泡的原因是什么？你在连接中有什么困难？”	（1）学生利用灯泡、电池模板猜测。学生实验。 （2）学生可能会说“不知道连在哪？”	1. 利用图片模板让学生猜测、连接、实物验证，为后面总结作铺垫。 2. 引发学生产生认知冲突，引导学生找到解决问题的关键点，渗透材料结构与功能的关系。
	2. 观察物体和结构：“仔细观察这些物体，看看你有什么发现？小灯泡由什么组成？（认识灯泡、电池和导线）灯泡的两个金属架最后到底连在哪？”引发学生第二次观察。	预设答案： 灯泡组成：玻璃泡、灯丝、金属架、螺丝口、锡点等。 导线：由金属内心和塑料外皮组成。金属是导电的，塑料是绝缘的。 电池：我们平时所用的干电池也可以称为电源。它由两极组成，上面突出的金属帽是电池正极，下面扁平的金属盖是电池负极。	
	3. 投影显示灯泡解剖结构:“请大家观察解剖后的灯泡，了解两根金属丝最后连接在哪里。观察完灯泡结构，你可以猜测如何连接会将小灯泡点亮了吗？”	学生观察、思考。	
三、形成解释	1. 实验 （1）“尝试多种方法点亮小灯泡。看看哪个小组的方法最多？” （2）“总结一下，点亮小灯泡的规律是什么？”	（1）学生先验证推测，然后，尝试多种方法点亮小灯泡。 （2）电池两极连灯泡两个连接点，形成一个通路，既完整的电路。	给学生创造机会，用多种方法点亮小灯泡；利用求同归纳的方法来验证猜测，从而总结规律。

续表

教学流程设计			
教学环节	教师活动	学生活动	设计意图
三、形成解释	2. 思考 “我们用了这么多的方法连接电路，那么你思考过电荷是怎样在电池、小灯泡、导线中流动的吗？请尝试在成功的电路连接中，画出电荷的流动方向。”	学生总结：希望能总结出电池的两极与灯泡的螺丝口、锡点相连接，电流在里面形成一个闭合的回路。	给学生创造机会，用多种方法点亮小灯泡；利用求同归纳的方法来验证猜测，从而总结规律。
四、回到原点，分析学生的前概念	1. 认识断路与短路 （1）“（对照第一次的推测模板图）为什么这样连不能点亮小灯泡？” （2）“短路和断路有哪些相同点与不同点？”	学生认识断路与短路。 预设答案： 不同点 1：短路是指正负极直接相连形成一个回路，有电流通过。断路是指正负极之间的线路断开，没有电流通过。 不同点 2：短路将致使系统烧毁，而断路只是造成系统的暂时无法使用。 相同点：最终系统都无法工作。	1. 回到原点来纠正自己的前概念。 2. 利用求异归纳法总结成功点亮小灯泡的规律。 3. 检验学生所学，回归主题。
	2. “现在可以解释只要怎样连接就可以使小灯泡亮起来了吗？”	学生回答：电池两极与小灯泡连接点相连，形成闭合回路，电流流过小灯泡，小灯泡成功点亮。	
五、安全教育	1. “我们今天知道了如何点亮小灯泡，那我们下课后能不能直接用家里、学校插座中的电做实验？”	学生回答：不可以。	1. 提示学生安全用电。 2. 拓展知识面。
	2. “哪位同学知道人体的安全电压是多少？电池上标注的电压是多少？所以，我们的实验是相对安全的。而发电厂发送到各家各户的电压是多少？因此绝对不可以利用家里、学校插座中的电做实验。在生活一定要注意用电安全！”	学生思考、回答。（学生通常不了解，需教师告知。）	

续表

小节与作业	
课堂小节	1. 本教学设计对教材的授课顺序做了微调，将原有的让学生直观认识小灯泡的内部结构再进行电路连接改为了先大胆尝试连接，在问题中引发认知冲突，从而思考小灯泡金属壳的内部结构和对两个连接点的判断。让学生通过直观观察小灯泡的内部结构，更加清晰地反映出点亮小灯泡的关键点在哪，才能使灯泡成功点亮（课前对所有电器元件进行检测，不涉及原件损坏情况）。通过实验探究，更能加深学生对简单电路的一个基本认识，知道闭合回路、短路、断路三者的区别。多种方式的电路连接方法可以帮助学生形成发散思维，最后用求同求异归纳法建立闭合回路的概念。在本节课的最后，联系实际生活，强调用电安全。 2. 通过让孩子进行连接失败后思考材料结构特点，将材料特点与功能简单联系起来，促进学生学会思考问题的方法，不再是盲目反复尝试，而是促进学生观察能力以及科学思维的培养。
课后作业	1. 回家后练习点亮一个小灯泡。 2. 想一想如何成功点亮两个小灯泡。
板书设计	点亮小灯泡 导线　电池　灯泡 断路　短路 发热 发烫　通路

小学音乐魅力课堂设计举例

课例基本信息			
姓名	付云含	学科	音乐
学段	小学低年级段	年级	二年级
教材（出版社）	人民音乐出版社	课题	唢呐配喇叭
课例设计			
教学目标	**知识与技能：**能够准确地演唱《唢呐配喇叭》。 **过程与方法：**在聆听、体验、实践过程中准确演唱歌曲，用甜美而富有弹性的声音演唱歌曲《唢呐配喇叭》。 **情感态度与价值观：**感受、体验湖南民歌的韵味及具有浓郁乡土气息与农家的欢乐气氛。		
教学用具	PPT。		
教学重点	能够用甜美而富有弹性的声音演唱歌曲《唢呐配喇叭》。		
教学难点	体会湖南民歌的韵味特点。		
教学方法	本课主要采用了聆听、自主学习、模仿、创编、体验等方式学习歌曲。		
学情分析			
低年级学生的年龄特点活泼好动、模仿力强、喜欢欣赏形象鲜明的歌曲。但是低年级学生缺乏长时间专注聆听音乐的习惯，需要通过教师的引导，让学生在活动中参与体验音乐。			
教学内容分析			
本课是九年义务教育小学音乐二年级上册的第五课中的一首歌曲。 1. 对歌曲的分析:《唢呐配喇叭》是一首短小的五声羽调式的湖南民歌，曲调和节奏均采用了模进、重复（如第 1 小节与第 3 小节、第 2 小节与第 4 小节、第 5 小节与第 6 小节）的创作手法。小三度级进的旋律与十六分音符、附点音符的巧妙运用，形成了秧歌舞特有的韵味。“滴滴答、噼里啪”模拟大喇叭、小唢呐在竞相吹奏，使歌曲具有浓郁的乡土气息与农家的欢乐气氛。 2. 对音响的分析：本课作品音响由童声演唱，音质清晰，速度适中，适合孩子演唱。 3. 作品背景分析：本课歌曲由史青作词、茅光里作曲。			

续表

教学资源整合
1. 制作 PPT 演示文稿。 2. 用打谱软件制作五线谱歌篇，并插入 PPT 中。 3. 辅助教学用具。

学习流程设计			
教学环节	教师活动	学生活动	设计意图
一、情境引入	1. 音乐活动：播放音频《抬花轿》，教师随乐晃动。	学生听音乐。	感受湖南地方音乐特点，情境导入。
	2 情境音乐活动：教师提问“人们在干什么？都有什么乐器？”	学生跟随，学生听完说一说感受。	
	3. 听音频。	学生模仿乐器的声音（鼓、锣、唢呐）。	
	4. 看视频：教师拿出教具“花轿”，与学生合作“抬花轿”。	学生模仿抬花轿的身姿步态。	
	5. 律动要素感受：跟音乐做抬花轿步态。	跟音乐做抬花轿步态。	
二、学唱歌曲	1. 热身：柯达伊手势唱 C 调音阶、F 调音阶。	学生演唱。	通过节奏体验、歌词体验、旋律体验、唱曲体验，层层递进，学唱歌曲。
	2. 建立聆听经验：教师唱第一段歌词。	学生说歌词内容。	
	3. 节奏体验：教师提问“边听边想出现了哪些节奏型？”	学生回答都有什么节奏型。	
	4. 歌词体验： （1）教师唱词。 （2）教师唱节奏型。	学生跟唱，张嘴不出声。	
	5. 歌词体验：师生念节奏型。	学生边念节奏型，边拍出来。	
	6. 歌词体验：教师按节奏念第一段歌词并拍出来每一个音。	学生模仿。	
	7. 旋律体验：教师唱谱两遍。	学生跟唱。	
	8. 旋律体验：师生接唱。	学生只唱红色部分。	
	9. 旋律体验：师生互动学唱。	学生即兴填空。	

续表

学习流程设计			
教学环节	教师活动	学生活动	设计意图
二、学唱歌曲	10. 旋律体验：唱曲体验。	通过对唱的形式学习歌词；学生完整演唱；学生对唱；学生加上“抬花轿”律动演唱。	通过节奏体验、歌词体验、旋律体验、唱曲体验，层层递进，学唱歌曲。
三、拓展活动分组表演	组织分组活动（4 人一组）；播放音乐《抬花轿》。	抬花轿活动：每组 4 人（1 人坐花轿、3 人敲锣打鼓吹唢呐）；学生边唱边表演。	通过音乐活动更深刻地体会湖南民歌的音乐特点。
小节与作业			
课堂小节	1. 教师在教学中与学生做音乐游戏，有效地让学生感受体验湖南民歌特点。 2. 教师通过建立聆听经验、节奏体验、歌词体验、旋律体验、唱曲体验，环环紧扣，让学生更扎实地学唱歌曲。		
课后作业	略。		
板书设计	《唢呐配喇叭》 情境引入　　学唱歌曲　　拓展活动		

小学美术魅力课堂设计举例

课例基本信息			
姓名	白毅诠	学科	书法
学段	小学高年级段	年级	五年级
教材（出版社）	人民美术出版社	课题	草字头
主题	字头的写法		
课型	新授课		
课时教学设计			
学习内容分析	1. 本单元学习内容属于字头的写法领域，主要包括学习草字头、广字旁、尸字旁、秃宝盖、口字头、日字头、白字头和田字头的写法。从结构上分，主要分为上下结构和半包围结构两种类型。在学法上，与字底的学习相似。首先，了解部首字源。其次，探究部首的结构特征和用笔方法。接着学习部首在汉字中的应用。最后，展示与评价。 2. 本单元学习内容不仅包括学习字头的写法，还包括读碑赏帖内容，从名胜古迹、风景名胜中寻找书法的足迹，以及集字练习等书法活动。		
学情分析	五年级的学生有过两年多的书法学习经验，已经具备了正确的执笔和坐姿，好的学生在课上也能利用站姿进行书写，而且时刻能提醒自己头正、身直、臂开、足安的规范动作，具有良好的书写习惯。在学法上，能够利用读帖法对单字进行较为合理的观察与分析，能够利用单钩结构法、双钩点画法等方法进行书写练习，能够利用摹临复合法进行自主修正练习。		
教学目标	**技能目标** 1. 巩固双姿。 2. 学习草字头的写法。 3. 学习带有草字头的汉字。 **艺术目标**：利用读帖法，归纳总结汉字书写规律，培养学生创新思维和艺术审美。 **文化目标** 1. 了解汉字源流，做到古今有别，懂得繁简，感悟汉字文化内涵，增强文化自信。 2. 提高学生书法艺术审美能力和文化素养。		

续表

课时教学设计	
教学重点	规范、熟练书写草字头和“萬”字。
教学难点	掌握草字头和带有草字头的汉字结构布局规律。
学科育人	1. 通过读帖，找出书写规律，提高学生的观察、分析能力、自主学习能力、创新思维能力以及艺术审美能力。 2. 通过黄金比例法、学案笔记法，培养学生善于观察、勤于思考的习惯，培养学生总结归纳和语言表达等方面能力。

学习流程设计			
教学环节	教师活动	学生活动	设计意图
一、文化引领，丰厚底蕴。	1. 出示繁体“萬”字。	认识“萬”字。了解草字头古今有别。	1. 引导学生观察，激发学习兴趣。 2. 引导学生了解造字的本意，感受造字的智慧，达成文化目标。
	2. 板书课题。		
	3. 播放“草字头”演变的微视频。	了解草字头的字源及演变。	
二、探究新知，掌握规律。	1. 出示草字头：草字头由几个笔画组成？它和简化字中的草字头有什么不同？	学生指出草字头古今不同的关键点。	培养学生自主分析思考问题的能力。
	2. 集体讨论：讨论草字头的结构特征。	学生从外部轮廓、主要笔画、笔画位置和占格四方面进行讨论。	锻炼学生熟练运用点线辅助法、笔画标识法，找出书写规律，提高学生的观察、分析能力，自主学习能力和创新思维能力，艺术审美能力。
	3. 教师示范，形成偶像。	学生观看教师示范书写，学习笔法。	加深对草字头结构的理解。
	4. 书写实践，循序渐进。（配乐）	学生书写练习。	培养学生的书写能力。
	5. 展示与评价。	学生进行自评与他评。	培养欣赏与评价能力。

续表

学习流程设计			
教学环节	教师活动	学生活动	设计意图
三、草字头在字中的应用	1. 出示《九成宫醴泉铭》中带有草字头的汉字。（配乐）	欣赏《九成宫醴泉铭》中带有草字头的汉字。	培养学生艺术审美能力。
	2. 出示“萬”字，小组合作探究“萬”字写法。 教师根据学生的观察与发现，引导学生用口诀要领法，归纳“萬”字结构特征，帮助学生记忆汉字结构规律。	学生通过黄金比例法、学案笔记法探究“萬”字结构特征。	培养学生善于观察、勤于思考的习惯，培养学生总结归纳和语言表达能力。
	3. 教师示范，形成偶像。	学生观看教师示范书写，学习笔法。	加深对“萬”字结构的理解。感悟草字头在字中的应用。
	4. 书写实践，循序渐进。（配乐）	学生书写实践。	培养学生的书写能力。
	5. 展示与评价。	学生书写展示与评价。	鼓励学生，提高书写自信。
	6. 再次书写练习。（配乐）	学生根据自己的书写情况，进行修正练习。	关注学生的实际获得。
	7. 出示“萬”字篆书、隶书、草书、楷书、行书五种书体写法。（配乐）	学生欣赏、感悟书法艺术的美。	培养学生艺术审美能力。
四、草字头在字中的变化	1. 出示欧阳询《九成宫醴泉铭》、颜真卿《勤礼碑》、柳公权《玄秘塔碑》和赵孟頫《三门记》中出现的带有草字头的汉字。	学生谈谈草字头在不同书体中的变化。	1. 通过观察、对比，感悟艺术美的不同表达方式。 2. 引导学生领悟字法传承关系，引导学生写好硬笔字。
	2. 出示软笔、硬笔草字头的字。	说说软笔与硬笔在结构上的相通之处。	
五、展示评价与拓展学习	1. 展示学生作品。你觉得谁写得好，好在哪里？	学生谈谈自己的体会。	培养学生欣赏与评述能力。
	2. 班级优秀作品，教师拍照，在年级内进行再次展示。鼓励学生进行课后自主练习。	学生欣赏作品并课后练习。	激发学生的学习积极性。

续表

小结与作业		
课堂小结	书法课堂，应该是以书法文化的传承为出发点，以技能技法的使用为支撑点，以循序渐进式的练习为落脚点，以良好习惯的养成为关键点，树立自信，德美并举。 本课在教学中，注重学生技能与文化传承双提升，注重教师精讲与学生有效练习相结合，注重欣赏、展示、激励性评价。	
课后作业	书写草字头和带有草字头的汉字（书体不限）。	
板书设计	草字头 左低右高 左竖直右竖曲	PPT、音乐

小学体育魅力课堂设计举例

课例基本信息			
姓名	任军	学科	体育与健康
学段	小学高年级段	年级	六年级
教材（出版社）	人民教育出版社	课题	支撑跳跃（跳山羊）

课例设计	
教学目标	巩固提高分腿腾跃的动作方法，使 90% 以上的学生进一步掌握分腿腾跃的完整动作（加强保护），做到助跑与踏跳紧密结合，提臀、分腿、顶肩，推手快、分腿直、落地稳。
材料用具	山羊 6 副。
教学重点	助跑与踏跳紧密结合，提臀、分腿直；顶肩、推手快；落地稳。
教学难点	助跑与踏跳连贯、迅速有力、推手快、分腿直、落地稳。
教学方法	助跑，双脚踏跳，双手支撑器械，提臀，两腿伸直向侧分开，迅速推离器械，使身体向前上方腾跃过器械，两腿向前制动挺身，两臂斜上举，接着并腿用前脚掌落地，屈膝成半蹲。

学情分析

1. 小学六年级学生在 11~12 岁，正处于身体和心理发育的关键时期——生长高峰期。男、女生性别已有较明显的差异，兴趣爱好时常表现出性别特点。

2. 本课教学对象是六年级 2 班学生 36 人，学生身体素质和运动能力普遍较好，有 2 名转学插班生、2 名肥胖生。通过五年级分腿腾跃单元 4 个课时和六年级第 1 课时的教学，学生基本上掌握了在保护与帮助下完成分腿腾跃的技术动作，并学会了保护与帮助的方法。

教学内容分析

1. 分腿腾跃（跳山羊）是体操项目，支撑跳跃是典型动作，整个动作包括助跑、踏跳、支撑腾空、落地四个环节。是小学三四年级跳上跳下动作的发展和提高，是一项借助双手支撑进行跳跃的练习。技术要求较高，难度也较大，其中助跑、踏跳和推手是技术的关键环节。通过教学使学生熟悉完整的技术过程，发展上肢，肩带和腰腹肌力量，提高身体灵敏性和协调性，培养学生相互协作，保护帮助的意识与能力，促进勇于挑战、克服困难、战胜自我的心理品质。

续表

教学内容分析
2. 六年级学生在五年级已经学习了分腿腾跃（跳山羊）动作。实践证明，学生跳过并不难，但跳好不容易。六年级第2课时的教学重点是助跑与踏跳紧密结合，提臀、分腿直；顶肩、推手快，落地稳。教学难点是助跑与踏跳连贯、迅速有力、推手快、分腿直、落地稳。

教学资源整合
山羊6副，踏板6块，大体操垫6块，音响1台，电脑大屏。

学习流程设计			
教学环节	教师活动	学生活动	设计意图
一、开始准备	1. 教师简要介绍教学内容、目标，提出教学要求。 要求：认真听讲，积极练习，争取达成本课教学目标。	师生共同进行队列练习。要求：注意力集中，队伍整齐，动作标准，口号声音整齐洪亮。	建立良好的课堂常规，认真做准备活动，避免运动伤害。
	2. 教师领做身体素质操，做专项准备活动。	专项准备活动。 （1）活动肩、肘、腕、髋、膝、踝关节。 （2）腹撑，分腿接推手挺身跳起。 （3）上一步双脚踏跳腾空分腿，迅速并腿落地，落地屈膝缓冲。	
二、基本部分	1. 教师提问（上次支撑跳跃课学习了什么），师生共同回顾助跑、踏跳、双手支撑器械，顶肩立腰，直膝分腿。	学生3人分为一个小组，小组在保护与帮助下复习助跑、踏跳、双手支撑器械，顶肩立腰，提臀，直膝分腿。	师生共同回顾所学内容，说出动作方法、教学重难点。
	2. 教师讲解并示范山羊分腿腾跃完整动作。教师讲解并示范保护与帮助方法。	学生自荐演示，在保护帮助下练习。（教师巡视，辅导个别学生。）	引导学生认真练习，结合辅助教具真正做到顶肩立腰，提臀高、分腿直。
	3. 师生共同观看技术挂图，讨论交流。	分组练习，结合观看技术挂图，互相观察、互相评价，进行讨论合作式学习。	学生在小组合作中认真练习，通过互相评价共同提高。
	4. 教师巡视指导。	学生练习。（教师巡视观察，纠正错误动作，辅导个别学生。）	

续表

学习流程设计			
教学环节	教师活动	学生活动	设计意图
三、结束部分	1. 教师讲解并示范游戏方法和规则。	学生 2 人小组练习一次直线往返障碍跑。	学生认真观察游戏方法，记住规则。
	2. 教师巡视监督比赛进程。	小组间进行比赛，比赛路线为曲线去直线回。 小组间比赛夹两个球，曲线接力。	小组间密切配合，安全快速通过障碍，力争成绩优异；增加游戏难度，克服困难，永争第一。
	3. 师生载歌载舞。	集体舞“月光水岸”。	充分放松身心。

小节与作业	
课堂小结	1. 本节课教师设计了教学过程中及时性评价和过程性评价相结合的评价形式。教师在教学过程中对学生学习分腿腾跃的知识、技能的情况和效果要进行具体的及时评价，进行信息反馈，指出易犯错误，提出改进措施；在教学过程中还设计了多元化的过程性评价，通过分组展示，采用不同形式的评价（自我评价、学生互评、教师点评）让学生参与教学评价。教师小结环节设计了阶段性评价，对学生掌握分腿腾跃知识、技能情况进行小结，总结优点，指出问题，提出希望。 2. 本课教学设计组织严谨，教学步骤清晰、层次分明，教学方法灵活多样，教学手段实用有效，整堂课学生兴趣十分高涨，教学气氛浓厚，既紧张严肃又生动活泼，90% 以上的学生做到助跑与踏跳结合紧密，提臀、分腿、顶肩，推手快、分腿直、落地稳。本课教学目标一定能够很好地达成。全课练习密度：34%~36% 。全课平均心率：126~132 次 / 分。 3. 本节课在充分发挥教师主导作用的同时，十分重视学生主体地位的体现，注重培养学生自主学习、合作学习的能力，通过观察教师示范、观看动作挂图，让学生自主体验、自主练习；通过 2 人结对和 6 人小组互相练习、互相观察、互相评价，促进学生掌握体育与健康学习的方法，并学会体育与健康的学习。 4. 本节课教学设计对教法手段的运用有独到之处，为解决学生提臀、分腿不充分，做到分腿直，教师设计了在山羊两侧各悬挂与山羊同高的标志物，让学生练习时两脚尖触碰标志物，教学效果明显（如果按教材要求用横绳学生有一定的心理障碍）。 5. 场地设计、器材布局科学合理，用 6 副山羊可使学生练习充分，运动负荷适宜，主要内容分腿腾跃和游戏分别朝向不同方向，主要内容结束后学生向后转就是游戏场地，调整队形省时合理、方便快捷，为学生创造更多的练习机会，提高教学效果。
课后作业	略。
板书设计	略。

小学多学科融合课程魅力课堂设计举例

课例基本信息			
姓名	姜博	学科	美术
学段	小学低年级段	年级	一年级
教材（出版社）	校本教材	课题	我家也是动物园
主题	动物		
课型	新授课		
课时教学设计			
学习内容分析	本课与第6课《动物与我们同行》、第8课《撕纸真有趣》、第9课《让动物站起来》和第10课《鸟是人类的朋友》，同为以动物为题材的教学内容，旨在引导学生通过“欣赏·评述”“造型·表现”“设计·应用”“综合·探索”等不同领域的学习，调动学生的多种感官，引导学生发现、认识各种动物的可爱和美感之所在，了解动物与人类生活环境的密切关系，在学习过程中发展形象思维及合作能力，培养学生的探索和创新精神，使学生在参与美术活动中体验造型活动的乐趣，提高观察、感受和想象力，促进学生个性发展。		
学习目标分析	本课在此系列内容中，位于“欣赏·评述”学习领域之后，属于“造型·表现”学习领域。设计目的是引导学生学习概括表现动物特征的方法，同时培养学生的想象力和创造力。此外，本课延续之前《漂亮的童话城堡》和《画蘑菇》两课的知识与技能目标，巩固学习如何表现画面的前后遮挡关系。		
整体设计思路	本课注重启发学生丰富的想象力，通过绘本内容的启发，引导学生细致观察、大胆想象，既体现了知识性，又注重渗透自然科学知识和思想性。教材中提供了许多动物照片，为不同层次的学生进行创作提供了帮助。教师可引导学生关注自然环境和社会生活培养学生亲近自然、关爱生命的情感态度，体现“坚持面向全体学生”的教学观。		
学情分析	本课从观察绘本入手，让学生直观感受家人与动物之间相似的特点，将有助于提高《撕纸真有趣》《让动物站起来》等课程学生作品的艺术效果。在本课学习中，教师运用观察、比较的方法，对比运用不同形式美法则的作品，说出作品给自己的感受，开展探究学习，从绘本编写的角度对家人和身边的动物进行创作。		

续表

<table>
<tr><th colspan="4">课时教学设计</th></tr>
<tr><td>教学目标</td><td colspan="3">知识与技能
1. 知识：通过观察、比较，抓住人物、动物的基本外形特征、颜色特点等。
2. 技能：能够抓住并表现出动物与人物的基本特征，画出符合画面的形象。
过程与方法
1. 创设有趣学习情境，以个人或小组合作方式参与探究，初步培养探究意识。
2. 在观察与体验的造型活动中，辅以示范，引导学生发现并概括动物特征。
情感态度与价值观
1. 大胆想象和表现，体验造型创作的乐趣，培养善于观察的习惯。
2. 通过表现“动物园”，渗透热爱动物、热爱大自然的情感。</td></tr>
<tr><td>教学重点</td><td colspan="3">学习观察、概括、表现动物特征的基本方法。</td></tr>
<tr><td>教学难点</td><td colspan="3">概括动物特征，组织有情趣的画面。</td></tr>
<tr><td>学科育人</td><td colspan="3">在教学中，让学生通过观赏、分析、鉴别、评价，掌握不同动物的外形特征，了解家人的特征，热爱家庭、喜爱动物，体验创作的乐趣。</td></tr>
<tr><th colspan="4">教学流程设计</th></tr>
<tr><th>教学环节</th><th>教师活动</th><th>学生活动</th><th>设计意图</th></tr>
<tr><td>一、绘本引入（1 分钟）</td><td>引出课题：课前已经仿写绘本的文字内容，本节课制作自己的绘本《我家也是动物园》。</td><td>准备好绘本、自己仿写句子和“构思图”。</td><td>引导学生明确本节课学习目标。</td></tr>
<tr><td>二、探究学习（8 分钟）</td><td>1. 观察绘本中家人和动物之间的联系与区别（主要是形状与颜色方面）。
（1）观察爸爸与狮子之间的相同与不同。
（2）观察曾祖母与猫头鹰之间的相同与不同。</td><td>学生思考、回答：
爸爸与狮子的相同点：衣服颜色、样式相同，头发颜色相同。
爸爸与狮子的不同点：头发形状不同，面部的眼睛、鼻子、嘴巴、胡须和牙齿都变成了狮子的外形，手脚也变成狮子的爪子。
曾祖母与猫头鹰的相同点：坎肩颜色、样式相同，发髻颜色相同，外形都是椭圆形，表情、眼镜形状相同。
曾祖母与猫头鹰的不同点：环境不同，外衣颜色花纹变化，猫头鹰没有耳朵，嘴巴外形变成三角形。
学生总结：形状和颜色方面的联系；不够明显的地方如何修改。</td><td>通过观察、比较家人与动物之间形状、颜色的区别与联系，掌握绘制绘本的方法。</td></tr>
</table>

续表

教学流程设计			
教学环节	教师活动	学生活动	设计意图
二、探究学习（8 分钟）	2.组织学生自评、互评“构思图”。 （1）自评：我的家人和动物之间的联系。 （2）互评：需要修改调整的部分。	学生自评、互评。	通过观察、比较家人与动物之间形状、颜色的区别与联系，掌握绘制绘本的方法。
三、实践应用（20 分钟）	1. 分析家人和动物之间的联系，修改“构思图”。	注意形状和颜色的关联，概括人与动物的相似之处。	通过自主实践活动，掌握动物的绘画方法，以及作品中家人和动物之间的联系，在美术作品中的应用。
	2. 剪下所画人物与动物，粘贴到《我家也是动物园》的绘本上。	学生自主实践活动，将画好的人物、动物剪下。	
	3. 根据文字内容，发挥想象，添画适当的环境。	注意文字与图画之间的构图关系，适当添加背景。	
	4. 教师巡视。	学生继续自主实践。	
四、评价展示（10 分钟）	1. 学生个人展示作品。	朗读文字内容，介绍画面。	通过小组合作游戏，解决难点问题：运用形式美法则绘制作品。
	2. 教师点评作品：文字写作，画面与文字的构图。	认真听取教师点评。	
	3. 展示、参观作品。	展示、参观作品。	

小结与作业		
课堂小结	今天编写了绘本《我家也是动物园》，大家还尝试制作了绘本。	
课后作业	完成绘本《我家也是动物园》的编写和绘制，还可以拓展其他绘本，如《我们班是动物园》《我们学校是动物园》等。	
板书设计	我家也是动物园 动作　习惯　装扮　性格　感觉	多媒体

第六章
初中学段

初中语文魅力课堂设计举例

课例基本信息			
姓名	秦秋丽	学科	语文
学段	初中	年级	七年级
教材（出版社）	人民教育出版社	课题	驿路梨花

课例设计	
教学目标	1. 略读文章，梳理情节发展脉络，理解学习小说层层设置悬念与误会的巧妙构思。 2. 理解“梨花”的含义，体味“驿路梨花”标题的妙处。 3. 感受与弘扬乐于助人、不求回报的精神，树立人人可为、从我做起、主动传承的社会责任意识。
教学用具	多媒体、黑板。
教学重点	1. 略读方法训练，理解小说巧妙的构思。 2. 理解“梨花”多层含义，体味“驿路梨花”标题的妙处。 3. 感受与弘扬乐于助人、不求回报的精神，树立人人可为、从我做起、主动传承的社会责任意识。
教学难点	1. 进一步训练与运用略读的阅读方法，学习体会小说选材与构思的特色及效果。 2. 文章主题的深入挖掘与进一步认识。
教学方法	启发讨论、小组合作、男女生竞赛。

续表

学情分析
本文是一篇情节性强的小说，很容易激发学生的阅读兴趣；本文生字不多，文中也没有太多难以理解的语句，学生基本没有阅读障碍。因此，本文最适合用来训练学生的略读技能。单元提示中虽对略读方法有一定的提示，但学习过程中学生仍会出现一味求“速”而忘记本质的现象，削弱了训练效果。教师要进行略读方法的具体指导，并要不断训练才能引导学生习得这一技能，在训练中还要注意纠正学生指读、出声、回读等略读习惯，提高阅读技能与效率；学习过程中阅读技能的运用不是单一的，学生会因重点训练略读而忽视自己已经熟悉的精读技能，在学习过程中要不断联系、提醒、训练。另外，还要注意，无论略读还是精读，内容还是表达，都要鼓励学生基于理解，发表自己的看法，表达自己的独特体验，不能只做“搬运工”，而应发展自己的思维，提高自己的技能与认识。 文章的主题很鲜明，学生可以通过自己阅读获得，教学中不需要在“主题”上重复学生已有的认知。但学生的认知会仅停留在“学习雷锋乐于助人、不求回报的精神”上，同时思想意识方面也会认为这一主题有些久远，已经过时，阅读时会弱化对人物的认同感。在此环节，还需要结合当前时代对于社会责任意识的呼唤与需要，对主题进行深挖，提升学生的认识，从而指导学生的实际行动。更重要的是，要通过学习，引导学生结合自己的生活实际与发展需求，意识到社会进步需要公德意识，社会责任人人可承担，公德事事可为，要从小事做起。更要引导学生，个人私德与社会公德息息相关，不可分割，促使学生将内在的精神认同转化为实际的行动，自觉提高自我的公德意识。 七年级的学生对记叙文的基础知识有了基本的掌握，也积累了一定的学习记叙文的方法，对文章的叙事手法有感性的认识，但具体分析本文的巧妙构思时还需要教师进一步引导。另外，本文在材料的组织上也比较有新意，可在学习过程中进行读写结合的渗透，引导学生学会如何组织材料，提高作文水平。 对于小说的基本特点，学生有一定的基础，但仍需进一步强化；另外，对于小说的学习不一定总从小说三要素出发，学习要打破常规，需要创新与超越，即基于小说要素，抓住文章特色进行学习，争取一课一得。要启示孩子：学贵有法，学无定法。
教学内容分析
本文是本单元第二篇课文，在第一篇文章基础上，进一步学习训练略读的阅读方法，提升阅读速度与阅读质量，养成良好的阅读习惯。 学生已学过《台阶》等小说，比较了解小说的基本特征，还需进一步强化，学习小说的角度还可突破与超越。 本文是一篇小说，基于本单元不同体裁，强化小说的基本特征，分析小说巧妙的构思以及题目的妙用。本文从一个侧面表现了中华民族优秀传统美德以及时代对这些美德的呼唤，是单元整合社会公德方面的文章，肩负着陶冶情操，净化心灵，给予精神动力，引导学生将内在的精神认同转化为实际的行动、修身正己、追求道德修养的更高境界的价值功能。
教学资源整合
将网络梨花图片与教学、课文与课外名言、课文内容与略读的技巧训练、阅读与口语交际、写作等巧妙整合，并联系学生的生活实际，达成教学目标，提升学生道德修养。

续表

学习流程设计			
教学环节	教师活动	学生活动	设计意图
一、激趣导入	1. 教师 PPT 出示洁白梨花图片与课题，引导学生从题目猜想文章内容，从题目产生疑问。	学生看图片猜测文章内容，产生疑问，等待新课学习中加以印证。	设置悬念，猜测内容，变换评价方式，激发学习兴趣、阅读热望与表现欲望；新旧衔接，明确落实重点，做好新课准备。
	2. 趣味竞赛：基于小组合作的男女生竞赛。	对变换的竞赛形式感到新鲜激动，摩拳擦掌，准备挑战。	
	3. 引导学生回顾本单元略读阅读方法，PPT 强调略读要领，做好新课学习准备。	认真回顾略读要领，朗读领会，做好学习与挑战准备。	
二、略读全文，整体感知	活动组织：略读竞赛，小组抢答。 （1）提示要求：略读时注意方法与速度，记要点。限时五分钟，读完后合书举手示意。 （2）抢答问题 1）文中故事叙述涉及哪些人物？ 2）这些人物各自为小茅屋做了什么事？请尽量用书上的词语回答。 3）在投宿小茅屋得到帮助后，“我们”心中一直有着怎样的疑问？“我们”的疑问最终得到解决了吗？答案是什么？ 4）你能用简要的语言复述“我们”产生疑问、发生误会、最终揭开谜底的过程吗？ 5）解放军同志为什么要建造小茅屋？请尽量用书中词句回答。 教师在学生略读时巡视，纠正略读习惯；引导学生根据确定的重点，粗知文章大意；在学生抢答过程中逐步添加主板书内容，同时激励男女生激烈挑战抢答。	1. 限时略读，掌握文章主要内容。进一步学习略读的方法，遇到教师巡视时的温馨提醒，主动改进落实略读方法。 2. 积极抢答问题，互相主动补充知识点。在激烈的男女挑战中，根据 PPT 上确定的阅读重点，粗知文章主要内容。	深入培养略读技能，检验学生略读效果，引导学生根据确定的重点，粗知文章大意，为下个环节理解构思做铺垫。

续表

<table>
<tr><th colspan="4">学习流程设计</th></tr>
<tr><th>教学环节</th><th>教师活动</th><th>学生活动</th><th>设计意图</th></tr>
<tr><td rowspan="2">三、深入探究</td><td>1. 缩短情节。
引导学生复述抢答内容，理清寻找小茅屋主人的经过与结果。（教师注意板书复述成果，书写副板书时要体现曲折的过程，为对比发现做铺垫。）</td><td>1. 复述寻找小茅屋主人的经过与结果，理清文章写作脉络。与教师一起共同完成一波三折的副板书。
2. 思考问题，对比两种情节，明确文章要着力表现的主题；理解层层设置悬念与误会的表达效果。</td><td rowspan="2">学习文章巧妙构思，理解层层设置悬念与误会的表达效果，发展对比思维。</td></tr>
<tr><td>2. 领悟构思。
（1）组织学生完成情节对比，发现构思特点。解答学生疑问：有同学觉得写其他人和多次误会有些浪费笔墨，直接解开谜底岂不是更好？不是更能集中体现解放军同志的美好品质吗？到底谁才是小茅屋的主人呢？
（2）教师小结小说独特的构思特点，完善主板书；提示对写作方面（围绕主题进行组材构思）的启发借鉴。</td><td>1. 结合具体情节，对“谁是小茅屋的主人” 主动发表自己的看法。
2. 学习领悟文章巧妙的构思，总结对写作的启发、借鉴与迁移作用。</td></tr>
<tr><td rowspan="3">四、分析标题，理解深意</td><td>1. 组织活动，劝说解惑。
有同学读后感觉题目中的“梨花”并不是小说叙述的重点，因而对文章的题目不够满意，打算重拟题目，请细读课文，结合文中描写“梨花”的相关语句，向他分析标题的妙处，解决他的疑问。
（1）请同学勾画文中描写“梨花”的语句，分析含义并归类。
（2）请同学进行小组交流，分享题目作用，组织语言模拟劝告。</td><td>1. 倾听任务与要求，细读课文。勾画文中与“梨花”相关的语句。
2. 独立思考、小组讨论，明确“梨花”的多重含义，进行梳理分类
3. 思考讨论题目在文章结构中的作用，做好劝说他人的充足准备。</td><td rowspan="3">引导学生细读课文，理解关键词语在不同语境中的不同含义，分析其结构上的作用，理解品味标题的妙处。</td></tr>
<tr><td>2. 教师扮演被说服的学生，全班学生模拟劝说。
梳理学生发言成果，在学生挑战过程中继续完成主、副板书，同时激励学生在小组讨论交流基础上男女生激烈挑战。</td><td>积极组织语言，模拟劝告，主动展示。</td></tr>
<tr><td>3. 梳理“梨花”的多重含义，小结题目“驿路梨花”的妙处。</td><td>总结理解小说题目的妙处。</td></tr>
</table>

续表

<table>
<tr><th colspan="4">学习流程设计</th></tr>
<tr><th>教学环节</th><th>教师活动</th><th>学生活动</th><th>设计意图</th></tr>
<tr><td rowspan="3">五、小结升华</td><td>1. 结合其他篇目谈谈感悟。结合课文内容与梁启超关于“公德”与“私德”问题的相关论述，说说你的认识。
PPT 提示上一课《最苦与最乐》中用到的资料：梁启超在《新民说》第 5 节“论公德”就开始全面论述关于私德与公德的理解和认识。他提出没有公德是不能组成一个国家的，公德和私德是道德统一体的两个方面，“独善其身”者是私德，“相善其群”者是公德。也就是说“公德”是个人与社群关系的道德，“私德”是个人求自身品性的完善。两者都是人生必需的道德，也都是立国所必需的。梁启超主张，缺少私德的民众不可能组成国家，只有私德而缺少公德的国民更不能组成国家。</td><td>1. 倾听思考，联系上篇文章，感受体悟。
2. 结合课文内容与名言，对“社会公德”与“个人私德”发表自己的看法与认识。</td><td rowspan="3">发挥语文课独有的育人功能，借助作品对学生情感态度、价值观进行熏陶，引导学生结合时代、社会需要与个人发展需求，理解并强化“公德”意识，明确“公德”与“私德”的关系。积极传承中华传统美德，主动承担社会责任。</td></tr>
<tr><td>2. 联系名言谈谈认识。联系实际，谈谈你对下面名言的认识。
PPT 展示名人名言：
诺贝尔和平奖得主特蕾莎修女曾说过这样一句话：“我们常常无法做伟大的事，但是我们可以用伟大的爱去做些小事。”
英国历史学家、政治家麦考莱说：“在永远无人会知道真相的情况下，一个人的所作所为最能反映他的品质。”
在学生发表自己的观点时，教师要注重引导学生结合自己的生活实际与发展需求，意识到社会进步需要公德意识，社会责任人人可承担，公德事事可体现，要从小事做起；更要引导学生，个人私德与社会公德息息相关，不可分割，促使学生将内在的精神认同转化为实际的行动，自觉提高自我的公德意识。</td><td>寻找两者之间的联系，结合自己的生活实际与发展需求，意识到社会进步需要公德意识，社会责任人人可承担；个人私德与社会公德密切相关，不可分割，立志将内在的精神认同转化为实际的行动，自觉提高自我的公德意识，修身正己，追求更高的人生境界。</td></tr>
<tr><td>3. 教师手指板书总结课堂学习内容，赠送名言，感悟提升主题，结束本节课。</td><td>注视板书，总结本节课所学，倾听赠言，在感悟回味中结束本节课的学习。</td></tr>
</table>

续表

板书设计

驿路梨花

作者：彭荆风

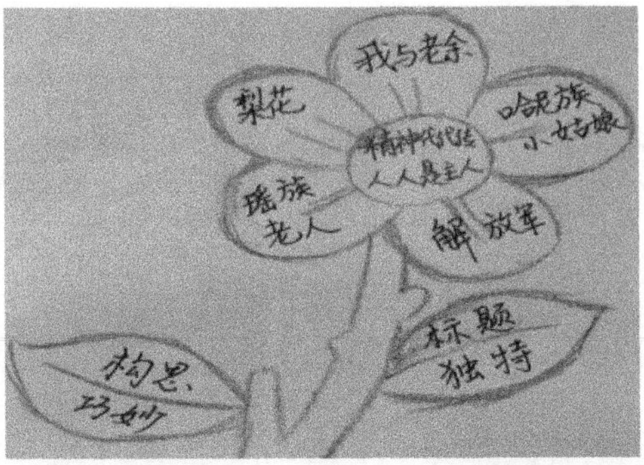

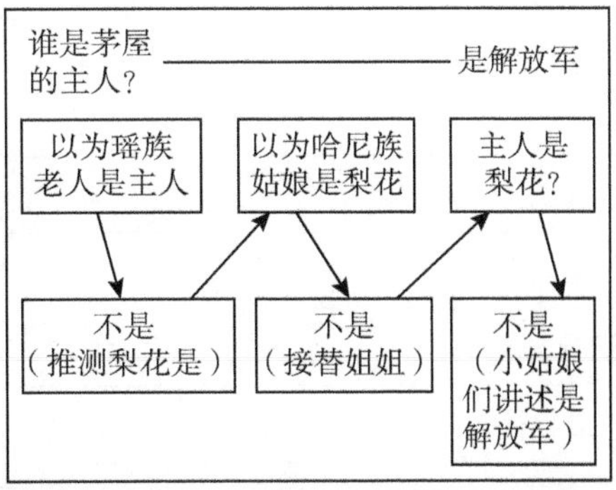

教学设计特色说明与教学反思

使用洁白梨花的图片资源，引发学生对学习课文题目、文章内容进行猜想，并从图片与题目中对即将开始的学习内容产生疑问。设置悬念，为目标达成做铺垫。

利用 PPT 展示前期训练总结的略读要领，有助于新旧知的衔接，明确落实重点，做好新课准备。

提前设计学生学习过程自评表、小组互评表与男女生挑战评价量表，学习活动开始前公布挑战规则，有助于学生明确任务和学习目标、评价标准，便于师生双方监控任务完成质量，从而更好地进行反思与改进。

利用PPT动画设置抢答问题的顺序，依次出示所抢答问题；在学生学习过程中，利用黑板逐步完善主、副板书内容，借助黑板上的男女生挑战评价表激励男女生激烈挑战与展示，为自己的荣誉而战。这一系列的学习资源与技术手段运用，引导学生逐步加深对文章的理解，不断向知识目标与技能目标迈进。

利用主板书中的简笔画——一朵白梨花的设计，更加直接与美观地展现了本部小说的要素与学习要点——人物、主题、构思特色等，给学生留下深刻的印象与视觉享受；副板书由一个问题（谁是小茅屋的主人？）的两种不同回答的结构安排组成：一种是下方由众多箭头标识的一波三折的结构安排，一种是与之对比的上方的直接回答，这一组资源的对比运用，引发了学生对本文主题的深入探究，理解了层层设置悬念与误会的表达效果，学习了文章巧妙的构思，发展了对比思维，达成了学习目标，落实了学习重点，又突破了教学难点，可谓一举多得。

原文作为一种学习资源，在本节课学习过程中被反复利用，前面的环节主要被用来训练略读的技能，后面品味小说标题妙处的环节，被用作细读的材料。名人名言、名人论述作为一种资源与 PPT 作为技术手段运用的载体，学习的最后一个环节，展示出教师用来引发讨论、总结提升的梁启超关于“公德”与“私德”问题的相关论述以及两句名人名言。这两处学习资源与 PPT 技术手段的运用，潜移默化中落实了本课时的学习目标，突破了学习的重点与难点，发挥了语文课程独有的育人功能，借助作品对学生情感态度价值观的熏陶，又“贴近学生生活，体现时代性”，使学生乐于接受，“起到润物细无声的效果”。

利用课文阅读资源，勾连拓展到写作（围绕主题进行组材构思），注重读写结合，启发学生从阅读中汲取写作养分，逐步系列化地提高写作水平。

初中数学魅力课堂设计举例

课例基本信息			
姓名	张雅婧	学科	数学
学段	初中	年级	七年级
教材（出版社）	人民教育出版社	课题	1.4.1 有理数的乘法
课例设计			
教学目标	1. 掌握有理数的乘法法则，能利用乘法法则正确进行有理数乘法运算。 2. 经历探索、归纳有理数乘法法则的过程，发展观察、归纳、猜测、验证能力。		
教学用具	多媒体。		
教学重点	运用有理数的乘法法则正确进行计算。		
教学难点	有理数乘法法则探索过程及对法则的理解。		
教学方法	基于本节课内容的特点和七年级学生的心理及思维发展特征，在教学中选择讨论与总结相结合的方式；在引导学生进行观察分析、抽象概括、练习巩固各个环节中运用多媒体进行演示，增强直观性，提高教学效率，激发学生的学习兴趣。		

学情分析
学生已经自主探讨、总结、学习过有理数加法法则与减法法则，本班学生思维敏捷，基本具备自主探究、总结规律的能力，运算能力较强。

教学内容分析
有理数的乘法是继有理数的加减法之后的又一种基本运算。有理数乘法既是有理数运算的深入，又是进一步学习有理数的除法、乘方的基础，对后续代数学习至关重要。 与有理数加法法则类似，有理数乘法法则也是一种规定，给出这种规定要遵循的原则是“使原有的运算律保持不变”。本节课要在小学已学的乘法运算基础上，通过合情推理的方式，得到“要使正数乘正数（或 0）的规律在正数乘负数、负数乘负数时仍然成立，那么运算结果应该是什么”的结论，从而使学生体会乘法法则的合理性。与加法法则一样，正数乘负数、负数乘负数的法则，也要从符号和绝对值来分析。由于绝对值相乘就是非负数相乘，因此，关键是要规定好含有负数的两数相乘之积的符号，这是有理数乘法的本质特征，也是乘法法则的核心。

续表

教学资源整合
有理数的乘法运算是在有理数的加法学习之后的另一种运算类型，也是以小学算术为基础，即有理数运算在确定积的符号后，绝对值的运算实质是小学算术的乘法运算，有理数的乘法运算与有理数的加法相似之处都是先确定运算结果的符号，再确定运算结果的绝对值。有理数乘法是有理数的基本计算之一，也是今后学习实数运算的基础。

<table>
<tr><th colspan="4">学习流程设计</th></tr>
<tr><th>教学环节</th><th>教师活动</th><th>学生活动</th><th>设计意图</th></tr>
<tr><td>一、问题引入</td><td>问题 1：北京某一天的温度为 0℃，未来三天每天比前一天低 2℃，问第三天的温度是多少？</td><td>讨论、交流、猜测，总结得出正确结论的不同方法。</td><td>提出问题，引出异号两数相乘。</td></tr>
<tr><td rowspan="5">二、探究异号两数相乘法则</td><td>问题 2：下面从我们熟悉的乘法运算开始，观察下面的乘法算式，你能发现什么规律吗？
$4\times3=12$
$4\times2=8$
$4\times1=4$
$4\times0=0$</td><td>学生小组合作，观察、思考、交流。</td><td>构造这组有规律的算式，为通过合情推理，得到正数乘负数的法则做准备。</td></tr>
<tr><td>追问：你认为问题中要我们“观察”什么？应该从哪几个角度去观察、发现规律？
如果学生仍然有困难，教师给予提示：
（1）四个算式有什么共同点？——左边都有一个乘数 4。
（2）其他两个数有什么变化规律？——随着后一个乘数逐次递减 1，积逐次递减 4。
（3）要使这个规律在引入负数后仍然成立，那么，$4\times(-1)=-4$。这是因为后一乘数从 0 递减 1 就是 -1，积应该从 0 递减 4 而得 -4。</td><td rowspan="4">通过小组合作交流，先让学生观察、叙述、补充，教师再总结：都是正数乘负数，积都为负数，积的绝对值等于各乘数绝对值的积。</td><td rowspan="4">通过追问、提示，使学生知道“如何观察”“如何发现规律”；让学生自主构造算式，加深对运算规律的理解；先得到一类情况的结果，降低归纳概括的难度，同时也为后面的学习奠定基础。</td></tr>
<tr><td>追问：根据这个规律，下面的两个积应该是什么？
$4\times(-2)=$________
$4\times(-3)=$________</td></tr>
<tr><td>练习：请你模仿上面的过程，自己构造出一组算式，并说出它的变化规律。</td></tr>
<tr><td>追问：从符号和绝对值两个角度观察这些算式（师生给出的所有含正数乘负数的算式），你能说说它们的共性吗？</td></tr>
</table>

续表

<table>
<tr><th colspan="4">学习流程设计</th></tr>
<tr><th>教学环节</th><th>教师活动</th><th>学生活动</th><th>设计意图</th></tr>
<tr><td rowspan="2">三、探究同号两数相乘法则</td><td>问题3：利用上面归纳的结论计算下面的算式，你能发现其中的规律吗？
$(-4)\times3=$________
$(-4)\times2=$________
$(-4)\times1=$________
$(-4)\times0=$________</td><td>学生计算、思考、回答。</td><td rowspan="2">由学生自主探究得出负数乘负数的结论，因为有前面积累的丰富经验，学生能独立完成。</td></tr>
<tr><td>追问：按照上述规律填空，并说说其中有什么规律？
$(-4)\times(-1)=$________
$(-4)\times(-2)=$________
$(-4)\times(-3)=$________</td><td>通过小组合作交流，先让学生观察、叙述、补充，教师再总结：都是同号两数相乘，积都为正数，积的绝对值等于各乘数绝对值的积。</td></tr>
<tr><td rowspan="2">四、归纳有理数乘法法则</td><td>问题4：总结上面所有的情况，你能试着自己给出有理数乘法法则吗？</td><td rowspan="2">学生独立思考、回答，学生独立完成后，全班交流。如果有困难，可先让学生看课本第29页有理数乘法法则后面的一段文字。</td><td rowspan="2">让学生尝试归纳乘法法则，明确按法则计算的关键步骤。</td></tr>
<tr><td>追问：你认为根据有理数乘法法则进行有理数乘法运算时，应该按照怎样的步骤？你能举例说明吗？</td></tr>
<tr><td>五、运用法则计算，巩固法则，引出倒数</td><td>1. 例题计算。
（1）$(-5)\times(-6)$
（2）$-\frac{3}{2}\times\frac{1}{6}$
（3）$\left(-\frac{3}{5}\right)\times\left(-\frac{5}{3}\right)$
（4）$8\times(-1.25)$
教师说明：在（3）中，我们得到了1，与以前学习过的倒数概念一样，我们说$-\frac{3}{5}$与$-\frac{5}{3}$互为倒数。一般，在有理数中仍然有：乘积是1的两个数互为倒数，负数的倒数是负数，0没有倒数。</td><td>学生计算。</td><td>本例既巩固乘法法则，又引出了倒数的概念。</td></tr>
</table>

续表

学习流程设计			
教学环节	教师活动	学生活动	设计意图
五、运用法则计算，巩固法则，引出倒数	2. 口算抢答。 （1）5×（−4）=________ （2）（−6）×4=________ （3）（−7）×（−1）=________ （4）（−5）×0=________ （5）（−3）×（−0.3）=________ （6）$\left(-\frac{1}{6}\right)\times\left(-\frac{2}{3}\right)$=________ （7）（−3）×$\left(-\frac{3}{2}\right)$=________ （8）$\frac{4}{9}\times\left(-\frac{3}{2}\right)$=________ （9）$\left(-5\frac{1}{2}\right)\times\left(3\frac{1}{3}\right)$=________ （10）（+32）×（−60.6）×0×$\left(-9\frac{1}{3}\right)$=________ 3. 填一填、选一选。 （1）若 ab>0，则必有（　　）。 A. $a>0$，$b>0$ B. $a<0$，$b<0$ C. $a>0$，$b<0$ D. $a>0$，$b>0$ 或 $a<0$，$b<0$ （2）已知两个有理数 a、b，如果 $ab<0$，且 $a+b<0$，那么（　　）。 A. $a>0$，$b>0$ B. $a<0$，$b>0$ C. a，b 异号 D. a，b 异号，且负数的绝对值较大 （3）一个有理数和它的相反数之积（　　）。 A. 必为正数　B. 必为负数 C. 一定不大于零　D. 一定等于 1	学生思考并作答。	这几组练习的设置从易到难，提高学生熟练掌握有理数的乘法法则，并利用有理数的乘法法则解决问题的能力。

续表

学习流程设计			
教学环节	教师活动	学生活动	设计意图
五、运用法则计算，巩固法则，引出倒数	（4）-2 的倒数是______；$-5\frac{1}{2}$的倒数的相反数是______；倒数等于它本身的有理数是______。 4. 思维提升。 （1）已知两个数的积是负数，和是正数，请你写出符合要求的两个数：______。 （2）如果 $(x+2)(x-3)=0$，那么 $x=$______。 （3）如图所示，则 $\lvert ab-1\rvert=$______。 （4）比较$\frac{4567}{4587}$与$\frac{9876}{9896}$的大小。	学生思考并作答。	这几组练习的设置从易到难，提高学生熟练掌握有理数的乘法法则，并利用有理数的乘法法则解决问题的能力。

板书设计

有理数的乘法

一、有理数的乘法法则

1. 两数相乘，同号得正，异号得负，并把绝对值相乘。任何数与 0 相乘都得 0。
2. 倒数：乘积是 1 的两个数互为倒数。

二、有理数的乘法运算律

1. 乘法交换律
2. 乘法结合律
3. 乘法分配率

教学设计特色说明与教学反思

本节课设计充分结合学生已有的关于数的乘法的知识经验，通过探究规律、归纳总结，逐渐推广到有理数的乘法。在学生归纳探究的过程中使学生独立思考、小组交流，在教学的设计过程中体现了探索性、思维性训练与基础性训练相结合的学习方法，使学生的数学思维不断发展，培养思维的严谨性和创造性。本节课以教师为主导，以学生为主体，力求体现知识的形成过程。在课堂中，尽量为学生提供“做中学”“想中学”“动中学”的成长空间，借助已有的知识和方法主动探索新知识，完善知识结构，从而使课堂教学真正落实到学生的发展上。

初中英语魅力课堂设计举例

课例基本信息			
姓名	胡晓云	学科	英语
学段	初中	年级	八年级
教材（出版社）	人民教育出版社	课题	How do you make a banana milk shake?（Review）
课例设计			
教学目标	1. 说出已学过的食品数量和制作程序（复习目标语言）。 2. 制作、分享本组制作的食物，口头描述制作过程。 3. 通过小组分工和制作食品等活动，培养学生的合作精神和动手能力；认识食品全球化。		
材料用具	多媒体课件。		
教学重点	说出食品的数量和制作程序（复习目标语言）。		
教学难点	在制作、分享本组制作的食物和口头描述制作过程中，遇到的新词。		
教学方法	任务型教学模式。		
学情分析			

在知识方面，学生已初步可描述课本内所学的 8 种食品的制作过程。本节课要求能够描述自己亲手制作食物的过程，进一步的拓展提升语言表达流利度和丰富度。

在学习心理和接受能力方面，本班多数学生英语程度较好，学习态度认真，有强烈的求知欲；模仿力强，兴趣较浓，有较强执行力，乐于感知新事物。同时，班中也有一部分学生英语学习水平暂时较薄弱，自信心不强，缺乏表现欲，气氛不活跃。因此，在教学设计中尽量考虑这部分学生，在活动之间引导关注多维度思维，搭设台阶，在教学过程中贯穿游戏过关、小组合作式和小组竞争评价机制，让所有学生都有积极参与表现的机会。

教学内容分析

本单元话题贴近学生的生活，是从七年级上册“食物的喜好”，过渡到七年级下册“点餐”，继而延伸到饮食（Food and drinks）的制作程序；语法项目包含区分可数名词和不可数名词（含 How many/much），用祈使句表达指令，用频度副词表达描述过程。本课为一节动口与动手相结合的学科实践活动复习课，要求学生能够通过观察、看图描述和口语表达，进一步巩固重点目标语言，并能描述自己亲手制作的食物的食材和过程。

续表

教学资源整合

老师：准备多媒体课件；评委评价表；评价贴画；食物托盘；桌签等，便于学生活动的开展。
学生：准备好本组所做食品的食材和用具，使美味佳肴在课堂上完成。

学习流程设计

教学环节	教师活动	学生活动	设计意图
一、热身 （7 分钟）	1. 布置学习任务。 告诉学生今天我们将举行一次食品节。	清楚这节课我们将完成的任务。	引入话题，引起兴趣，明确任务。
	2. 游戏：Quick Mind。 组织游戏“Quick Mind”，复习有关食物和饮料的单词。	玩游戏，复习学过的有关食物和饮料的名词；评价游戏结果。	复习名词，及时评价。
	3. 名词分类。 给出一些名词，让学生两人一组，分类可数名词和不可数名词。 操练句型： What do you like to have for your favorite lunch? For my favorite lunch, I like one banana, one cup of yogurt, some duck, etc.	把名词进行正确分类。 2 人一组，谈论最喜欢的午餐的成分和数量。	复习名词数量的正确表达。
二、复习巩固目标语言 （8 分钟）	学生分组，说明小组竞赛的规则。请上一环节的获胜者第一个选择号码。开始竞赛，宣布竞赛结果。	明确比赛规则。每组根据竞赛产生的顺序，依次用目标语言描述一种食物的制作过程。评选出获胜组。	通过活动，巩固运用目标词汇句型，落实重点。
三、学以致用 （23 分钟）	1. 明确任务。 请学生他们制作自己组的专属美食。	小组内合理分工。	明确小组任务分工。
	2. 食品名称，用料和用量介绍。 请每个小组的一位成员介绍自己组将要制作的食物名称、用料和用量。	把食材放在前方。一位组员介绍食材和用量。另一位组员把重要的或新的食材写在黑板上，教大家认读学习。	互教新词，扩展语言思维，突破难点。

续表

学习流程设计			
教学环节	教师活动	学生活动	设计意图
三、学以致用（23 分钟）	3. 小组制作美食。 给学生 10 分钟制作他们自己组的食物。如有必要，巡视并提供帮助。	小组成员合作制作自己组的美食。 邀请现场 1 ~ 2 位评委坐在前方。	动口动手结合，语言生活双实践。
	4. 小组介绍美食制作程序，邀请大家分享。 请每一组成员介绍他们制作美食的过程。 请每组学生邀请评委品尝美食并在喜欢的美食前贴星星。 评出最佳大厨。	与大家分享美食制作的过程。 邀请评委品尝并贴星星。 评出得到星星最多的小组即为最佳大厨。	语言展示。公布小组活动评价结果并奖励。
四、总结与作业（2 分钟）	1. 把食品分为中餐和西餐两类；提问问题，引发思考： （1）Which one do you like, western food or Chinese food? Why? （2）Do you think we should eat tasty fast food every day? （3）Why do Chinese like western food while westerners like Chinese food?	观察两类食物并分析各自的特点。 回答问题：思考并分享自己的想法。 得出结论：Different food, similarly wonderful!	反思学习内容，体会收获，文化德育渗透。
	2. 布置课后作业。（二选一完成） （1）书面作业：给朋友介绍一款食物的制作方法。 （2）口头 + 视频：给你的父母制作一道美食。	完成课后作业。	分层作业，体现个性。

板书设计

Unit 8　How do you make a banana milk shake?

BES Food Festival

——We need ...

——How do you make ... ?

——First, ... Second, ... Then, ... After that, ... Finally, ...

续表

教学设计特色说明与教学反思
本节课从词语复习过渡到句型复习，然后落实到语言输出，完成教学任务，教学流程顺畅。 **教学特色** 教学设计紧密结合学生生活实际，全程体现学生主体，注重语言实践与生活技能结合，培养学生的英语核心素养中的语言能力和文化意识，体现“用英语做事情”（为用而学，在用中学，学了就用）。学生不仅动口动脑，更注重动手，不仅落实到笔头，更自己动手做食物，使学生兴趣点达到高潮，任务设计真实，能够学以致用。 教学活动多样化，个人、结对、小组竞赛、合作兼有，充分调动学生的积极性，使每个学生动起来，投入到教学活动中，并且乐于参与。游戏活动贯穿整个教学环节，大大调动了学生的学习兴趣，改变了以往复习课的枯燥无味。 **教学反思** 由于时间不足，最后的输出少两个组，应该更合理地安排时间分配。 课上学生对烹饪的兴趣大过语言的运用，教师应当在细节上更加关注学生的语言使用。

初中道德与法制魅力课堂设计举例

课例基本信息			
姓名	杨萍	学科	道德与法制
学段	初中	年级	八年级
教材（出版社）	人民教育出版社	课题	加强宪法监督
课例设计			
教学目标	本框所依据的课程标准的相应部分是“我与国家和社会”中的“法律与秩序”。具体对应的内容标准是：“了解、建立健全监督和制约机制是法律实施和司法公正的保障，增强公民意识，学会行使知情权、参与权、表达权、监督权。” 本框内容主要体现了初中思想政治学科核心素养中的法治意识。法治意识是法治国家建设的重要内容，思想政治学科培养法治意识就是要使学生尊法、学法、守法、用法，自觉参加社会主义法治国家建设，是其他素养的必要前提和必然要求。 根据课本内容、依据课程标准和学科素养制定以下教学目标： **情感态度与价值观目标：**感受宪法在国家生活中的崇高地位，增强亲近、尊重、热爱宪法的情感，树立宪法至上的理念；培养法治思维，树立宪法信仰，养成自觉恪守宪法原则、弘扬宪法精神、履行宪法使命，成为社会主义法治的忠实崇尚者、自觉遵守着、坚定捍卫者。 **能力目标：**能够积极参与、组织开展宪法宣传活动；学会运用宪法精神来分析和解决好学习生活中的实际问题，自觉增强宪法意识。 **知识目标：**了解我国的宪法监督制度，懂得全面依法治国必须健全宪法实施和监督制度，不断加强宪法监督工作，维护宪法权威；懂得宪法与我们息息相关，掌握增强宪法意识的途径和方法。		
教学用具	课本、《中华人民共和国宪法》文本、多媒体。		
教学重点	增强宪法意识的具体做法。本目是本框也是本单元内容的落脚点，而学生对于本课的知识学习最重要的一点就是要意识到宪法与自己生活紧密相关，因此必须要结合身边的实例真正引导学生做到将宪法内化于心、外化于行，真正做到每个公民都要增强宪法意识，自觉践行宪法精神，坚持宪法至上。		
教学难点	监督宪法实施的重要性、如何实施宪法监督。只有明确监督宪法实施的重要性，才能有针对性地去加强宪法的监督；如何实施宪法监督必须要对宪法监督的主体及内容有清晰的认识。而这些内容理论性很强，需要积累大量的生活实例和国家的一些政策动向。		
教学方法	情境案例讨论法、讲解法、小组合作学习等。		

续表

学情分析

初二学生对自己生活于其中的国家已有基本的总体性认识，期待能积极有序地参与国家政治生活。初中学生在认知发展中处于一种既懂事又不完全明理的状态中，还具有很大的可塑性和易变性。基于此，本课旨在对学生进行宪法实施的教育，使其懂得宪法与“我”息息相关，能够以国家主人翁的身份积极参与国家政治生活。

教学内容分析

依据：课程标准。

本课所依据的课程标准的相应部分是“我与国家和社会”中的“法律与秩序”。“法律与秩序”中具体对应的内容标准是：“知道中华人民共和国宪法是我国的根本法，是全国各族人民、一切国家机关和武装力量、各政党和各社会团体、各企业事业组织的根本活动的准则，增强宪法意识。”

内容解析

本课从“监督权力行使”和“增强宪法意识”两个方面来讨论加强宪法监督的有效路径。本课时安排两目的内容。

第一目“监督权力行使”。本目是从制度保障上探讨如何加强宪法监督。本目第一段阐述了监督权力行使的必要性，不受监督的任性的权力会导致腐败，为了避免这一现象，国家从制度体系上建立健全保障宪法监督的效用。第二段讨论了在我国现行宪法中行使宪法监督的国家机关——全国人大及其常委会。第三段则是讨论了“监督权力行使”的具体措施。

第二目“增强宪法意识”。本目是从国家公职人员以及公民个人两类群体来讨论增强宪法意识的具体方法。对于国家公职人员来说，国家制定宪法宣誓制度，设立国家宪法日，强化国家公职人员在履行职务时要增强宪法意识；对于普通公民，应该首先做到学习宪法、进而认同宪法、最终能够自觉践行宪法。宪法的生命在于实施，宪法的权威也在于实施，全民增强想法意识，是加强宪法监督，保障宪法实施的重要体现。

教学资源整合

本课通过运用学生生活经验、沉浸式诵读宪法活动、激趣引入精彩案例讨论分析及用多媒体课件拓展知识宽度等多维角度进行教学整体设计和目标达成。

学习流程设计

教学环节	教师活动	学生活动	设计意图
一、导入新课	1. 课前 3 分钟诵读宪法。	读诵活动。	1.感知宪法，为增强宪法意识埋下伏笔。 2.复习导入。
	2. 提问：通过前面两节课的学习，你对宪法有了哪些认识？	学生回答。	

续表

学习流程设计			
教学环节	教师活动	学生活动	设计意图
二、探究新知，监督权力行使	1. 为何监督？ “通过前面的学习我们知道宪法是我国的根本大法，为什么宪法的实施还需要监督？” 播放视频：辽宁大连女子不配合防疫登记联系“卢书记”放行。 问题：看了视频有什么感受？（教师可说出“卢书记”事件处理决定。） 思考：为什么对权力行使要进行监督？（总结：不受监督的权力将导致腐败，也是为了保证国家机关严格按照宪法和法律行使权力。） “为了更好地监督，我们国家需要建立健全完备的监督公权力行使的制度体系，也正在着力建设以宪法监督为基础性意义的宪法监督制度。”	1. 观看视频思考并回答问题。 2. 读材料分析问题。	1. 结合最近案例可回顾前面所学，即权力是把双刃剑。 2. 提升学生认知。
	2. 谁来监督？ 出示《中华人民共和国宪法》第六十二条内容。 问题：读宪法条文，宪法监督是谁来监督？谁负责解释？谁在本行政区域内保证宪法和法律的实施？	读材料并找出答案。	提升学生从材料中提取信息的能力。
	3. 监督什么？ 通过播放40秒的视频让学生了解宪法监督：一是监督法，二是监督人。	看视频内容。	用视频拓宽课堂的时空。
	4. 如何监督？ 问题：“通过之前的学习，我们知道了宪法是我国的根本大法，规定我国根本性的问题，他会去保护一位普通公民的一辆电动车吗？” 出示课本27页探究与分享材料：公民潘洪斌，他的一封信推动一部地方法规修改。 案例追踪一：2015年10月，潘洪斌骑着一辆从老家湖州拖来的电动自行车经过杭州环城北路与莫干山路交叉口，被执勤的交警拦下。根据当时的《杭州市道路交通安全管理条例》，扣留了他的电动车并要求托运回原籍。而且根据条例规定，这笔托运费，还要由潘洪斌来出。 思考：“如果你是潘洪斌，你会怎么做？”	读案例，分析、回答问题。	1. 用问题激发学生兴趣，通过潘某案例让学生了解宪法监督的三条途径。 2. 在教授知识的同时，引导学生树立远大志向，理性爱国。

续表

学习流程设计			
教学环节	教师活动	学生活动	设计意图
二、探究新知，监督权力行使	案例追踪二：学法律专业的潘洪斌于 2016 年 4 月致信全国人大常委会提出审查建议，建议对《杭州市道路交通安全管理条例》进行审查，请求撤销该条例中违反行政强制法设立的行政强制措施。依据是《行政强制法》行政强制的设定和实施，应当适当。 第五条采用非强制手段可以达到行政管理目的的，不得设定和实施行政强制。（全国人大及其常委会是宪法监督主体，应完善监督制度，健全监督机制和程序。） 问题：潘洪斌为什么致信全国人大常委会而不是其他机关？这说明了什么？ 案例追踪三：全国人大常委会法制工作委员会根据审查建议（要推进合宪性审查工作，加强对宪法实施情况的监督检查），就《杭州市道路交通安全管理条例》有关规定的相关问题进行了监督纠正。（对于违反宪法的行为，要予以追究和纠正。） 问题：全国人大常委会根据潘洪斌的信审查说明了什么？最后监督纠正说明了什么？ 问题回扣：宪法会保护一位普通公民的一辆电动车吗？ 小结：如何健全宪法实施和监督制度。 “建立健全宪法监督制度，我们依然有很长的路要走，说不定同学们其中就会有人成为那个推动历史向前的一分子，期待在未来的历史舞台上看到你们的身影。” 过渡：加强宪法监督，既需要完备的制度措施，更需要人们增强宪法意识。	读案例，分析、回答问题。	1. 用问题激发学生兴趣，通过潘某案例让学生了解宪法监督的三条途径。 2. 在教授知识的同时，引导学生树立远大志向，理性爱国。

续表

<table>
<tr><th colspan="4">学习流程设计</th></tr>
<tr><th>教学环节</th><th>教师活动</th><th>学生活动</th><th>设计意图</th></tr>
<tr><td rowspan="4">三、探索新知，增强宪法意识</td><td>1. 宪法宣誓制度。
“为了增强人们的宪法意识，我国实行宪法宣誓制度，国家工作人员就职时，应当依照法律规定公开进行宪法宣誓。现在跟随一个短片看看我们习近平总书记是怎样进行宪法宣誓的吧。”（播放习近平总书记宪法宣誓视频）
问题：“看完习近平总书记宣誓同学们有什么感受？宪法宣誓制度有何意义？”（答案：为了增强国家公职人员的宪法意识，让他们珍惜宪法授予的权力，自觉规范行为。）</td><td>学生讨论。</td><td rowspan="4">1. 通过现场视频让学生感受宪法宣誓制度的庄严和肃穆。
2. 通过展示活动让学生了解国家为增强宪法意识采取的做法。</td></tr>
<tr><td>2. 国家宪法日。
“国家还设立了国家宪法日增强人们的宪法意识。大家知道我国宪法日是哪一天吗？”</td><td>学生回答：12 月 4 日。</td></tr>
<tr><td>3. 增强宪法意识。
“国家采取了众多方式来增强大家的宪法意识，来看看北京实验学校都做了哪些事情来增强同学们的宪法意识。请两位主持人带着大家一起来了解。”
分四组汇报：
第一组：“带你去旅行，云端了解宪法”。
第二组：“跟我学宪法，保护你权利”。宪法就在人们的生活中，宪法与每个人息息相关，学会用法律保护自身的合法权益。
第三组：宪法学习心得展示。小报和书法作品展示。积极参与进去，为增强全社会的宪法意识贡献自己的一分力量。
第四组：国旗下演讲“一分钟学宪法心得”。宪法与每个人息息相关，我们的一生都离不开宪法的保护。</td><td>学生活动准备。主持人出场。汇报人汇报。学生书法展示。</td></tr>
<tr><td>4. 小结。
从学习宪法（将教师自己学习宪法的心得分享给学生）、认同宪法（出示习近平总书记名言：宪法的根基在于人民发自内心的拥护，宪法的伟力在于人民出自真诚的信仰）、践行宪法三方面进行总结。知识上学习了，精神上认同了，也不能只是嘴上说说，最重要的还是要付诸行动，做到内化于心、外化于行，坚持宪法至上，自觉践行宪法精神，积极推动宪法实施。</td><td></td></tr>
</table>

续表

学习流程设计			
教学环节	教师活动	学生活动	设计意图
四、课堂小结	通过本节课的学习，我们要学习宪法、认识宪法、践行宪法，即学、认、践。	谈本节课落脚点。	了解本节课教学目标达成情况。

板书设计

加强宪法监督
- 监督权力
- 宪法意识
- 学习、认同、践行宪法

教学设计特色说明与教学反思

本课选用生活中常见的一个普通公民电动车引发的一封信推动宪法合宪性审查和监督的案例，紧扣教学内容，突出教学重点，直观地给学生呈现出完整的内容体系，启迪学生的思维，培养其分析概括的能力，帮助学生理解和牢固教学的重难点。用学生活动充分展示学生学宪法的心得体会，课前3分钟的宪法诵读体现增强宪法意识。本课活动设计的目标是让学生能在日常生活中达到学习宪法、认同宪法、践行宪法的意识，这也是本课的落脚点，体现了本课的核心素养目标。

初中历史魅力课堂设计举例

课例基本信息			
姓名	赵胜男	学科	历史
学段	初中	年级	七年级
教材（出版社）	人民教育出版社	课题	第 12 课　汉武帝巩固大一统王朝
课例设计			
教学目标	**知识与能力：**了解汉武帝“罢黜百家，独尊儒术”、颁布“推恩令”、盐铁专卖等巩固大一统的措施。 **过程与方法：**通过阅读史料，结合相关史实，分析汉武帝所采取的相关措施。 **情感态度与价值观：**认识汉武帝实行“罢黜百家，独尊儒术”的政策，使中央集权的政治制度巩固下来，儒家思想被确立为封建王朝的正统思想，并逐渐成为中国封建社会占统治地位的意识形态，这是中国封建社会延续两千多年的思想基础。感知汉武帝为维护国家统一所做的努力，认识维护和巩固国家统一是中华民族长期永恒的任务。		
课例设计			
教学用具	多媒体。		
教学重点	推恩令、罢黜百家，独尊儒术。		
教学难点	盐铁专卖。		
教学方法	史料实证、学案导学。		
学情分析			
由于历史学科固有的特点，历史学科核心素养都是历史认知中的“底层工具”，是在任何一个历史教学活动中的“源代码”，是不可分割的整体。每一堂历史课都是在唯物史观指导下，以一定的时空为界限，使学生认知一定的历史知识，并通过史料加以验证，从而引导学生认知某些历史解释，继而发展出自己的历史解释，最终上升到情感态度价值观。			

续表

教学内容分析
围绕着汉武帝为巩固大一统采取的政治、经济、思想上的一系列措施，让学生感知汉武帝为维护国家统一所做出的努力。教师的讲授紧紧围绕“大一统”这个逻辑框架展开，线索清晰；通过史料实证的方式培养学生的历史思维；同时教学中教师自始至终贯彻家国情怀，使学生认识到维护和巩固国家统一是中华民族长期、永恒的任务。
教学资源整合
本课时对“盐铁专卖”这一目内容，采取了学案导学的方式来完成，学生在课前预习时就拿到了学案，对于“盐铁专卖”分为三个层次的思考纬度来提出思考问题，然后给出相关史料，让学生在阅读史料的基础上分析问题、解决问题，从而培养学生论从史出的思维品质。

学习流程设计			
教学环节	教师活动	学生活动	设计意图
一、导入新课	公元前141年，年仅16岁的刘彻登基为帝，他在位54年，是西汉历史上统治时间最长的帝王。他在祖先遗留下来的富强基础上，励精图治、积极有为、开拓进取，把西汉王朝推向极盛。 “今天我们就一起来学习第12课，汉武帝巩固大一统王朝。”	学生阅读材料，思考并回答问题。	引入新课。
二、讲授新课：推恩令	1. 西汉初年，从汉高祖到汉景帝70年休养生息政策的实行，使西汉的经济得到恢复和发展，为汉武帝巩固大一统王朝奠定了雄厚的物质基础。 刘彻除了继承祖辈留下的丰厚遗产外，还不得不继承祖辈们没有解决的危机。 出示两段材料，请学生思考，西汉初期中央面临什么样的危机?	学生思考并回答问题。	1. 阅读史料，培养学生论从史出的能力。 2. 通过教师讲解，使学生了解“推恩令”实施的背景。 3. 培养学生的历史理解能力。
	2. 为解决这个问题，汉初统治者可以说是费尽周折。结合PPT演示，简介汉初的郡国并行制度和历代统治者解决问题的办法。 到了汉武帝时期，汉武帝听从主父偃的建议，施行“推恩令”，投影出示“推恩令”史料，请学生阅读史料，结合教材55页内容，请学生用自己的话概括出“推恩令”的具体做法。（在学生回答的基础上总结。）	学生听讲并理解汉初统治者解决封国问题的过程。 学生阅读史料，结合教材55页内容，用自己的话概括出“推恩令”的具体做法。	

续表

学习流程设计			
教学环节	教师活动	学生活动	设计意图
二、讲授新课：推恩令	3. 请学生用画示意图的方式来进一步阐释“推恩令”实施前后诸侯国实力的对比。 根据示意图和补充材料，请学生想一想：汉武帝推行的“推恩令”比汉景帝的直接“削藩”高明在哪里。 汉武帝还颁布法令，禁止读书人与诸侯王交往，防止他们培植自己的政治势力。公元前122年，汉武帝又借口诸侯王所献酎金的斤两、成色不合规定，废诸侯106人，此后，还以种种罪名废去一些诸侯，到汉武帝末年，汉初所封王国铲除殆尽，藩国的威胁自此消除。	1. 学生绘制“推恩令”示意图。 2. 学生思考，讨论并回答问题。 3. 学生了解“酎金夺侯”。	1. 加强学生对“推恩令”内容的理解。 2. 结合史料,分析“推恩令”的作用。
三、讲授新课:“罢黜百家，独尊儒术”	1. 一统江山容易，聚拢人心困难。 （投影展示，回顾汉初的“无为而治”，进而阐明“无为而治”的思想产生的积极和消极两方面的影响。） 为了从意识形态上维护中央集权的政治体制，汉武帝采纳了儒家出身的官僚们的建议，罢黜百家、独尊儒术。（投影展示董仲舒的图片和相关史料）这里的“皆绝其道，勿使并进”意思是指运用政权力量禁止其他各家学说与儒家学说共同发展，并不是要禁绝儒家之外的诸子百家。 汉武帝正是采纳了以董仲舒为首的儒家出身的官僚建议，采取了一系列“罢黜百家、独尊儒术”的措施。（结合PPT演示，讲述汉武帝“独尊儒术”的具体做法。）	学生阅读史料。	1. 结合史料，分析董仲舒给汉武帝的建议，并澄清对相关内容的误解。 2. 结合以上内容，分析汉武帝“罢黜百家、独尊儒术”的作用和影响。
	2. 请学生思考：同样是为一统思想，一个遭世人诟病，而另一个则被万世沿袭，汉武帝比秦始皇高明在哪里。（投影展示秦坑儒谷的照片和“汉代讲经图”的石碑拓片。）	学生阅读并思考。	

续表

学习流程设计			
教学环节	教师活动	学生活动	设计意图
四、讲授新课：收归铸币权和实施盐铁专卖	1. 汉武帝在政治、思想上的一系列措施，加强了中央集权，为汉帝国的进一步发展创造了条件，汉帝国的兴盛由此展开。从公元前 129 年开始，汉武帝发动了大规模的反击匈奴的战争，最后夺取了西北部的广大疆域，以后的帝国疆域不断扩大，成为当时世界上的一流强国。然而，再强盛的帝国，也无力应付旷日持久的战争消耗。从公元前 119 年开始，汉武帝再也无力发动大规模的军事战争，帝国又面临着新的危机，那就是因战争引发的财政危机。 请学生阅读教材 56 页第一段内容，看看汉武帝为解决这个危机采取了哪些措施。	学生阅读、思考并回答。	通过分析材料，理解汉武帝收归铸币权和实行盐铁专卖政策的作用和意义。
	2. 投影打出三段材料，请学生思考：汉武帝为什么要收归铸币权和实施盐铁专卖。（在学生回答的基础上总结。） 阅读史料，结合译文，请学生思考：汉武帝控制社会经济的这些措施产生了什么样的作用和影响。	学生阅读教材并回答问题。	
五、总结	汉武帝为治理国家，采取了哪些措施？（从政治、经济、思想三方面进行总结。） 以上这些措施都是为达到什么目的？（加强中央集权、削弱地方势力，从政治上、思想上、经济上巩固大一统王朝。）	学生思考并完成学案上相关内容。	总结全课内容。
板书设计			

汉武帝
- 政治上："推恩令"实施、刺史制度
- 思想上："罢黜百家，独尊儒术"
- 经济上：统一铸五铢钱、盐铁专卖、平抑物价

巩固大一统王朝

续表

教学设计特色说明与教学反思
对于初一新生而言，历史对他们来说是一门全新的学科，应从起点打好基础。在教学中一直努力培养学生的学科核心素养。以“史料实证”为例，“以一分史料说一分话”，这样实事求是的精神，是应该在学生刚刚学习历史时就培养起来的一种思维品质。学生刚开始接触史料时阅读起来很有困难，在平时的教学中除了精选史料外，还帮助学生掌握阅读史料的方法，如重点内容注解、标画关键词、译文辅助等。这些对学生的指导会逐渐形成学生的历史思维，对学生学习能力的提高大有裨益。在《汉武帝巩固大一统王朝》一课中，对“盐铁专卖”这一目内容，就采取了学案导学的方式来完成，学生在课前预习时就拿到了学案，对于“盐铁专卖”分为三个层次的思考纬度来提出问题，然后给出相关史料，让学生在阅读史料的基础上分析问题、解决问题，从而培养了学生论从史出的思维品质。

初中地理魅力课堂设计举例

<table>
<tr><th colspan="4">课例基本信息</th></tr>
<tr><td>姓名</td><td>王俊涛</td><td>学科</td><td>地理</td></tr>
<tr><td>学段</td><td>初中</td><td>年级</td><td>七年级</td></tr>
<tr><td>教材（出版社）</td><td>人民教育出版社</td><td>课题</td><td>6.2 自然环境（第一课时）</td></tr>
<tr><th colspan="4">课例设计</th></tr>
<tr><td>教学目标</td><td colspan="3">知识与技能：通过对亚洲的学习，运用地图及有关资料归纳出大洲的地形、气候、河流特点，并分析其相互关系。
过程与方法：理解河流分布与地形之间的关系。
情感态度与价值观：培养学生热爱我们所居住的大洲——亚洲的良好情感，激发学生的自豪感。</td></tr>
<tr><td>材料用具</td><td colspan="3">PPT 课件、亚洲地形图。</td></tr>
<tr><td>重点难点</td><td colspan="3">亚洲地形与河流分布的关系。运用地形图和地形剖面图描述区域某一地势变化及地形分布特点。</td></tr>
<tr><td>教学方法</td><td colspan="3">启发式引导法、读图指导法、对比学习法等。</td></tr>
<tr><th colspan="4">学情分析</th></tr>
<tr><td colspan="4">经过七年级上册的学习，学生对于世界的自然环境有了初步的认识和了解，但对于自然地理要素之间的联系，学生还是初次接触。学生具备一定的读图能力，但是分析能力和综合能力有待进一步提高。</td></tr>
<tr><th colspan="4">教学内容分析</th></tr>
<tr><td colspan="4">本章是学习区域地理的起始篇章，在初中地理知识结构的形成中具有承上启下的作用。一方面可以帮助学生将上册所学的地形、河流、气候等知识运用于某一个具体区域的学习过程中，同时也为后续学习不同地区和国家地理提供了基本的方法和策略。</td></tr>
<tr><th colspan="4">教学资源整合</th></tr>
<tr><td colspan="4">利用多媒体，充分利用网络资源，创设地理情境，联系生活实际。</td></tr>
</table>

续表

<table>
<tr><th colspan="4">学习流程设计</th></tr>
<tr><th>教学环节</th><th>教师活动</th><th>学生活动</th><th>设计意图</th></tr>
<tr><td>一、导入新课</td><td>多媒体播放微视频，欣赏亚洲壮丽景观。今天我们就一起来了解亚洲的自然环境。（学生观看视频时，教师板书：6.2 自然环境）</td><td>看视频，谈感受。</td><td>把学生带入亚洲风景，激发学生的学习欲望。</td></tr>
<tr><td rowspan="5">二、学习亚洲的地形特征，总特征一：地势起伏大</td><td>1. 教师 PPT 展示导学题，让学生在导学案上找见亚洲主要的地形区。
完成导学案前指导学生读图方法，拿到图先看图名、图例、注记，再读图。再解释三个地理概念的区别。
地形：地表各种各样的形态总称为地形。常见。
地形有：山地、高原、平原、丘陵、盆地。
地形区：指区域内的主要地形的名称。如青藏高原、塔里木盆地、哈斯卡丘陵等。
地势：指地区地面高低起伏的总趋势。</td><td>1. 学生查图讨论回答出各地区的地理位置。
2. 学生上台演示亚洲主要地形区的位置。
3. 学生读图，思考、回答问题。
4. 学生完成学案或者整理笔记。</td><td rowspan="5">1. 通过观察、比较，培养学生的动手操作、动眼观察的能力。
2. 学生展开竞赛，抢答，活跃气氛。
3. 通过观察、比较，培养学生的动手操作、动眼观察能力。
4. 准确把握本节重难点。</td></tr>
<tr><td>2. 地形复杂多样。
教师提问亚洲的主要地形类型有哪些？从而得出亚洲地形的第一个特征：地形复杂多样，以高原、山地为主，集中分布在中部，其高原和山地面积约占总面积的 3/4。</td><td>完成学案，竞赛抢答。</td></tr>
<tr><td>3. 中间高，四周低。
让学生读图说出亚洲主要地形区的位置并依据高度表，说说它们的大致海拔？得出亚洲地形的第二个特征：中间高，四周低。</td><td>读图思考，回答问题。</td></tr>
<tr><td>4. 地势起伏大。
指导学生找出死海和珠穆朗玛峰，看看它们的海拔有多高？得出亚洲地形的第三个特征：地势起伏大。</td><td rowspan="2">完成学案，整理笔记。</td></tr>
<tr><td>5. 教师 PPT 展示亚洲地形图，沿北纬 30 度，从西向东做一次亚洲之旅。进一步证实亚洲地势特点：中部高，四周低。</td></tr>
<tr><td rowspan="2">三、学习亚洲的地形特征，总特征二：长河众多</td><td>1. 教师 PPT 展示导学题，让学生在导学案上找见亚洲主要的河流。同时随机请学生上台演示亚洲主要地形区的位置。</td><td rowspan="2">小组讨论，合作探究。展示讨论结果，完成学案。</td><td rowspan="2">1. 小组合作通过读图导学，让学生对提高读图、认图、析图能力，活学活用。
2. 学习亚洲的河流，培养读图和小组合作能力。</td></tr>
<tr><td>2. 让学生看亚洲主要河流最终流入到哪儿？</td></tr>
</table>

续表

学习流程设计			
教学环节	教师活动	学生活动	设计意图
三、学习亚洲的地形特征，总特征二：长河众多	3. 让学生看它们的流向有何不同？	小组讨论，合作探究。展示讨论结果，完成学案。	1. 小组合作通过读图导学，让学生对提高读图、认图、析图能力，活学活用。 2. 学习亚洲的河流，培养读图和小组合作能力。
	4. 请学生回答亚洲河流分布有何特点？这种分布与地形分布之间的关系如何？		
	5. 让学生思考亚洲河流还有哪些特点？		
	6. 小结亚洲的地形特点，板书总结。	学生完成学案并整理笔记	
四、认识北美洲地形和河流	小组合作，讨论探究下列问题。 （1）找出海岸山脉、内华达山脉、落基山脉、大平原、密西西比河平原、拉布拉多高原、阿巴拉契亚山脉，分别指出它们在北美洲的位置和大致的海拔。 （2）按照“相对一致、空间上连续”的原则，将北美洲按照地形划分成西部、中部和东部三个区域，说出这三个区域主要的地形类型。 （3）在图 6.11 中找出密西西比河及其主要支流，并用箭头标出它们的流向。 （4）分析这些河流的流向与地形的关系。	1. 小组讨论，合作探究，回答教师提出的五个问题。 2. 展示讨论结果，完成学案。	拓展提升，掌握学习区域的学习方法。

板书设计

6.2　自然环境

地形：亚洲地势起伏大，地势中间高，四周低，地形复杂多样。

决定↓↑反映

河流：向四周呈放射状分布。

教学设计特色说明与教学反思

1. 紧紧围绕“落实”的主题，成功运用学案，做到了落地有声。
2. 上课节奏掌控得当，设计思路清晰。
3. 导入新颖，凭借播放微视频应用流行音乐《带你去旅行》，将学生成功代入亚洲情境当中。
4. 从指图、认图到分析归纳，再到总结提升，层层递进，阶梯式教学得到了充分体现。
5. 地理集锦增加课堂趣味性，同时也拓展了学生的知识面。
6. 通过问题设计一步步引导学生，让学生自己生成结论。
7. 板书时让学生整理笔记，并再次说出总结的内容，同时 PPT 展示板书内容，照顾到不同层次的学生。
8. 训练形式上的多样化处理，刚开始让学生自己识图、认图、指图，慢慢加深难度，让学生自己用地理语言描述他所在的地区。
9. 在上课过程当中，从最基本的地理方位开始强调，有意识地培养学生的地理核心素养。

初中物理魅力课堂设计举例

课例基本信息			
姓名	舒艳丽	学科	物理
学段	初中	年级	八年级
教材（出版社）	北京师范大学出版社	课题	探究——滑动摩擦力的大小与什么有关
课例设计			
教学目标	1. 通过对日常现象的回顾以及亲身体验，感知摩擦现象。 2. 依据生活经验对影响滑动摩擦力大小的因素进行合理猜想，借助提供的器材进行实验，设计控制变量实验。 3. 通过探究滑动摩擦力大小与压力大小及接触面粗糙程度的关系，体会控制变量的思想和方法，提升设计实验、收集数据和归纳结论的能力。		
教学用具	弹簧测力计、木板、长方体物体、学生电源、砂纸、光滑纸、钩码。		
教学重点	滑动摩擦力的设计实验。		
教学难点	滑动摩擦力的方向。		
教学方法	提出问题、猜想与假设、设计实验、探究实验、交流与评价。		
学情分析			
八年级学生开始力学的学习，这是初中难度最大的板块，在学习中应重视物理现象、概念、规律的学习，重视学生理解、分析、推理能力的培养。在物理学习中，建议选取结合实际的事例，丰富和充实物理课程的内容。在课堂上应以立足学生的发展为着眼点，突出科学探究，培养学生主动学习，以探究教学来培养学生的能力。物理教学应注重培养学生设计实验、操作实验、交流分析的能力，使学生的态度、情感、价值观得到进一步的深化，充分体现“科学的本质”。			
教学内容分析			
摩擦在生产及生活中都有着重要的意义，学生对摩擦现象有着丰富的感性认知，本节课在学生生活认知基础上，引导学生从物理学的角度科学地认识摩擦问题。学生从生活经验中就已经能了解滑动摩擦力大小与压力大小和接触面粗糙程度有关，所以本节的实验结论很容易达成共识，但是学生实验不仅仅为实验结论服务，让学生经历设计实验的过程，在设计中将“二力平衡”的知识运用到测量滑动摩擦力中，对实验过程的评价及将实验结论应用到生活中去，都是重要的教学内容。虽然探究结论直接易懂，但需要综合运用第一节“力”，第二节“弹力　力的测量”，第五节“二力平衡”的相关内容，所以对本节教学的设计要层次清晰，有力地促进学生的物理核心素养的提升。			

续表

教学资源整合
本节课采用引导探究为主、多媒体为辅的教学方法，通过实验探究影响滑动摩擦力的大小，体现物理学科特点，发挥实验的作用。在学习过程中突出学生的主体地位，强化学生的参与意识和主动探索精神，让学生在愉快的氛围中感知和探索知识，激发学生主动学习的热情，发展学生的思维，培养学生的合作意识和合作精神。 通过学生小组自主学习，填写导学案，进一步加深和巩固对知识的理解和记忆。 在学习这节课的基础上，联系实际观察自行车，进一步加强对滑动摩擦力因素的落实，巩固课堂知识并应用所学知识解决生活中的问题。

学习流程设计			
教学环节	教师活动	学生活动	设计意图
一、教学引入	情境1：观看视频，冰面上行走困难。原因是冰面光滑摩擦力小。推出的冰球和冰车在冰面受摩擦力吗？最终冰球和冰车在冰面上慢慢停下来了，说明什么呢？	1. 思考并回答：说明冰球和冰车受到摩擦力，从而在冰面停下来了。 2. 自己体验摩擦力：搓手、手在桌面上滑动。	通过自己的体验亲身感受摩擦力，体会滑动摩擦力产生的条件。
二、滑动摩擦力定义及方向	1. 提出问题：力是有方向的，怎样描述滑动摩擦力的方向呢？	学生根据毛刷形变的方向判断摩擦力的方向。	将复杂的难点通过实验的形式增强可视性，从而会判断摩擦力的方向。
	2. 演示实验：毛刷实验（用长毛毛刷向一个方向用力刷木板）。实验引出知识点：刷子受到的滑动摩擦力的方向与刷子相对于木板的运动方向相反。		
	3. 老师总结：刷子受到的滑动摩擦力的方向与刷子相对于木板的运动方向相反。		
三、探究影响滑动摩擦力大小的因素	1. 问题与猜想：引导学生思考饮料和矿泉水瓶盖上为什么有很细的条纹；用橡皮在纸张上擦除铅笔字迹时，为什么越是用力按橡皮，橡皮在纸上滑动就越费力；为什么在地面上推动质量小的物体比推动质量较大的物体省力；擦黑板时，为什么越是用力按板擦，板擦在黑板上滑动就越费劲。	学生体验拧瓶盖和使用橡皮，让学生依据生活中的这些现象，猜想滑动摩擦力大小可能与哪些因素有关？	1. 联系实际进行猜想，提出可探究的因素，培养学生思维能力。 2. 实验原理和实验方法的分析，为科学探究做准备。

续表

学习流程设计			
教学环节	教师活动	学生活动	设计意图
三、探究影响滑动摩擦力大小的因素	2. 实验：让学生体会用力擦黑板与轻轻擦黑板的不同。通过板擦的对比实验猜想影响摩擦力的因素：轻压和重压情况下，摩擦力不同，而重力不变；同时让学生明白物体重力越大，放在水平面上对水平面的压力越大，从而排除物体重力的因素。体积可以归纳到受力面积、压力方面。最后提出压力、接触面的粗糙程度、接触面积、物体速度四个猜想。	学生猜想与摩擦力大小有关的因素：压力，接触面粗糙程度，接触面积，物体的速度、重力、体积等。	1. 联系实际进行猜想，提出可探究的因素，培养学生思维能力。 2. 实验原理和实验方法的分析，为科学探究做准备。
四、设计实验	1. 实验方法和原理。 （1）在设计实验前，引导学生思考如何测滑动摩擦力的大小？弹簧测力计显示的是拉力的大小，那怎样才能知道滑动摩擦力的大小呢？ （2）交流讨论：当物体在水平面做匀速直线运动时，滑动摩擦力大小等于拉力大小。 （3）实验原理：二力平衡 f=F。同时讨论多个因素影响滑动摩擦力时，实验采用控制变量法。	1. 学生思考如何测滑动摩擦力的大小？ 2. 交流讨论，如何通过弹簧测力计的示数知道滑动摩擦力的大小。	经历设计实验的过程，在设计中将“力”“弹力”“力的测量”“二力平衡”的知识运用到滑动摩擦力中，综合运用的所学知识，提升学生运用知识的能力。
	2. 实验探究一：滑动摩擦力大小是否与压力大小有关？ （1）设计实验与制定计划：给定器材，引导学生明确实验中的自变量、因变量和控制变量后，设计实验制定计划，并重点讨论如何测量出滑动摩擦力的大小。 （2）分析与论证：滑动摩擦力的大小跟压力大小有关，在接触面粗糙程度一定时，压力越大，滑动摩擦力越大。	操作实验并记录实验数据，根据实验数据分析结论。	动手实验，通过小组合作收集数据，培养学生动手能力。严格规范的进行实验探究。
	3. 实验探究二：滑动摩擦力大小是否与接触面粗糙程度有关？ 滑动摩擦力的大小跟接触面的粗糙程度有关，在压力一定时，接触面越粗糙，滑动摩擦力越大。	操作实验并记录实验数据，根据实验数据分析结论。	

学习流程设计			
教学环节	教师活动	学生活动	设计意图
四、设计实验	4. 探究实验三：滑动摩擦力大小是否与接触面积有关？ 设计实验：①平放；②侧放。	操作实验并记录实验数据，根据实验数据分析结论。	动手实验，通过小组合作收集数据，培养学生动手能力。严格规范的进行实验探究。
	5. 探究实验四：滑动摩擦力大小是否与物体的速度有关？（改变电动机两端电压） 结论：滑动摩擦力大小与物体的速度无关。	操作实验并记录实验数据，根据实验数据分析结论。	
五、课堂落实	课堂观察：（出示自行车图片）自行车上哪些地方增大摩擦？哪些地方减小摩擦力？分别从哪些因素改变摩擦力的大小？	仔细观察图片，回答问题。	应用所学知识解释现象。

板书设计

一、滑动摩擦力

1. 一个物体在另一个物体表面上相对滑动时，产生阻碍相对滑动的力，叫滑动摩擦力。
2. 滑动摩擦力的方向：与相对运动方向相反。

二、滑动摩擦力大小与什么因素有关？

1. 滑动摩擦力的大小跟压力有关，在接触面粗糙程度一定时，压力越大，滑动摩擦力越大。
2. 滑动摩擦力的大小跟接触面粗糙程度有关，在压力一定时，接触面越粗糙，滑动摩擦力越大。
3. 摩擦力大小与接触面积、物体运动快慢无关。

教学设计特色说明与教学反思

本堂课学生探究实验过程效果非常好，思路清晰。

本节课的教学设计能够结合学生的认知规律，创造条件，指导学生探究实验，总结规律性的知识，这对激发学生的学习兴趣，发展思维和培养能力有较大的作用。

该探究实验重点落实在猜想、设计实验、进行实验、交流讨论环节，能够完整地经历科学探究的大部分环节，促进学生学科核心素养的发展。在探究猜想环节，“相对运动速度”“接触面积”也是学生常提到的可能因素，所以也要用实验证明滑动摩擦力大小与这两者无关。通过这节探究实验课，培养了学生一定的实验操作技能、思维能力以及运用科学原理和科学研究方法解决物理问题的能力。使学生掌握基本的实验知识技能，体验科学探究过程，了解科学研究方法，增强科学创新意识和实践能力，使学生达到以下能力：发现问题、猜想、设计实验方案、确定科学实验步骤并进行实验的能力。

这节课，通过调整实验教学方式，培养学生实验能力，让学生成为实验学习的主人，教师成为实验的组织者和合作者。在以后的教学过程中多做趣味实验，提高学生兴趣，充分挖掘身边的实验器材，结合特定的物理情境增加实验的趣味性、直观性、新颖性、科学性，激发学生的好奇心和求知欲，引发学生思考，引导学生主动发现问题、解决问题。

这种教学方式符合物理新课程标准的要求，能提高学生的科学素养，有利于学生个性的发展，有利于学生在原有基础上的可持续发展，这正是我们应该追求的目标。

初中化学魅力课堂设计举例

课例基本信息			
姓名	张晓晖	学科	化学
学段	初中	年级	九年级
教材（出版社）	人民教育出版社	课题	二氧化碳
课例设计			
教学目标	**知识技能：**使学生掌握二氧化碳的物理性质、化学性质和用途。 **能力培养：**通过对二氧化碳性质的学习，培养发展学生的观察能力和对所学知识的综合运用能力。 **科学品质：**通过对温室效应的了解和关注，培养学生的环境保护意识。		
材料用具	试管、集气瓶、软塑料瓶、紫色石蕊小花、有关教学课件、视频、展示板。		
教学重点	二氧化碳的可溶性。		
教学难点	二氧化碳和水反应。		
教学方法	提出问题、猜想与假设、查阅资料、设计实验、实验验证、观察思考、交流与评价。		

学情分析
九年级的大多数学生处在 14 ~ 15 岁的年龄段，正处在身心迅速成长的时期，大脑功能显著发展并趋于成熟，他们对化学的兴趣逐步由“直觉兴趣—操作兴趣—具有因果关系的兴趣”向“具有概括性的认知兴趣”迁移，通过前几个单元的学习，学生对实验操作也有了进一步的熟练掌握，学生可通过自主探究来了解一类物质的规律知识，喜欢一些创造性的实验和观察活动。 在这一学期初始，学生初次体验了化学世界的奥妙，神秘而激动人心。教师的责任就是将每一位学生领进“化学的世界”，所以在教学设计时要关注学生的学习兴趣、学习能力和社会实践体验。在本节教学中我主要从学生的生活出发，了解二氧化碳的物理性质与化学性质。
教学内容分析
本单元是初中最为完整的学习元素和化合物知识体系的一个单元。本节课的知识体系既能联系到碳单质，又涉及碳酸和碳酸钙等化学知识，也为以后的教学打下基础。所以，本课题内容是本单元内容的核心和纽带。本节教材总体来说难度不大，许多学生比较熟悉，也比较感兴趣，因此，教师的主要任务是引导学生对二氧化碳的认识从感性上升到理性，利用学到的化学知识理解和解释相关的化学问题，提高科学素养水平。

续表

教学资源整合

本节课以引导探究为主、多媒体为辅的教学方法，通过实验体现学科特点，发挥实验的作用。在学习过程中突出学生的主体地位，强化学生的参与意识和主动探索精神，让学生在愉快的氛围中感知和探索知识，激发学生主动学习的热情，发展学生的思维，培养学生的合作意识和合作精神。

学习流程设计

教学环节	教师活动	学生活动	设计意图
一、引入课题，总结二氧化碳物理性质	1. 引入课题。 在刚开始上课时，将一瓶二氧化碳放在讲台上，请学生观察并联系“课题2”中二氧化碳的信息，初步猜想二氧化碳的性质有哪些。	以小组为单位，观察集气瓶中的二氧化碳，分析其性质。说出小组观察结果，相互补充。	刚上课时学生的注意力还未完全集中，通过猜想和“看”吸引学生的注意力，还能使学生主动回忆有关二氧化碳的相关知识。
	2. 通过演示二氧化碳的灭火实验，请学生讨论、猜测有关二氧化碳的物理、化学性质。（图为倾倒二氧化碳实验） 	观察实验，以小组为单位小结实验中体现的二氧化碳的性质。	倾倒二氧化碳的实验是一个非常有趣的试验，一下就能抓住学生。而适时地组织学生对二氧化碳的性质进行总结讨论，在无形中展开竞争，可在课堂中引起第一个教学高潮。
	3. 总结二氧化碳物理性质。	说出小组观察结果，相互补充。	总结二氧化碳的物理性质。
二、通过具体事例分析二氧化碳的物理性质和化学性质	利用以下图片和事例引发学生对二氧化碳的性质的新思考。 事例1：意大利的屠狗洞传说。 事例2：在进入长期储存蔬菜的菜窖前需要先放入燃着的蜡烛，观察蜡烛是否熄灭，为什么？ 事例3：由可口可乐的配料表，进一步猜测二氧化碳的性质。[可口可乐配料：碳酸水（水、二氧化碳）白砂糖、焦糖色、香料（包含咖啡因）……]	通过观察实验进一步分析二氧化碳的性质；以小组为单位，观察图片，分析事例文字中体现的二氧化碳性质。 小组完善二氧化碳的性质，并汇报张贴。	1. 九年级学生在学习化学时最感兴趣的就是能体会到自己的“学有所用”。因此，我在本节课设计中整理了一些与课文有关的事例图片或视频材料介绍给学生，一方面能提高学生的学习兴趣，另一方面能加深学生对知识的理解记忆。“灯火试验”“离奇死狗洞”等就是这样的事例。可口可乐是学生们身边常见的饮料，甚至有些学生每天都会饮用，所以当图片出现时学生的反应又变得热烈起来，更有学生当时就拿出自己的可口可乐瓶看。 2. 适时地引导学生分析“碳酸水”的意思，为以后的性质总结做铺垫。

续表

学习流程设计			
教学环节	教师活动	学生活动	设计意图
三、通过实验探究二氧化碳与水的反应	1. 演示实验“二氧化碳与石蕊试液的反应”，引出二氧化碳与水反应这一化学性质。 指导学生阅读教材“四小花”实验：“每朵小花的作用”。 4朵小花均被石蕊试液浸染过。 第一朵小花被喷洒稀醋酸后变红。 第二朵小花被喷水后没有变红。 第三朵小花直接放入集有二氧化碳的瓶中，没有变红。 第四朵小花喷水后放入集有二氧化碳的瓶中，小花变红。	观察实验。跟随教师思考每朵小花的作用。	1. 利用科学的、严谨的科学试验，再一次吸引学生的注意力，并引出新的、重要的知识点。 2. 前面几次学生活动基本上是个人思维的活动，而此次的设计实验要几个人相互提议、补充、纠错后才能完成，这又训练了学生们的互助学习。 3. 通过稍微变瘪的瓶子使学生们感受二氧化碳可溶于水。过一会儿，摇晃瓶子发现瓶子稍稍变鼓的现象，体会碳酸不稳定。
	2. 指导学生设计实验。根据总结出的“二氧化碳可溶于水”和“二氧化碳与水反应”这两条性质，设计实验加以证明。及时向学生提供帮助和建议。 组织学生讨论、总结： （1）学生分组讨论。 （2）学生分组汇报。 （3）教师总结。 （4）学生演示水瓶实验，该实验简单、现象明显、易得。	1. 学生以小组为单位设计实验步骤证明二氧化碳能与水反应，小组间讨论，根据老师的建议进行修改。 2. 实验中软塑料瓶变瘪，分析原因。	
	3. 演示：二氧化碳与氢氧化钙溶液（澄清石灰水）反应，使瓶子变瘪。	学生演示、观察。学生观察实验，小结二氧化碳的主要性质。	在学生初步感觉到化学变化神奇的时候，利用学生不注意时向瓶中倒入看起来像水一样的氢氧化钙溶液，并请附近的学生帮助摇晃瓶子，瓶子骤然变得极瘪，造成了“大吃一惊”的效果，在高潮中结束了本节课，并为酸碱盐的学习进行铺垫，体会研究物质需要不断深入，不断完善。

续表

学习流程设计

教学环节	教师活动	学生活动	设计意图
四、总结二氧化碳性质	教师小结：二氧化碳的性质。阅读教材 120 页，讨论两个问题。 问题 1. 二氧化碳在自然界中的循环情况，并依据二氧化碳的性质和自己的了解分析“温室效应”的成因。 问题 2. 小组活动：二氧化碳的性质与用途的关系。（提示：二氧化碳能灭火应用的是什么性质？二氧化碳能制造舞台烟雾特效应用的是什么性质？）	记录并整理本节课的主要内容，和老师一起梳理。	总结、巩固知识点，增强学生低碳意识。

板书设计

二氧化碳的性质

1. 物理性质：无色、无味、气态、密度比空气大、能溶于水

2. 化学性质：

① 不支持燃烧，也不可燃 → 能灭火（与“密度比空气大”共同指向）

② 不支持呼吸

③ $CO_2+H_2O = H_2CO_3$ → 不稳定、易分解、能使紫色石蕊溶液变红

$H_2CO_3 = H_2O+CO_2\uparrow$

④ $CO_2+Ca(OH)_2 = CaCO_3\downarrow+H_2O$ → 二氧化碳的检验方法

教学设计特色说明与教学反思

提出问题、猜想与假设、查阅资料、设计实验、实验验证、观察思考、交流与评价被称为 HANDS-ON 教学活动，在教学中给学生创设真实的情境，并引导学生从情境中发现问题，增强学生的好奇心和探究欲。

心理学家皮亚杰认为“儿童的思维是从动作开始的，切断了动作和思维之间的联系，思维就得不到发展”。因此教师在教学中，要重视学生的动手操作，让学生在动手操作中感知、经历知识的形成，解决相应问题并获得知识，从而促进学生实践能力的发展。智慧的教师并不告诉学生答案，而是采取 HANDS-ON 教学方式，让学生亲手操作，探寻答案，体验生活。

魅力课堂充分体现学生自主学习能力的培养，以小组合作学习为基础，带动所有学生共同学习、共同进步，魅力课堂的目的在于让学生以更科学的方法学习知识，尤其强调对学生学习方法、思维方法、学习态度的培养。其特点是：第一，强调动手实践活动，从周围生活中取材。第二，强调学生主动学习。第三，不仅强调对知识的学习，更重要的是强调对学习方法、思维方法、学习态度的培养。第四，HANDS-ON 提倡合作交流。在活动过程中，学生应与同伴进行交流，向教师阐述自己的观点，与其他同学及不同实验结果进行比较，以检验其观点和实验结果的准确性和有效性。第五，HANDS-ON 活动是围绕一定主题进行的，每一个主题都应使学生有足够时间进行探索和交流。

续表

教学设计特色说明与教学反思
这一教学设计改变了学生被动学习化学的倾向，摆脱了“验证”的束缚，学生有更多的机会去主动体验，教师让出了更多的思维空间给学生，从而能使学生在知识的形成、联系、应用和交流过程中养成科学态度，获得科学探究的方法，做到了既“用科学 ”，又“做科学”，实现了学习方法的转变，学生成为真正的学习主人。 在教学中引导了学生采用对比实验分析研究化学问题，求同存异，归纳迁移一般规律，去伪存真，筛选无关因素（排除水、二氧化碳对指示剂变色的干扰），保证了研究结论的科学性。学生在相互讨论、猜想、探究、交流的过程中，学会了接纳、赞赏、互助，培养了合作精神，体验了科学探究的乐趣和成功的喜悦。 这种教学方式符合化学新课程标准的要求，能提高学生的科学素养，有利于学生个性的发展，也有利于学生在原有基础上的可持续发展。

初中生物魅力课堂设计举例

课例基本信息			
姓名	张蕾	学科	生物
学段	初中	年级	七年级
教材（出版社）	人民教育出版社	课题	人体对外界环境的感知

课例设计	
教学目标	**知识目标** 1. 概述眼球的主要结构和视觉的形成过程。 2. 解释近视形成的原因。 3. 说出近视的成因及预防的方法。 **能力目标** 1. 运用生物学观点解释一些眼部相关疾病形成的原理及预防方法。 2. 培养运用观察、归纳、概括及推理对问题进行分析的能力。 **情感态度和价值观** 1. 养成良好的用眼习惯，形成珍爱生命的生命观念。 2. 体验社会责任，认同关爱和帮助社会上残障人士的重要意义。 3. 通过对眼球和视觉的学习，培养对生物体奥秘的探究兴趣。
教学用具	多媒体课件、遮眼罩。
教学重点	1. 眼球的结构、视觉的形成过程及近视形成的原因。 2. 培养学生良好的用眼习惯，树立爱护眼睛的意识。
教学难点	眼球的结构、视觉的形成过程及近视形成的原因。
教学方法	视频播放、模型讲授、演示实验、问答法。

学情分析
学生根据已有的生活经验，对简单的人体对外界感知方式、器官，如听觉靠耳、视觉靠眼等内容并不陌生。学生对“眼与视觉”这部分内容是非常感兴趣的，他们不仅对结构与功能感兴趣，也对与眼睛有关的疾病感兴趣，尤其是与他们密切相关的“近视”，一定会想清楚地知道为什么。但是，眼球中的各个结构名称、与这些结构相对应的功能及视觉形成的具体过程，学生并不清楚。调查得知，北京市的小学科学课程，只对耳的结构（耳的三部分），以及听觉的产生简单学习过，但对于眼和视觉并未进行系统学习，本节具体内容对于学生而言比较陌生。

续表

学情分析

课前调查

眼各部分结构名称	3.6% 的学生不知道	96.4% 的学生知道至少一个正确名称	
眼的主要结构	50.2% 的学生回答是“其他结构”	10.4% 的学生回答是“眼珠”	39.4% 的学生回答是“眼球”
眼球的大小和形状	27.5% 的学生回答“不知道”	26.4% 的学生回答“和照镜子时眼所观察到的结构一致”	46.1% 的学生回答“和照镜子眼表所观察到的结构不一致”
视觉的形成	44.1% 的学生回答“不知道”	21.8% 的学生回答“和某个眼球结构相关”	34.1% 的学生回答“光的折射”
近视的原因	49.2% 的学生回答“不知道”	46.7% 的学生回答“不正确的用眼习惯”	4.1% 的学生回答“晶状体或眼球前后径变化”

通过课前调查发现，大部分学生至少能说出 2 个与眼相关的结构名称，其中最多是眼角膜和瞳孔。而且学生是从“眼角膜移植新闻”和“检查近视度数要散瞳”这两个方面了解眼角膜和瞳孔这两个眼部结构的，说明学生比较容易接受、记忆和生活实际相联系的生物学知识。此外，学生在眼各部分结构名称书写时，还会出现“眼白”“眼皮”“眼仁”“眼珠”等非专业名词，说明学生通过生活经验对眼的结构有一定的了解，但并不全面和专业。故除课本所要求的眼球结构外，教师还需要对眼的附属结构进行简单介绍。因此，教师如何从学生已有的实际经验出发，与学生的生活实际相联系是本节教学的关键所在。

对眼主要结构的了解，少部分学生可以准确说出眼球，十分之一的学生认为是眼珠（虹膜所在部位），一半以上学生认为是“眼球、眼角膜”“眼球、视网膜、瞳孔”等，说明学生对“眼球”及“眼球的组成”并不能完全理解，这部分内容是本节学习的重点内容之一。此外，有超过一半以上的学生对眼球的大小和形状不了解，这也是教师需要简单介绍的内容。

关于视觉的形成，有接近一半的学生不知道，五分之一的学生认为和眼球的某个结构相关，主要是眼角膜，三分之一的学生认为和光的折射相关，但对于具体的折射过程并不很清楚，这是学生学习的重难点，加上视觉的形成需要凸透镜成像等相关的物理知识为基础才能阐述清楚，这就为学生的学习带来了一定的挑战。

对于近视的原因，一半学生不知道，接近一半的学生认为是由于不正确的用眼习惯，如长期使用手机、电脑等电子产品，但对于眼球内部结构发生何种变化并不清楚。只有极少数学生对晶状体曲度和眼球前后径变化导致近视有所了解，所以在学习凸透镜成像的基础上，分析不同情况下的凸透镜成像现象是本节学习的难点内容。

教学内容分析

单元内容分析

本单元主题“生物圈中的人”是《义务教育生物学课程标准（2011 年版）》确立的“人与生物圈”课程主题中最大的主题之一，共包括 5 个二级主题：食物来源于环境、人体生命活动的能量供给（呼吸和循环）、人体代谢废物的排出、人体通过神经系统和内分泌系统调节生命活动、人是生物圈中的一员。人民教育出版社出版的教材还把第 7 个主题“生物的生殖、发育与遗传”中的“人的生殖和发育”和第 10 个主题中的“健康地度过青春期”整合在本单元之中。

续表

教学内容分析

在北京市 2018 年中考生物的考试说明中，本单元内容涉及人体的营养、人体内的物质运输、人体的呼吸、人体代谢废物的排出、人体生命活动的调节、人对生物圈的影响这 6 个方面，其中对于五大系统的组成、食品安全、激素调节以及人对生物圈的影响等 8 个部分的知识层面的要求是层次 I，即了解含义和要点，能在简单情境中识别和辨认；而其他部分（如消化和吸收的过程、气体交换的过程、神经调节的基本方式等）的要求均为层次 II，即理解内在联系，能在较复杂情境中综合运用。在能力方面，要求学生具有用生物学相关内容解释生命现象的理解能力、模仿运用所学实验验证简单生物学事实的实验和探究能力（探究馒头在口腔内的消化），以及运用所学知识对生活生产中的简单生物学问题进行解释、推理的问题解决能力。在情感、态度和价值观方面，要求学生能够运用“结构和功能观”“进化和适应观”“物质和能量观”等观点解释简单的生命现象，理解珍爱生命、健康生活、人与自然和谐发展的意义。

该主题重视有关人体的结构、生理和卫生保健等内容，这是对学生了解自身、了解生命非常重要的知识，对学生理解人体结构和功能相适应的关系、理解人的各种生命活动及其对生物圈的影响、自觉养成良好生活习惯具有重要作用。

本单元非常重视生物学核心知识和能力以及学生正确情感态度与价值观的培养。在生物学教学中，生命教育应处于更加核心的地位。“生物圈中的人”这一主题的课程设置正是秉承“以人为本”“以生命为本”的教育理念，构建生物学核心知识；从生物圈的高度，引导学生认识生命、珍爱生命，从而学会生存、关心社会，树立人与自然和谐发展、可持续发展的理念，以及对真、善、美的价值追求。

本课时内容分析

人民教育出版社出版的生物学教材七年级下册第四单元第六章《人体生命活动的调节》，是在学生学习了有关人体的营养、呼吸、体内物质的运输和废物的排出等知识之后，继续以人的生理活动为主线，进一步让学生了解人体的生理活动如何进行，如何调节。

在本章内容的设计上，从人们对外界信息的感知入手，引出眼和视觉的形成，以及耳和听觉的形成，继而介绍神经调节和激素调节，人体通过自身的神经调节和激素调节来适应周围环境的变化，让学生逐步形成结构和功能、生物与环境相适应的生命观念。关注人体健康及良好生活习惯的养成。同时也为“人类对生活环境的影响”部分的学习做了铺垫。

“人体对外界环境的感知”是第六章第一节的内容，主要包括“眼和视觉”“耳和听觉”两个部分，“眼和视觉”作为第一课时内容讲授。眼是人体接受外界信息的主要器官，在人类适应环境变化的过程中起着重要作用，是本节的重点内容。其中的核心知识主要是眼球的结构与功能及视觉的形成过程及原理。知识服务于生活，从学生已有的生活经验出发，从现象到本质，层层深入，既是知识的学习，又很自然地进行了情感、态度、价值观的教育，这节课不但可以培养学生不断探求知识和合作学习的精神，还可以培养学生卫生用眼、用耳的习惯及关爱帮助有视觉、听觉障碍的人群的意识。

本节是全章教学的基础，完成好本节教学任务，可为后面内容的学习打下良好的基础。

教学资源整合

本节课利用羊眼球解剖视频，带给学生视觉上的刺激性和生动性，牢牢地抓住了学生的注意力，大大提高了学生的学习兴趣，比以往单独的教师归纳总结的效果要好，学生理解起来也更为容易和透彻。

通过学生小组自主学习，填写学案、拼装眼球结构模型，并在相应部件贴上写有结构名称的纸条，帮助学生更直观、更形象地了解眼球各部分结构，进一步加深和巩固对各结构功能的理解和记忆。

通过凸透镜成像演示实验，让学生观察到明显现象的同时，直接得出结论，避免了将简单问题复杂化，也避免了对学生还未学到的物理现象的解释。

续表

学习流程设计			
教学环节	教师活动	学生活动	设计意图
一、新课导入，人感知周围环境的方式以及视觉的重要性	1. 请学生观看电影《千与千寻》片段，思考千寻和父母是通过哪些方式感知外界环境的？	观看电影片段并思考，了解千寻和父母通过视觉、触觉、听觉、嗅觉等方式感知周围环境。	1. 学生通过观看电影，初步认识到人体通过眼、耳、鼻、舌、皮肤等感觉器官获取环境信息。 2. 通过设疑，引导学生通过思考进入新课内容的学习。
	2. 扇形图展示在这些对周围环境的感知方式中，使用最多的是视觉和听觉。 过渡语：人眼如何看清周围物体？要回答这个问题，先让我们了解眼的结构。	了解眼和耳是人体从外界接受信息的主要器官。	
二、学生自学眼球结构，教师梳理完善	1. 活动：请学生前后 4 人为一组，相互观察组员的眼睛，讨论、回答观察到的结构。	相互观察组员的眼，并回答观察到的结构。	1. 落实和突破眼球结构与功能这一重点目标。 2. 培养学生的观察能力、动手能力、自学能力，以及小组合作能力。 3. 带领学生归纳、总结所自学到的知识点，帮助学生逐步形成归纳零散知识点的科学思维、记忆习惯。 4. 从学生已有的经验出发，激发学生的学习兴趣，初步学会运用所学的生物学知识分析和解决某些生活、生产或社会实际问题。
	2. PPT 展示眼睛图片，指出眼是由眼球及附属结构构成（包括上下眼睑、睫毛、泪腺等），引出感受器和感觉器官的概念，并用 PPT 展示听觉、触觉、味觉等感觉器官。	了解眼是人体的视觉器官，由眼球和附属结构构成。此外还有听觉、触觉、味觉等感觉器官。	
	3. 活动：播放哺乳动物羊的眼球解剖视频（统一播放），结合眼球结构模型（每小组一套），以小组为单位自学。教师提出自学目标：①根据视频内容完成学案任务一；②将写有结构名称的纸条粘贴在眼球模型相应的部件上，并将模型重新拼装。 适时指导学生阅读教材，帮助学生观察、拼装眼球结构模型。	在自学目标的指导下自主学习。根据视频内容以及教材第 79 页眼球的基本结构和功能示意图，完成学案任务一的结构和功能连线题，并在眼球结构模型的相应结构上粘贴写有结构名称的纸条，最后正确组装模型。	
	4. 订正学案，结合模型、PPT，以及学生交流情况，帮助学生梳理、总结、完善。 眼内容物包括房水、晶状体和玻璃体，三者均透明。晶状体像一个凸透镜。	跟随教师讲解，对学案任务一填写内容及眼球结构名称的粘贴进行修正，分眼球壁和内容物两部分归纳、整理、强化眼球各部分结构名称和功能。	

续表

学习流程设计			
教学环节	教师活动	学生活动	设计意图
二、学生自学眼球结构，教师梳理完善	5. 结合图片提问：瞳孔既然是一个孔，应该是无色的，为什么我们图片上的瞳孔是黑色的？	根据自己的生活经验，引发对生活中常见问题的思考，在此基础上深化对脉络膜作用的理解。	
	6. 让学生根据生活经验说一说自己在黑暗和明亮环境中双眼会不由自主地出现哪些变化（如进出电影院）？进而引导学生观察教材第 80 页猫在明亮和黑暗环境中瞳孔的变化示意图，寻找变化原因。	根据已有生活经验交流、思考。在此基础上观察教材图片，提炼、总结瞳孔的功能。	
三、视觉的形成	1. 借助教具演示凸透镜成像的现象，引导学生对比认识到凸透镜和晶状体在形状上的相似，帮助学生建立光线通过晶状体后可以成像的概念。（凸透镜模拟晶状体，白板模拟视网膜，发光板充当物体。）	通过观察和思考，尝试建立光线通过晶状体后可以成像在视网膜上的概念。	1. 规避凸透镜成像原理的概念，从现象观察直接得出结论。避免问题复杂化，以助于突破难点，化难为易，化繁为简。 2. 利用凸透镜类比晶状体，帮助学生形成结构与功能相适应的生命观念。 3. 通过思考和练习把知识和生活实际结合起来，使学生对知识掌握更灵活、全面，理解更深刻。
	2. 活动：以小组为单位，请学生用结构名称和箭头表述视觉形成的过程，并完成学案任务二。（提示：光线怎样才能进入眼球？依次要经过哪些结构？最终落在那里？）并选择学生做全班展示。	结合教材第 80 页外界物体在视网膜上成像示意图，用结构名称和箭头表述视觉形成的过程，完成学案任务二。如有疑问可与小组组员交流讨论。对本组的总结结果进行全班展示并加以总结和说明。	
	3. 根据学生总结情况，借助教材插图和课件分步骤演示视觉的形成过程，帮助学生总结完善在视觉形成过程中光线都经过了哪些结构，经过这些结构使光线发生了什么样的变化？光线在哪里转变为视觉信号进行传导并在大脑形成视觉？	在教师的指导下总结、完善视觉的形成过程，建立光线通过晶状体后，可在视网膜上成倒立缩小的实像的概念。	

续表

学习流程设计			
教学环节	教师活动	学生活动	设计意图
三、视觉的形成	4. 提问：视网膜上的像是倒立的，但为什么我们看到的像不是倒立的？（提示：视觉神经和视觉中枢所起到的作用）	学生思考，理解视网膜上形成的物像，还将通过视觉神经传递给大脑的视觉中枢，经过视觉中枢的处理，人才能产生视觉。	
	5. 请学生思考：眼球的哪些结构受损会影响视觉的形成？（各部分都有关）如果有人失明，是否一定是眼球受到了损伤？还有哪些因素？有人脑内长一肿瘤，出现了失明，而眼球完全正常，失明的原因可能是什么？	通过生活实际，了解视觉的正常形成和眼球的结构、视神经以及视觉中枢密切相关。	
四、近视的成因及预防	1. 借助教具演示： 不同远近的蜡烛要在同一位置上成像，需要凸透镜曲度不同。（人体视物远近，需要晶状体曲度的不同变化，要强化此过程中睫状体的作用） 曲度不同的凸透镜在同一位置成像不同，引导学生对比观察，当凸透镜曲度变大时成像是变清晰还是变模糊。 同一凸透镜在不同位置成像不同，引导学生对比观察当凸透镜和白板之间距离变大时，物像是变清晰还是变模糊。	观察不同情况下凸透镜成像的现象，类推人体看远、近物体时晶状体的曲度变化（视物越近，晶状体曲度越大）。通过对比和分析尝试总结引起近视的原因（晶状体曲度变大或眼球前后径过长都能引起视网膜的物象模糊，物像成像在视网膜之前）。	1. 把教材中静止的图片变为动态过程更直观，便于学生对核心知识的理解和记忆，符合学生的认知规律。 2. 利用模型进行直观演示并设疑，比抽象的语言更能说明问题，也激发了学生思考和探究的兴趣。 3. 通过近视的原理和矫正方法让学生推测远视的原理和矫正方法，培养学生形成归纳和推理的理性思维。
	2. 在上述演示实验的基础上提出问题，怎样让模糊的物像变清晰？ 在凸透镜前放置一面凹透镜并调整凹透镜的位置，让学生观察物像清晰程度的变化。 将一名学生的近视眼镜放在凸透镜前并调节镜片的位置，让学生观察物像清晰程度变化。	观察演示实验的现象，对比分析实验结果，尝试说出矫正近视的一般方法。	
	3. 提出问题：请学生思考远视是如何产生的？以及远视的矫正方法。	通过类比和推理，了解远视是物像成像在视网膜之后，矫正方法是配戴远视镜（双凸透镜）。	

续表

学习流程设计			
主要环节	教师活动	学生活动	设计意图
四、近视的成因及预防	4. 引导学生根据本节所学知识和日常生活经验，交流保护视力的方法。	交流如何保护视力，强调预防近视要做到“三要”和“四不要”。	
	5. 活动：请一位学生从教室门口走到规定座位上；再请他戴上眼罩重复上述过程。	安静观看这位学生活动并适时给予一定的提醒和帮助。	培养学生关爱生命、关心和支持社会残障人士的社会责任感。
	6. 在生活中，如何对待视觉障碍人士?	思考、讨论如何对待视觉、听觉障碍人士。	

板书设计

§ 4.6.1　人体对外界环境的感知

一、眼的结构

眼
- 附属结构
- 主要结构：眼球
  - 眼球壁：外膜、中膜、内膜
  - 内容物

二、视觉的形成（晶状体＝凸透镜）

角膜→瞳孔→晶状体→玻璃体→视网膜→视神经→视觉中枢

三、近视的成因和预防

教学设计特色说明与教学反思

教学设计特色说明

本节课利用羊眼球解剖视频，带给学生视觉上的刺激性和生动性，牢牢地抓住了学生的注意力，大大提高了学生的学习兴趣，比以往单独的教师归纳总结的效果要好，学生理解起来也更为容易和透彻。

通过学生小组自主学习，填写学案、拼装眼球结构模型，并在相应部件贴上写有结构名称的纸条，帮助学生更直观更形象地了解眼球各部分结构，进一步加深和巩固对各结构功能的理解和记忆。

通过凸透镜成像演示实验，让学生观察到明显现象的同时，直接得出结论，避免了将简单问题复杂化，也避免了对学生还未学到的物理现象的解释。

教学反思

成功之处：根据知识内容特点和学生情况，将本节学习内容设置为三个部分，取得较好的效果。

（1）自学眼球的结构和各结构的功能。

（2）利用凸透镜成像现象展示学习视觉形成的过程。

（3）进一步利用凸透镜成像中凸透镜曲度变化和举例，展示和类比近视、远视的特点、成因、矫正、预防等问题。

续表

教学设计特色说明与教学反思
学习过程具有一定的自主性和探究性，引导学生利用模型和配图自主学习，充分发挥了学生的主体地位。 首先，关于瞳孔的变化在课堂上不便于进行有效的观察，故在学习结构时结合自身以及生活实际进行一定的分析，并对学生的疑问“瞳孔为什么是黑色的？”进行解答。 其次，教师直接在课堂上演示凸透镜成像现象，不再讨论照相机原理的问题，有助于提高学生的学习兴趣，增加学生的课堂参与度。学生直接从所观察到的现象得出结论，也避免了对于物理学知识的解释，将复杂问题简单化，有利于提高学生分析问题、解决问题及讨论交流的能力，提高生物课堂教学的有效性。 本节课有效地突破了难点，将晶状体的作用，成像的过程，近视的特点、成因、矫正方法和原理等通过模型和实物进行现场演示，使学生容易理解，也能调动学生学习的积极性。 在重视知识传授的同时，还重视情感、态度、价值观的培养。在这节课的教学过程中，让学生认同视觉卫生，注意保护自己的眼睛。 不足之处：教学过程、内容、环节还可再进一步精简和合理化。在进行演示实验时，学生积极性较高，导致课堂纪律有些嘈杂，今后还要加强自身对课堂、对学生的把控程度。

初中音乐魅力课堂设计举例

课例基本信息			
姓名	黄丽娜	学科	音乐
学段	初中	年级	八年级
教材（出版社）	人民音乐出版社	课题	探寻动感的非洲音乐
课例设计			
教学目标	1. 能够积极参与集体性综合表演，感受非洲节奏的强烈动感，并了解非洲音乐与文化的联系，学会理解和尊重世界音乐文化的多元性。 2. 通过比较、体验、创作、讨论、归纳等方法，探究非洲音乐的特点及形成原因。 3. 通过体验《破铜烂铁变奏曲》和演唱《阿伊亚——非洲的灵感》，学生能够模仿旋律和节奏型，理解非洲音乐中多声部、多线条、切分、即兴等特点。		
材料用具	非洲鼓、草裙。		
教学重点	体验非洲音乐中多声部、多线条、切分、即兴等特点。		
教学难点	练习多声部歌曲的演唱、体验多线条节奏的分工配合，以及对非洲音乐文化形成背景的探究。		
教学方法	1. 直观演示——课堂中运用音频与视频，以及教师的示范性演唱，使学生获得具体、生动、真实的感性知识，提高学生学习的兴趣。 2. 比较发现——学生在对比聆听中，发现非洲音乐多声部、多线条、切分、即兴等特点。 3. 启发探究——探究非洲音乐与其文化背景的联系。 4. 参与体验——运用奥尔夫声势教学法，让学生模仿、体验非洲音乐的多声部、多线条、复节奏和切分。		
学情分析			
八年级的学生在音准、节奏方面有一些基础，但还不太稳定。由于我国的音乐是以单线条、单声部的音乐为主，所以大多数学生多声部的训练较少。而且他们对世界民族音乐尤其是非洲音乐了解较少，因此，教学会有一定难度。比如，切分节奏、多声部的音准、多线条节奏的配合，以及即兴创编节奏都是本课的难点。但是非洲音乐强烈的动感会极大地调动起学生们学习的热情。			

续表

教学内容分析
本课选自人民音乐出版社出版的八年级上册音乐教材中的第五单元《环球之旅（4）——走进非洲》。 1. 非洲黑人音乐文化以它独树一帜的风格，矗立在世界音乐之林。它对拉美、美国以及许多东西方国家和地区的音乐尤其是爵士、摇滚、流行乐的发展影响深刻。 撒哈拉沙漠以南的非洲被称为“黑非洲”，那里的人们自豪地称自己为“black”。他们过着原始的群居生活。孩子们从小就玩音乐游戏，并且音乐伴随着非洲人从出生到去世的每一个方面。比如劳动、狩猎、战争、婚丧嫁娶、祭祀等。可以说。音乐就是非洲人生活的一部分。去听一听那充满着强烈节奏感的黑色之音，你能感受到生命的热情与冲动，你能体验到人与自然的和谐与欢乐。 2.《破铜烂铁变奏曲》突出了非洲多线条节奏的特点，在学习中让学生们听记、模仿，并参与体验视频中的几种简单节奏型。通过体验、感受切分节奏的重音改变产生的推动力， 由于集体的生活和劳动，使非洲音乐显得粗放、简易，在这首作品中体现了非洲人集体参与、分工合作的音乐模式，通过体验，学生们感受到了非洲音乐的多声部、多线条、切分、即兴等特点。 3.《阿伊亚——非洲的灵感》：是一首中非民歌。由“黑色之音”演唱组演唱。演唱形式为无伴奏女声三重唱。这首歌从头至尾都采用了领唱和合唱相交替的非洲传统呼应歌的形式。 学习中，要注意三声部音准与和声的配合。在这首歌曲中中声部为主题，高声部与低声部起到了呼应和补充的作用。同样体现了集体参与、分工合作的音乐特点。 4. 鼓，在非洲不仅仅是一件乐器，更是人们生活和音乐的灵魂。它的功用很多，不仅能统领音乐节奏、传递信息（会说话的鼓），还是宗教和权利的象征。

教学资源整合
将 PPT、视频、音频进行融合、剪辑，并结合非洲代表乐器鼓，一起感受非洲的动感节奏，并装饰上草裙体验非洲音乐的热情。

学习流程设计			
教学环节	教师活动	学生活动	设计意图
一、体验非洲节奏	1. 欣赏非洲歌舞视频。要求：模仿视频中的拍手和演唱部分。	欣赏、模仿、记忆、演唱，说出人们的表演活动（鼓、呼喊、唱歌、拍手、跺脚、舞蹈）。	通过视频欣赏和模仿，帮助学生理解即兴和多线条的复节奏。
	2. 从视频中人们的表演中引出多线条的复节奏。	在老师的教导下，理解切分节奏，这也是非洲音乐动感的来源。	重要知识点讲解。

续表

学习流程设计			
教学环节	教师活动	学生活动	设计意图
一、体验非洲节奏	3. 体验多线条节奏。从视频中选取三种节奏，进行体验，并讲解切分节奏。 ① Xxx　Xxx │ Xxx　Xxx │ 拍手 ② 0　0 │ X x　x X │ 跺脚 ③ 0　0 │ X xx x　x X │ 拍腿	分组进行练习，并合作体验多线条节奏。	实践体验非洲节奏。训练学生的合作意识，体验集体参与的乐趣。
	4. 请学生谈谈感受。 看似复杂的非洲节奏，其实各声部构成一个有机整体。节奏里有主题声部、伴奏声部、呼应和补充声部等。在刚才的合奏中，你来判断一下各自的分工。	学生谈感受：音乐节奏复杂、配合较难。 学生回答问题：人声演唱为主题声部，①是伴奏，②③是补充和呼应。	理解非洲音乐的分工合作。
二、体验非洲多声部歌曲	1. 欣赏歌曲《阿伊亚——非洲的灵感》。 打出谱例，学唱歌曲。 提示学生们三声部以外还有一个领唱的声部，引导学生体会领唱中即兴和切分节奏这两大特点。	学生聆听、记忆、模唱旋律。 师生配合完成三声部合唱练习。	通过演唱，可以更好地感受非洲音乐多声部和集体参与的特点。
	2. 总结非洲音乐特点。	思考总结非洲音乐特点：①集体参与分工合作；②多声部多线条切分；③即兴；④音域狭窄、乐句短小，近似说话、不断反复；⑤以打击乐为主。	引导学生感受和归纳非洲音乐的特点。

续表

学习流程设计			
教学环节	教师活动	学生活动	设计意图
三、歌曲表演	1. 为歌曲配上节奏。	学生每组选一个代表。	使学生积极参与课堂活动，并能激发他们的创作潜能。
	2. 与歌曲配合，体验集体参与、分工合作的表演。	师生共同参与演唱、打鼓、身体律动。	在分工配合中体验非洲音乐的热情和动感。
	3. 设问：非洲音乐为什么会有这些特点？	思考、回答。	引出非洲音乐与文化背景的联系。
四、探究、学习非洲音乐特点与文化背景的联系	1. 明确非洲音乐的地理位置界定。（PPT 展示） 教师介绍：在整个非洲大陆，以撒哈拉大沙漠为分界线，大致分为“北非”和“南非”，“南非”又称为“黑非洲”。我们今天所讲的非洲音乐，其实是指撒哈拉沙漠以南地区的黑非洲音乐。	看 PPT 地图，了解非洲音乐的地理位置。	明确本堂课非洲音乐的地理位置。
	2. 连连看：用连线的方式引导学生自己将生活环境、文化、语言、习俗等与音乐特点联系，逐一分析成因。 群居生活　集体劳动　　以打击乐为主 劳动分工不同　　旋律简单重复、音域狭窄、乐句短小近似说话 音乐天赋和无拘束性格　　多声部、多线条的复节奏、切分 原始生活、简单粗放　　即兴演唱和演奏 经济贫困、乐器制作落后　　集体参与，分工合作	分组讨论，分析音乐与非洲生活的紧密关系。 找学生代表到讲台前来归纳非洲音乐与文化背景的联系。	对文化背景的了解有助于理解非洲的音乐形态。
	3. 教师总结：非洲音乐对世界其他地区的音乐也有着深远的影响，如爵士、桑巴等流行乐。	学生聆听、思考。	多声部、多线条、切分、即兴这些音乐特点也对世界音乐，如爵士、桑巴等流行乐产生深远的影响。
五、课堂小结	教师小结本课主要内容。再次表演歌曲。	学生跟随教师完整演唱和表演歌曲。	随堂进行终结性评价，将课堂气氛推向高潮。

续表

板书设计
探寻动感的非洲音乐 非洲音乐特点：1. 集体参与，分工合作 2. 多声部、多线条的复节奏、切分 3. 即兴 4. 旋律简单重复、音域狭窄、乐句短小近似说话 5. 以打击乐为主
教学设计特色说明与教学反思
教学设计特色 1. 循序渐进。纵观整节课的设计，从欣赏音乐到多声部的学唱与配合，再到即兴创编节奏，体现了循序渐进的设计理念。这种学习方式更易于八年级的孩子接受。 2. 采用多元教学手段。在整个教学设计中，我运用了奥尔夫的声势教学法来引导学生体验非洲的切分节奏。在学习中，注重让学生去记忆、模仿旋律和节奏，锻炼他们的听、记能力。 3. 激发创作潜能。本课中，我设计了一个环节，就是让学生们即兴创编节奏，并与歌曲结合进行表演，极大地激发了学生们的创作热情和潜能。 **教学反思** 1. 以学生为主体。本节课在教学过程中，学生参与的积极性很高。体现了以学生为主体的教学理念。尤其在即兴创编节奏的环节，学生们主动思考，勇于表现。 2. 能力培养。使学生们在活动中获得了非洲音乐特点的知识，提高了听记节奏与音高的能力、多声部演唱与多线条节奏配合的能力，还有即兴创编的能力。 3. 实践体验。通过身体律动和参与表演，学生们对非洲音乐的特点与文化背景的关系有了更直观的感受和深刻的体会。 4. 不足。部分学生们在对多声部演唱和多线条节奏的配合方面，把握还不够准确。在今后的学习中需要加强这方面的练习。

初中美术魅力课堂设计举例

课例基本信息			
姓名	李燕	学科	美术
学段	初中	年级	九年级
教材（出版社）	人民美术出版社	课题	京剧元素的再创造
课例设计			
教学目标	**知识与技能**：了解京剧脸谱、服饰中的精美图案可以作为创作元素，进行包装、服装、服饰、生活用品等多种形式的美术创造。学会提取京剧脸谱中的色彩、图形的元素，并重新进行排列、组合、绘制新的图案，并用图案装饰生活用品。 **过程与方法**：能从京剧脸谱中提取色彩和图形的元素，并重新进行排列、组合、绘制新的图案，并用图案装饰生活用品。 **情感态度与价值观**：通过本课学习，感受京剧艺术中的造型、色彩之美，理解脸谱设计蕴含独特的形式美感，体会京剧艺术元素之美在生活中的延伸。在设计制作过程中，感悟传统纹样与现代生活的密切关系，加深对传统艺术的热爱。		
教学用具	书签、纸画盘、彩笔等。		
教学重点	学会用京剧脸谱的元素进行重组，提取色彩和图形等方式，完成装饰图案，并装点生活用品。		
教学难点	在物品的装饰美化中很好地展现京剧之美。		
教学方法	探究、交流、实践。		
学情分析			
九年级的学生面临中考的压力，同时他们也具备了一定的知识储备，具备了基础的设计能力，本课则是这种能力的提升。学生要先设计出京剧元素的图案，再想办法装饰在生活用品中，完成京剧元素的再创造。			
教学内容分析			
“京剧元素的再创造”是义务教育人民美术出版社出版的九年级第一学期美术教材中第九课的内容，属于“综合探索”学习领域。依据美术课程标准的要求，本课要让学生认识“美术与生活，美术与文化之间的关系”，表达对“美术与传统文化，美术与多元文化之间关系的认识和了解”。本课展示了京剧元素带给人们的设计美感。并通过介绍提取京剧脸谱中的图案元素或色彩的方式，引导学生尝试对京剧元素的再创造。并用绘制出来的图案装饰在生活用品上。本课的学习可以培养学生的发散思维，提升学生设计能力，并且感知传统美术在现代生活中的创新应用，体会民族艺术的魅力。本课作为北京地方课程，也激发了学生热爱家乡的情怀。			

续表

教学资源整合			
实物、学生优秀作业、音频、PPT 结合教学。			
学习流程设计			
教学环节	教师活动	学生活动	设计意图
一、创设情境，导入课题	1. 课前两分钟，播放《唱脸谱》歌曲。	师生互相问好。	初步体会京剧离我们并不遥远，打破学生对京剧的神秘感。激发他们的学习兴趣和求知欲。
	2. 教师出示图片，让学生猜猜这是哪里，在图片中你发现了哪些与京剧有关系的元素？为什么会做这样的设计？	学生观察图片，回答问题。第一张图片是四号线永安里站内方柱，用马赛克拼缀的脸谱图案，是为配合中国京剧院的艺术氛围而设计。	
	3. 教师出示长安大戏院门前的《中国风》雕塑图片。导出课题，今天，我们就来探究京剧中有哪些美的元素。	学生对长安大戏院门前的雕塑更加熟悉。	
二、学习新知	1. 脸谱探究：教师出示四张有代表性的脸谱图片，让学生试着分析京剧脸谱中的美感都表现在哪些方面。	学生小组讨论分析会发现脸谱图案在纹样上，有抽象和具象的花纹，在形式上对称和均衡并存。从而总结出脸谱的美感有：色彩美、图案美、形式美。	本环节让学生在探究活动过程中自主发现脸谱美感，有助于课堂实践的完成。
	2. 脸谱应用：教师出示京剧脸谱在生活中的应用。 教师总结写实与抽象、艺术与科学，生活中处处有脸谱元素，让学生了解脸谱元素可以应用在各个设计领域。（广告、网络、标志设计及家居环境装饰等） 脸谱应用可平面、可立体，可商业、可艺术。	学生观察图片也会发现，脸谱艺术无论在时尚网络、标志等领域，还是与传统元素搭配，都可以非常出色。从而总结出脸谱应用的范围非常广泛。	学生通过分析会发现脸谱应用不仅是直接装饰，还需要艺术夸张和科学支持。
	3. 脸谱的提炼：夸张、变形、重组。	学生在讨论中发现，总结出脸谱应用的特点，可以选择脸谱中的某一纹饰进行夸张，也可以对半个脸谱做扭曲处理，还可以把脸谱中的某一元素进行重新组合，完成一个整体图案。	出示学生熟悉的艺术或商业领域中京剧元素应用的实例，可以更加拉近学生和京剧的距离。

续表

学习流程设计			
教学环节	教师活动	学生活动	设计意图
三、课堂实践	1. 课堂实践。（可以一种方法完成，也可以组合多种方法来完成）教师布置课堂实践内容：简单勾勒一件生活用品，从京剧元素中提炼自己喜欢的图案、符号、色彩等，进行夸张、变形、重组等设计，并装饰在用品上。本节课只完成铅笔稿即可。 （1）实践要求：①构思巧妙；②合理利用脸谱中的元素；③注意点、线、面的合理安排。 （2）教师辅导：①启发和引导学生的想象，发觉京剧美的元素，鼓励学生大胆创作；②注意图案位置的摆放；③装饰图案应包含点、线、面的层次，不宜画得过散。	1. 学生交流：交流内容以创意，提炼为主。 2. 学生进行课堂实践。	京剧之美，不仅限于脸谱，服饰、姿态同样都会激发艺术的灵感。
	2. 课堂练习。提炼京剧元素和色彩，设计祝福签，或用纸盘子结合七年级时所学的连续纹样的设计手法完成，也可以制作向心或者旋转的图案。	学生进行课堂实践。	
四、课堂小结	“京剧离我们的生活并不遥远，我们随处可见有京剧元素的作品。希望同学们多关注我们民族的文化艺术，感受生活中多元文化的美。”	思考我们民族的文化艺术，感受生活中多元文化的美。	通过教师小结，增强学生对本课学习的理解。

板书设计
京剧元素的再创造 1. 脸谱探究。 2. 脸谱应用：写实又抽象、艺术与科学。 3. 生活中处处有脸谱：平面、立体；商业、艺术。

续表

教学设计特色说明与教学反思
教学设计特色 1. 初中美术课程要让学生认识“美术与生活、美术与文化……之间的关系”，表达对“美术与传统文化，美术与多元文化之间关系的认识和了解”。所以，设计教学内容时通过介绍提取京剧脸谱中的图案元素和色彩方式，引导学生尝试对京剧元素的再创造，并用绘制出来的图案装饰在生活用品上。 2. 根据《唱脸谱》对脸谱的图案色彩有了直观感受。 3. 学习三种设计方法：打散重组、提取色彩、提取图形。这个学习过程可以培养学生的发散思维，提升学生的设计能力，并且感知传统美术在现代生活中的新应用，体会民族艺术的魅力。 **教学反思** 课前两分钟，播放《唱脸谱》歌曲，很好地营造了情境。在课堂上用本校银帆京剧团的视频和照片，拉近了传统文化和现代中学生的距离。探究脸谱色彩美、图案美。学习京剧脸谱在生活中的应用。从京剧元素中提炼自己喜欢的图案、符号、色彩等，进行夸张、变形、重组等设计，并装饰在用品上。学生分组探究、实践，较好地完成了学习任务。

初中体育魅力课堂设计举例

课例基本信息			
姓名	许星伟	学科	体育与健康
学段	初中	年级	七年级
教材（出版社）	人民教育出版社	课题	武术——健身长拳

课例设计	
教学目标	1. 通过课堂练习，让学生初步掌握武术冲拳、推掌的正确动作方法，75%～80% 的学生通过自主学习初步学会健身长拳前五式动作，发展学生的柔韧性、协调素质。 2. 培养学生武德意识和安全意识。 3. 培养学生合作学习、自主学习意识，渗透中华传统文化教育。
材料用具	自制健身长拳图谱 8 份，毛笔书写的武术门派名牌 8 个（自制）。
教学重点	健身长拳前五式动作的自主学习。
教学难点	冲拳快速、有力。
教学方法	以“武林大会”的形式，组织学生看图谱、分组自主合作学习，教师巡视指导。

学情分析

本次授课对象是七年级 5 班、6 班男生，共 40 人，他们正处在青春期，活泼好动、模仿能力强、思维活跃、有较强的求知欲，大部分学生对武术不了解，会产生神秘感和好奇心。针对本班学生的特点，在教学中要遵循由易到难，层层深入的原则，充分发挥优生骨干力量，对于个别缺乏自信心的学生给予更多的关心，及时辅导和表扬，鼓励他们大胆地尝试。

教学内容分析

1. 健身长拳是人民教育出版社出版的《义务教育教科书教师教学用书 . 体育与健康 . 七年级 . 全一册》中武术项目的练习内容。它吸收了多种传统拳种的特色动作，并添加了闪身防挡的动作，目的是让学生在练习过程中了解我国传统武术的丰富内容，提高身体协调性，了解武术的攻防技法，学会闪身躲避伤害。

2. 本单元共 6 课时，本课为第 1 课时，学生初次接触武术教学，会产生强烈的新鲜感和好奇心。

续表

教学资源整合			
教师示范、自制健身长拳图谱展示；书写并托裱武林门派名牌。			
学习流程设计			
教学环节	教师活动	学生活动	设计意图
一、开始部分	1. 师生问好。	体育委员整队报数。	集中学生注意力，尽快进入学习状态。
	2. 宣布本课内容。	了解本课学习内容。	
	3. 安排见习生检查服装。	整理服装。	
二、准备部分	1. 教师带领下进行场地图形跑。	在教师带领下进行场地图形跑（贪吃蛇接对角线冲刺）。	热身、活动关节、预防意外伤害。
	2. 领做武术基本功：伸展运动、拉伸运动、劈拳推掌、闪身冲拳、立位体前屈、原地踢腿（正踢腿、里合腿、外摆腿）。	跟做武术基本功：伸展运动、拉伸运动、劈拳推掌、闪身冲拳、立位体前屈、原地踢腿（正踢腿、里合腿、外摆腿）。	
三、主体部分：健身长拳动作学习	1. 教师示范健身长拳；讲解自主学习方法。	学生观摩。	引发兴趣，培养学生自主、合作、探究学习的能力。
	2. 分发“武林秘籍”。	抽取“武林门派”名牌，为小组命名。	
	3. 教师巡视，纠正动作规格。	各“门派”苦练内功。	
	4. 教师安排集体展示。	“武林大会”各“门派”集体展示：一次两组，背对背展示。	
	5. 教师集中讲评练习过程中的问题，讲解闪身冲拳的攻防含义。	聆听观摩教师讲解示范动作的攻防含义，改进动作。	
	6. 组织学生集体学习健身长拳前六式动作。	听口令统一练习，注意安全距离防止误伤。 各组展示：武林大会。	
四、素质练习	教师讲解练习要求：俯卧撑 5 个和抱膝纵跳 10 个为一组，完成 3 组。	学生按要求练习。	增强学生身体素质，使其上下肢均衡发展。

续表

学习流程设计			
教学环节	教师活动	学生活动	设计意图
五、结束部分	1.组织学生进行放松练习。	跟随老师进行放松练习。	通过放松练习快速恢复心率。
	2. 集合队伍进行课堂点评；安排下次课内容；以抱拳礼的形式道再见。	集合站队，听老师讲评；了解下次课内容；以抱拳礼的形式道再见。	告知学生下次课内容；培养学生武术礼仪。

板书设计
略。

教学设计特色说明与教学反思

教学特色设计说明

本课教学设计从准备部分的徒手操，到专项准备活动，再到基本内容都，是以武术元素贯穿整节课堂。

1. 任课教师是传统武术专项，和非武术专项的老师相比，对于中国传统武术的理解和认知会更深入一些，示范动作更规范一些。

2. 教学设计体现了教师为主导和学生为主体，采用了集体教学、分组学习、集体展示等教学策略，培养了学生的自主学习能力。

3. 在教学中除了进行健身长拳的教学外，还通过以传统武术流派为各小组命名，让学生知道更多的武术流派。

4. 用毛笔书写各门派名牌的形式，向学生渗透中华传统文化教育，寓意文武兼修。

教学反思

学生练习积极，合作学习效果明显，要求的学习内容基本完成。门派分配时，学生的兴奋性高，较好地调动了学生的积极性。

自主练习时间略长，后面放松练习时间稍紧，在以后的教学中改进。

魅力课堂

Charismatic Class

第七章
高中学段

高中语文魅力课堂设计举例

课例基本信息			
姓名	胡晓静	学科	语文
学段	高中	年级	高一
教材（出版社）	人民教育出版社	课题	诗经·卫风·氓

课例设计	
教学目标	通过朗读，借助联想和想象品评感受诗中女主人公（“我”）的形象美。体验女主人公走出爱情困境的过程，确立正确的爱情观、人生观。
材料用具	多媒体。
重点难点	借助文本品读诗歌经典语句，把握女主人公的形象特点。确立正确的爱情观、人生观。
教学方法	朗读法，点拨教学法。

学情分析

学生对于《诗经》有一定的认知与积累，对本诗事件的概括应不是难点。但因为这是一首先秦时古老的婚恋诗，学生对女主人公情感的理解往往停留在“了解”和“知道”的层面，较难深入。

教学内容分析

《氓》这首诗选自《诗经·卫风》，叙述了一个女子从恋爱、结婚到被弃的过程，感情变化复杂，由最初婚恋时的热情到婚变时的悲愤，最后到决绝时的释怀。虽属叙事诗，但因其强烈的感情色彩备受瞩目。

教学资源整合

上好一堂课，除了课前教师的充分备课，更重要的教学资源应当是教师与学生课堂上的生成，其中学生的生成尤为重要。魅力课堂的理念倡导“敲打一块碎石”“点燃一束火焰”，讲的就是充分重视学生课堂上学情这一重要的教学资源。为此，教师设计的问题开放性要大，要足够能调动学生兴趣，并依据学生情况调整教学的详略和顺序。

续表

学习流程设计			
教学环节	教师活动	学生活动	设计意图
一、师生对答，《诗经》名句导入	中国是一个诗歌的国度，每一个华夏儿女都是诗的传人。《诗经》是中国诗歌长河的源头，滋养了一代又一代人的精神世界。不学诗，无以言，这是一种传统，也是一种修炼。 “下面我们做一个对句游戏，我说上句，大家说下句。” 蒹葭苍苍—— 青青子衿—— 桃之夭夭—— “大家能够脱口而出，说明《诗经》确实深入人心。今天让我们走进国风，走进一位卫国女子丰富复杂的精神世界。”	学生对接下句。	温故知新。引发学生的学习兴趣。引出阅读文本。
二、整体感知诗歌故事情节的发展过程	齐读全诗，并思考问题：“谁来简单概述下本诗以谁的口吻讲述了一个什么故事？提醒学生朗读注意字音、停顿。” 引导：问题是概述。 明确：以女子口吻讲述了婚恋、婚变、决绝的故事。	1. 学生集体朗读。 2. 学生独立思考、提炼概述。	整体感知，获得初步认知。
三、品读涵泳诗中的细腻语言，感受女子的形象特点	1. “这是一个从相恋走向分裂的故事，是一个寻常的故事吗？” “现实中也有很多走向离异的不幸婚姻。但是周朝的采诗官把这首诗放在《诗经》中，编者也把它放在高中教材中，所以这个寻常的不幸的故事肯定有不寻常之处。因此，今天我们探讨一个问题（主问题 1）：结合诗句，说说女主人公有哪些人生的幸与不幸？从中体现出何种形象？”	围绕主问题 1 对全诗任意诗句进行小组合作研究、多角度散点解读、班级分享交流。	1. 调动学生生命体验，生成原初理解。 2. 培养学生联想与想象能力，提升深度理解。 3. 准确感知主人公形象及情感。

续表

<table>
<tr><th colspan="4">学习流程设计</th></tr>
<tr><th>教学环节</th><th>教师活动</th><th>学生活动</th><th>设计意图</th></tr>
<tr><td rowspan="2">三、品读涵泳诗中的细腻语言，感受女子的形象特点</td><td>2. 教师归纳学生观点：
女主人公婚恋时：
①幸：热情、甜蜜、自主。
②不幸：冲动、迁就。
女主人公婚变时：
①幸：反思。
②不幸：沉痛、悲愤、遭受冷漠。
女主人公决绝时：
幸：回忆、释怀、醒悟、豁然。</td><td>在教师引导下边读边理解：有感情朗读竞赛，师生、生生碰撞，联系生活现实想象女主人公心理，互联其他诗句理解、理性分析，整合加工。</td><td rowspan="2">1. 调动学生生命体验，生成原初理解。
2. 培养学生联想与想象能力，提升深度理解。
3. 准确感知主人公形象及情感。</td></tr>
<tr><td>3. 总结：“通过朗读、比较读、联想读，我们体会了女主人公幸与不幸的人生。相信她在同学们心目中已不是古老文本里的‘木偶’，她是我们身边活生生、穿着衣冠的女子。”</td><td></td></tr>
<tr><td rowspan="3">四、跳读赏析“淇”字意象的三处用法</td><td>1.（主问题 2）“我们发现本诗中除了桑，也多次出现了‘淇’，分别有何意蕴？”</td><td>学生自主探究。</td><td rowspan="3">1. 加深对《诗经》“比兴”手法的认识。
2. 提升学生对相同景物不同心境下的比较分析，获得准确的情感及形象认知。</td></tr>
<tr><td>2. 教师归纳学生交流：
送子涉淇：甜蜜爱情发源地。
淇水汤汤，渐车帷裳：九曲回肠痛心处。
淇则有岸，隰则有泮：回归理智清醒时。</td><td>学生分享交流。</td></tr>
<tr><td>3. 小结：这是一条淇水，是两人爱情美好的发源地；是禁不住考验的悲痛时光；是挺过去，还相信有未来的生命。女主人公的生命就以这淇水为界。
一边是________，一边是________；
一边是________，一边是________；
一边是________，一边是________。</td><td>1. 学生补充教师的总结。
2. 在排比总结中激发情绪、提升认知</td></tr>
<tr><td>五、比较鉴别历代名家对诗歌主旨的看法</td><td>1. 介绍历代学者对本诗的解读：
朱熹（宋）《诗集传》：“此淫妇为人所弃，而自叙其事以道其悔恨之意。”
钱钟书（现代）先生评论淇水女：“初不自重，卒被人轻，旁观其事，诚足齿冷。”
鲍鹏山（当代）认为这首诗反映了：“永恒的悲剧和完美的女人”</td><td>听老师介绍。</td><td>体验女主人公走出爱情困境的过程，确立正确的爱情观、人生观。</td></tr>
</table>

续表

学习流程设计			
教学环节	教师活动	学生活动	设计意图
五、比较鉴别历代名家对诗歌主旨的看法	2. 提问："同学们同意哪一种说法？说说看。"	学生自主陈述，自圆其说。	体验女主人公走出爱情困境的过程，确立正确的爱情观、人生观。
	3. 小结：这个女子不是弱者，她的生命在走向精神的高地。相比于"氓"人性的堕落，她的形象更加熠熠生辉。	听老师分析、总结。	
六、作业	教师出示自己创作的一首诗小结，布置学生课下也创作一首抒情诗歌。 骤然 时间拎起了我的惶恐 昨日丰润的桑叶 今年成堆的落木 我喘息着 坐在树下的一片枯黄 还能看见汤汤的淇水 可生命从来不止一时、一景 我望着辽阔的蓝天 勇敢地迈出脚步 走出霏霏大雪 走出迷雾森林 走出难越关山 找到平野星空 找到徐来清风 找到绮树朝阳 给永恒的时空唱起融融的恋歌 给中华民族塑造不息的精神 这是三千年前卫国的女子 难道不也是相信未来、相信生命 相信沼泽里也会怒放莲花的你吗？	1. 学生聆听、感受到抒情诗情绪的感染。 2. 学生受到启发，产生创作冲动和动力。 3. 学生作品展示。 秋之殇请 叶落无声 浮梦成冰 短其结 斩其丝 深秋夜半风无息	激发学生的创作兴趣。

续表

板书设计

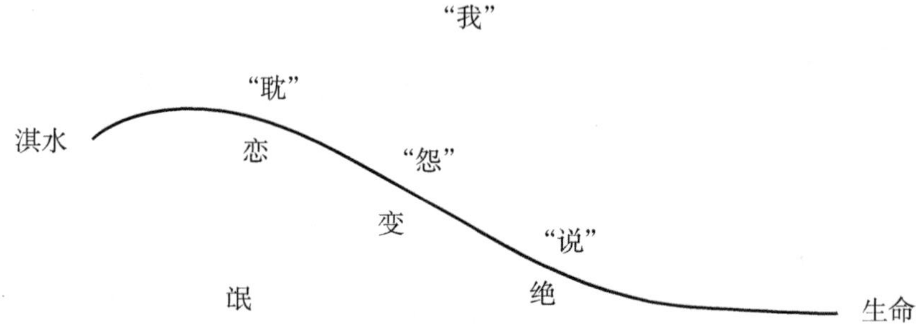

教学设计特色说明与教学反思

特色说明与教学反思

1. 生成性。虽然第一个问题需要教师很强的功力去把控，可能不尽人意，但是随着学生课堂上的生成，灵敏地做出反应和点拨，我觉得非常兴奋和激动，我必须全身心的聆听学生的话。学生应该能够感知到老师不把自己当作回答问题的工具和形式，而是真的对学生说的话感兴趣，并且给予满满的相信和兴趣。师生的关系和谐舒服，所以，探讨起来时，我感觉学生的思维在暗波涌动。

2. 画一条生命的河流，领悟爱情和生命的真谛。爱情不是生活的唯一，婚姻不是生命的全部。但是，谁不希望自己的爱情美满幸福，谁不要自己的婚姻稳固温暖。然而，假如生活欺骗了你，你该怎么办？卫国女子生命悲歌的吟唱已经远远超出了爱情和婚姻本身。所有的爱、恨和悟都汇成一条生命之河！这是我对文本的解读，也是我在板书中暗示给孩子们的一片苦心。

3. 配一把读的钥匙，打通我心和诗心的隧道。诗歌的文本特点决定它的独门秘籍藏在诗歌的文字、节奏、音韵中。因此增加动作、表情等多种形式的朗读展现诗歌的魅力。借助联想和想象，走进主人公的内心，和她一起体会对甜蜜爱情的向往，感受二三其德负心男子的愤懑，一起走出情感的泥沼，走向光明的未来。就像周汝昌先生所倡导的“千秋一寸心”“以我心悟先生之心，心心共鸣”的和美境界。所以在课堂中我很强调读出和我们一样的“常情”和“真情”。

4. 设计好互动性强的主问题。主问题的设计牵一发动全身。扔一块石头，激起探索思考的浪花。一开始“是寻常不寻常”，可以直接快速地读出女子的形象。后来想到托尔斯泰的一句话“幸福的婚姻都是相似的，不幸的婚姻各有各的不同”，有了顿悟：以“幸”与“不幸”作为问题抛出。但在这个问题下要解决朗读，要理解“幸与不幸”两个角度，还要说出形象，很考验教师的全场操控能力。

5. 改进。有名学生说道“不见复关和既见复关”的时候，我应该引导他思考“在那里遥望”，由此探讨女子为什么站在破败的残垣，因为那里人烟稀少，从中可以揣摩出女子单纯可爱的真性情。设计中有两个点：一个是请学生猜猜当时女子的动作并表演；另一个是互文关联《关雎》和《静女》中思念恋人的诗句。当时机会没有抓住，转瞬即逝，颇为遗憾。

特级教师李仁甫老师的专家评价

胡老师这节课是全场观众和学生鼓掌最多的一节课，也是大家感觉时间过得最快的一节课。她采用“点穴法”（画龙点睛法），引领学生紧贴文本，反复涵泳，设身处地，联想想象，入情入境，理性把握，感性呈现。她抓住“淇水”这一意象，引领学生进行精到的解读，她信手拈来，先在黑板上轻轻画出一条曲线——淇水立现，随着教学推进不断点缀，形成了“我”这位卫国女子的命运线和感情线，可谓匠心独运，妙不可言！

高中数学魅力课堂设计举例

课例基本信息			
姓名	程春暖	学科	数学
学段	高中	年级	高二
教材（出版社）	人民教育出版社	课题	直线与平面的夹角
课例设计			
教学目标	1. 理解直线和平面所成角的定义，体会定义的唯一性、合理性。 2. 学会用几何与向量两种方式刻画直线与平面的夹角，培养数形结合思想。 3. 经历用向量解决线面夹角问题的探究过程，感受向量是一种处理几何问题的工具及用代数方法研究几何问题的数学思想。 4. 培养学生空间想象、几何直观，数学抽象的能力，认识向量的科学价值、应用价值。		
材料用具	多媒体。		
教学重点	从不同角度刻画直线与平面的夹角。		
教学难点	斜线与平面夹角的定义。		
教学方法	讲授与探究结合。		
学情分析			
1. 知识储备：已学习必修2空间几何体，空间向量的基本概念、直线的向量表达式、直线的方向向量、平面的法向量，异面直线的夹角，并通过例题体会了向量在解决几何问题中的强大作用。 2. 学生基本情况：基础知识不够扎实，自主复习能力较弱；学习能力、动手操作能力、探究能力较强，对数学较有兴趣。 3. 学生困惑：对斜线与平面的夹角定义的合理性与唯一性不够理解。			
教学内容分析			
本节课选自人民教育出版社出版的B版教材选修2－1第三章“空间向量与立体几何”第2节“空间向量在立体几何中的应用”的第3小节“直线与平面的夹角”。本节内容是在异面直线夹角之后研究的另一种空间角，同时也为之后研究二面角奠定基础。同时，本节课也是一个数学概念，需要关注其内涵——线面夹角的本质及外延——线面夹角的度量。			

续表

教学资源整合
1. 关注生活，结合生活实际，利用身边的案例。 2. 利用学生资源，将自己的胳膊抽象为直线，与地面成相应的夹角，感受数学抽象。 3. 利用立体几何的正方体模型，充分分析线面位置关系。

学习流程设计

教学环节	教师活动	学生活动	设计意图
一、直观形象，引入课题	用多媒体展示一幅图（图片为大风中一个人抱着大树几乎被刮走的场景）。 提问：这幅图中的大树本来是笔直的，请大家用数学语言描述一下，在它被大风刮倒的过程中，什么发生了改变？ 答案：这棵大树我们可以抽象为一条直线，地面抽象为一个平面，在它被刮倒的过程中，树与地面的夹角即直线与平面的夹角发生了变化。	观察、想象、回答问题。	从生活中的例子抽象出直线与平面夹角的直观形象，感受数学抽象，快速引入课题。
二、类比猜想，理解定义	1. 定义理解。 （1）特殊情况（直线与平面平行或直线在平面内，直线与平面垂直）的夹角规定。 （2）理解斜线与平面的夹角定义：先直观感知，再类比猜想，再验证结论，最终得到定义。	直观感知，类比猜想。	此环节，先由学生直观感知斜线与平面的夹角应该是斜线与其在平面内的射影之间的夹角，教师追问原因，引发学生对定义的合理性及唯一性的思考。此时，引导学生回忆平面上两点之间距离及点到直线的距离的定义，类比猜想斜线与其在平面内的射影的夹角是它与平面内的其他直线的夹角中的最小角，从而理解定义的合理性及唯一性，突破难点。
	2. 游戏体验。将双臂伸直，构建一条直线，请让这条直线与地面的夹角成 $0°$，$30°$，$90°$。	直观感知，类比猜想，动手操作。	此游戏是对斜线与平面的夹角定义的简单应用，一方面可以让学生将数学知识进行运用，另一方面学生刚刚经历最小角定理的推理论证，思维疲惫，此游戏可以活跃课堂气氛，缓解听课疲劳。

续表

学习流程设计			
教学环节	教师活动	学生活动	设计意图
三、例题探讨，深化定义	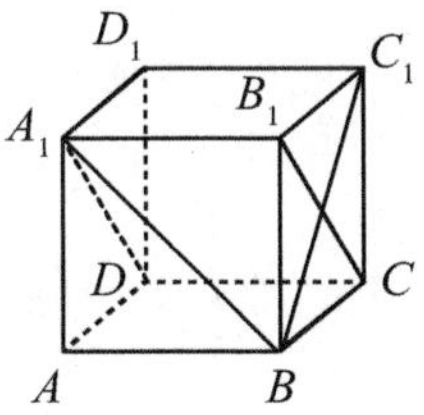 例题探讨：如图，在正方ABCD－$A_1B_1C_1D_1$中，找出A_1B和平面$ABCD$所成的角，A_1B和平面BCC_1B_1所成的角，请你从图中找出一组直线与平面，并确定它们之间的夹角。	在常见的几何模型中探究直线与平面所成的角。	通过例题学会在简单几何图形中找到直线与平面的夹角，进一步理解直线与平面夹角的定义，会用几何方法刻画直线与平面的夹角，落实重点。
四、数形结合，刻画夹角	引导学生思考如何用向量刻画直线与平面的夹角，并在之前的例题中进行应用。	小组讨论、探究如何用向量刻画直线与平面的夹角，并将探究结论应用在前一个例题中。	经历自主探究的过程，可以加深学生对用向量处理几何问题的理解。同时体会向量方法是将几何问题代数化的工具，体会用向量解决几何问题的方便，认识向量的科学价值与应用价值，进一步落实重点。
五、课堂小结，感悟提升	总结本节课的知识内容、思想方法。	总结本节课的知识内容、思想方法。	总结梳理、思想提升。

板书设计

直线与平面的位置关系

1. 定义：平面的一条斜线和它在平面内的射影所成的锐角，叫作这条直线和这个平面所成的角（或斜线和平面的夹角）。

2. 用向量刻画斜线与平面的夹角。

例题

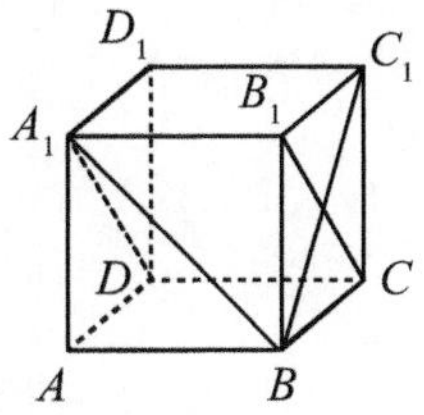

续表

教学设计特色说明与教学反思
教学引入：课堂引入结合实际天气情况，配图幽默，能迅速引起学生兴趣，调动课堂氛围，同时培养学生数学抽象能力。 理解定义：类比两点之间距离及点到直线的距离的定义，进而合理猜想，仔细论证，切入学生最近发展区，帮助他们更好地理解直线与平面夹角定义的合理性与唯一性。 学生活动：在直线与平面夹角定义得出之后，调动学生伸出双臂，构建一条直线，并让此直线与地面的夹角分别成不同的度数，帮助学生进一步理解定义，同时活跃课堂气氛。

高中英语魅力课堂设计举例

课例基本信息			
姓名	贾南	学科	英语
学段	高中	年级	高二
教材（出版社）	北京师范大学出版社	课题	What Is Beauty?
课例设计			
教学目标	1. 写出各段主题句，读懂文章大意。 2. 提取、整合文章关键信息，画出思维导图。 3. 结合思维导图和文章内容说出“什么是美”，讨论出对美的理解。		
材料用具	黑板、PPT。		
教学重点	提取、整合文章关键信息，画出思维导图。		
教学难点	画出思维导图；说出“什么是美”，讨论出对美的理解。		
学情分析			

基本情况：北京实验学校高二年级理科实验班学生，共40人。学生的英语水平普遍在中等程度，有一定的阅读能力和技巧，愿意与老师、同学沟通。但大多数学生的词汇量不足，对于自己的英语水平并不自信，遇到生词较多的文章和有难度的问题，大都不善于表达自己的观点。

已知起点

（1）话题：本文的主题是Beauty，学生在模块2第6单元“Design”学习了对绘画、建筑和一些其他艺术品的鉴赏，对于判断什么是美，怎样欣赏美有了一定的基础，而且学生日常对“美”这一话题接触较多，对“美”都有自己的评判标准。但是，对作者提出的“美是多维度的”这一观点仍缺乏深刻的认识。

（2）知识：本文生词较多，尤其是学生对于抽象名词如consistent，contemporary等的记忆和理解困难，是课文理解的一大障碍。

（3）技能：学生阅读时能够找出各段的主题句，概括出段落大意；也能够在老师的引导下通过填写思维导图理清文章脉络，但自己画出思维导图仍有一定困难。

续表

教学内容分析
基本内容：本文是北京师范大学出版社出版的高中英语教材选修模块 6 第 18 单元第 1 课，本课是一篇议论文，主题是“什么是美”。作者描述了美在不同时期、不同文化背景下的变化以及内在美与外在美的区别，意在说明美是多维度的，没有唯一衡量美的标准。 单元地位：本单元的主题是 Beauty，本课是本单元的第 1 课，帮助学生初步理解美的内涵，即“什么是美”。为后续第 2、第 3 课中学习音乐、诗歌等美的具体形式做铺垫。 重点分析：阅读第一课时，重点在于读懂大意，理清结构，把握作者意图。 难点分析：本文生词较多，尤其是 consistent，contemporary 等抽象名词，是理解文章的一大障碍。准确把握作者意图，理解美的内涵也有一定的难度。

教学资源整合
本课充分利用阅读文本“What Is Beauty”，引导学生通过速读总结段意、细读画出思维导图，培养学生的思维品质以及深刻理解美的内涵。

学习流程设计			
教学环节	教师活动	学生活动	设计意图
一、新课导入	给学生展示 3 组图片，每组都包含 A、B 两幅图（两幅图内容相似，但风格不同），展示每组图片后都询问学生认为 A、B 哪幅图上的人物更美或更帅气。	观察图片并大声说出自己认为美的图片（A 或 B）	引入“美”这一话题，并引导学生通过发现全班同学对每组图 A 或 B 的选择不同，初步理解美是没有唯一判断标准的，为理解课文做铺垫。
二、词汇学习	展示文中生词的图片，或展示文中包含生词的句子。	跟老师朗读、学习单词，或在语境下猜测词义。	学习生词，为文章理解扫清词汇障碍。
三、速读课文并总结各段大意	请学生快速浏览课文，概括段落大意。	快速浏览课文，概括出每段的大意，并写在导学案上。	引导学生读懂每段大意，进而理解文章大意，为画出思维导图做铺垫。

续表

学习流程设计			
教学环节	教师活动	学生活动	设计意图
四、细读课文并画思维导图	首先通过提问，引导学生一起列出本文的主体结构，即画出思维导图的主要结构。然后让学生细读课文，在 2 个问题的引导下继续完成几个段落的思维导图，并请学生在小组内或上讲台与大家分享自己的画图思路。老师带领全班总结出本文的主旨。	在老师的带领下细读课文，完成思维导图，并在小组内与同学分享自己的画图思路，理清文章逻辑，了解作者的写作意图。	运用思维导图从整体上理解文章，理清文章结构和脉络，训练学生的逻辑思维能力。
五、总结讨论	布置讨论题目“What Is Beauty”。	结合课文内容、思维导图和自己观点，思考并和小组同学讨论总结出“什么是美”。	学生理解“什么是美”，有助于树立正确的审美观。

板书设计

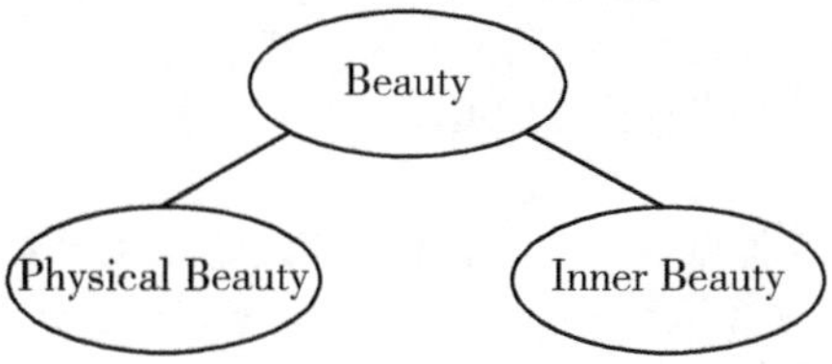

教学设计特色说明与教学反思

教学设计特色

1. 运用思维导图，帮助学生分析文本、整合归纳作者观点，进而理清文章结构，从整体上理解文章，并培养学生思维能力。

2. 结合英语中等水平、词汇量不足的学情，将本课的重点定位在理解文章大意，理清文章结构，把握作者意图上。在阅读前处理单词扫清生词障碍，并在画思维导图的过程中先带领学生画出主体结构，再让学生自己完成，为学生做出示范，降低了任务的难度。

生成性成果

在读懂文章大意的基础上以及问题的引导下，大部分学生基本能够根据自己的思路画出思维导图，并结合思维导图说出自己对美的理解。

具体问题及改进措施

1. 在画思维导图前，通过问题的形式对学生画图做了引导，一起画出了主体结构，在此基础上再让学生自主画图，这一做法虽考虑到学生的学情，但对其思路有所限制。应在今后对画思维导图做更多的训练，学生的逻辑思维能力得到进一步发展之后，让学生真正自主完成。

2. 单词仍需进一步的铺垫：虽然在课前已让学生预习单词并在课上解释了重点生词，但有些学生对许多词仍不熟悉，这影响了对文章的理解。因此，今后在课前应进一步关注课前预习的效果，并在课上运用多种方式讲授词汇，在扫除词汇障碍的前提下才能加深学生对课文的理解。

高中思想政治魅力课堂设计举例

课例基本信息			
姓名	张磊	学科	思想政治
学段	高一	年级	高一
教材（出版社）	人民教育出版社	课题	树立正确的消费观
课例设计			
教学目标	**知识目标** 1. 识记四种消费心理的含义。 2. 理解怎样正确看待、评价各种消费心理。 3. 理解四大消费原则的内涵。 **能力目标** 学习“消费原则”时，让学生结合自身实际，做一份消费计划，从而提高学生参与经济生活的能力。 **核心素养目标** 1. 通过本课学习，树立正确的消费观。 2. 通过本课学习，树立环保和绿色消费的理念，针对今天环境污染等问题，引导学生树立可持续发展观念。 3. 通过本课学习，养成适度消费、量入为出等消费观念，成为理性的消费者。		
材料用具	多媒体。		
教学重点	做理智的消费者，树立正确的消费观。		
教学难点	学生自己应该怎么做。		
教学方法	讲授。		
学情分析			
学生对于经济学知识刚开始接触，知识储备和能力运用还不成熟，但对于知识的渴求度较高，小组学习可以极大地调动学生学习的积极性，能够让学生通过讨论生成知识。			
教学内容分析			
本课知识意在培养学生形成正确的消费观念，因此，对于消费行为的归类和学生的消费理念有较高的要求。			

续表

<table>
<tr><th colspan="4">教学资源整合</th></tr>
<tr><td colspan="4">把课本知识和学生的日常生活紧密地联系起来。</td></tr>
<tr><th colspan="4">学习流程设计</th></tr>
<tr><th>教学环节</th><th>教师活动</th><th>学生活动</th><th>设计意图</th></tr>
<tr><td>一、引导练习环节</td><td>通过阿里拉近全球消费作为知识背景，引发学生对自己身边人以及自身消费的思考。</td><td>制作个人假期消费调查表：学生填写调查表，分析自己消费的行为和当时的心理活动。</td><td>学生对消费问题引发思考。
假期消费表格的填写可以帮助学生梳理之前的知识，了解自己的消费行为，为进一步改变自己消费的不当行为做出指引。</td></tr>
<tr><td rowspan="2">二、讲授环节</td><td>1. 消费行为受消费心理的影响。
（1）从众心理引发的消费：从众心理——从众心理引发的消费——总结特点。
（2）求异心理引发的消费：求异心理——求异心理引发的消费——总结特点。
（3）攀比心理引发的消费：攀比心理——攀比心理引发的消费——总结特点。
（4）求实心理引发的消费：求实心理——求实心理引发的消费——总结特点。</td><td>学生认真听老师讲解，明白什么是不良消费心理和行为，反思自己，要避免盲目跟风、避免情绪化消费、避免只重物质消费忽视精神消费的倾向。</td><td rowspan="2">明白消费行为的心理因素，引导学生树立正确的消费观，为进一步改变自己消费的不当行为做出指引。</td></tr>
<tr><td>2. 做理智的消费者。
量入为出，适度消费。教师提问：什么是适度消费？对量入为出，适度消费如何理解？
原则一：量入为出，适度消费原则要求人们的消费与自己经济承受能力相适应。
原则二：避免盲从，理性消费。①避免盲目跟风。②避免情绪化消费。③避免只重物质消费忽视精神消费的倾向。
原则三：保护环境，绿色消费。
绿色消费是指以保护消费者健康和节约资源为主旨，符合人的健康和环境保护标准的各种消费行为的总称，核心是可持续性消费。</td><td>学生思考并回答问题。</td></tr>
</table>

续表

学习流程设计			
教学环节	教师活动	学生活动	设计意图
二、讲授环节	3. 教师提问：怎样才能促进绿色消费的发展？ 教师总结：针对学生的辩论作点评、总结。 ①作为消费者，应增强环保意识，积极宣传绿色消费知识，以实际行动保护环境。如多使用环保产品，少用或不用一次性用品；积极参加废品的分类回收和利用；随手关灯、关水龙头；不随便乱丢垃圾等。 ②作为企业，要从国家和人民生命健康的整体利益出发，生产绿色环保的产品。 ③作为国家，要加大环境保护力度，加大对企业生产的宏观调控和个人消费行为的引导，坚决关、停一些对环境污染严重的企业。	学生分组讨论，回答问题。	小组研讨式学习激发大家的参与热情。
	4. 原则四：勤俭节约、艰苦奋斗。 勤俭节约、艰苦奋斗是我国人民的传统美德，是一种民族精神，而不是一种具体的消费行为。从历史来说，勤俭节约、艰苦奋斗是我国的传统美德。从国情来说，我国是一个发展中国家，面临人口、资源的压力，要提倡勤俭节约、艰苦奋斗。从个人成长来说，勤俭节约、艰苦奋斗是成就事业的条件。 因此，“勤俭节约，艰苦奋斗”不过时。我们不能把勤俭节约，艰苦奋斗与合理消费对立起来，勤俭节约不是抑制消费而是说不要浪费。	学生听讲并明白理智消费的意义。	
三、课堂总结	总结：以上四个原则，是科学消费观的具体要求，我们要理解和掌握这些原则，并用他们指导自己的消费行为，既有益于个人，也有益于社会，将促进个人的健康发展和社会的可持续发展。	认真聆听总结。	总结，提升。

板书设计

消费行为受消费心理的影响

1. 从众心理引发的消费。
2. 求异心理引发的消费。
3. 攀比心理引发的消费。
4. 求实心理引发的消费。

树立正确的消费观

1. 量入为出，适度消费。
2. 避免盲从，理性消费。
3. 保护环境，绿色消费。
4. 勤俭节约、艰苦奋斗。

教学设计特色说明与教学反思

学生参与课堂活动，从学生最基本的生活入手，关注生活，在生活中学习运用经济学的知识，树立正确的消费观念。小组讨论使得学生间能更好地交流，互相指出不良的消费习惯，并督促改进。

学以致用是课堂学习的最后的落实阶段，要强化落实。

高中历史魅力课堂设计举例

课例基本信息			
姓名	周洁	学科	历史
学段	高中	年级	高二
教材（出版社）	北京师范大学出版社	课题	北宋时期的政治和改革
课例设计			
教学目标	**知识与能力** 1. 了解并掌握北宋加强中央集权和加强皇权的措施。 2. 说出王安石变法的背景、措施、评价。 **过程与方法** 1. 结合时代背景分析各项措施，理解历史概念。 2. 结合秦汉、隋唐时期的知识，逐渐总结出中国古代政治的特点。 3. 引导学生运用图示法，理解难点知识。 4. 通过自主构建知识网络获取整理知识的方法。 **情感态度与价值观** 1. 专制主义中央集权的不断加强，对中国历史产生了深远的影响，它有助于中华民族的巩固，但也对中国社会的发展进步形成了阻碍。 2. 改革不是一帆风顺的，需要改革者不屈不挠的精神。 3. 培养以天下为己任，为社会做贡献的担当精神。		
材料用具	多媒体。		
教学重点	王安石变法的背景、内容。		
教学难点	北宋中期社会危机出现的原因、正确评价变法。		
教学方法	讲授法、读书指导法。		
学情分析			
讲授班级是高二选考历史的班级，经过高一一年和高二第一学期的学习，已经学完了必修一、必修二、必修三的知识，对政治专题史、经济专题史、思想专题史有了比较完整的学习。本学期开始，把北京市海淀区“高考总复习指导”作为历史第一轮复习的材料，它是通史教材，对学生来说是重新整理教材，所以，学生对本课知识的前半部分是比较陌生的。后半部分的王安石变法，上学期刚学过，学生比较熟悉，上课时可以让学生多讲。			

续表

教学内容分析

本课分两部分内容，分别是北宋的政治和王安石变法。

北宋的政治从三方面介绍：加强中央集权，加强皇权，积贫积弱局面的形成。教材从军权、行政权、财权的加强分析怎样加强中央集权；从参知政事、枢密使和三司使的设置分析怎样削弱相权；从北宋建国后军权、行政权和财权过于集中，造成国家行政效率低下，军队战斗力软弱，国力衰弱，说明积弱局面的形成，从冗兵、冗费、冗官三个方面，说明积贫局面的形成。

教材从四个方面介绍了王安石变法的主要内容：起用王安石、富国之法、强兵之法、取士之法。为了改变积贫的局面，王安石等人制定和推行了一系列调整封建国家、地主和农民关系、发展生产的政策、措施。为了改变积弱的局面，采取以下措施：保甲法和将兵法。王安石在进行政治、经济和军事体制改革的同时，也关注人才的选拔、培养和使用，旨在为变法造舆论，主要有改革科举、整顿太学这两个具体措施。

教学资源整合

1. 用板书提纲挈领的展现教材内容。

2. 用多媒体展示北宋时期形势图、五代十国形势图。

3. 选择《续资治通鉴长编》卷二的材料，作为对课本的补充。

学习流程设计

教学环节	教师活动	学生活动	设计意图
一、新课导入	出示北宋时期形势图。 提问：自秦以来，贯穿专制主义中央集权制度有哪两对主要矛盾？西汉和唐朝是如何解决这些矛盾的？	仔细察看形势图，思考并回答问题。	让学生了解北宋时期同时存在辽和西夏两个政权。复习旧知识，引出新知识。
二、新课讲授，北宋政治	1. 北宋初期加强中央集权的措施。 请学生说说陈桥兵变？阅读材料和课本，回答宋太祖是通过哪些措施做到“稍夺其权，制其钱谷，收其精兵”的？	阅读材料和课本，思考。	从故事中了解五代十国时期的政治形势——藩镇割据，武将专权。
	2. 北宋宰相权力的削弱。 学生阅读教材，之后请一位学生去黑板上画出北宋中枢机构的示意图。	画出北宋中枢机构的示意图，思考并回答问题。	

续表

学习流程设计			
教学环节	教师活动	学生活动	设计意图
三、新课讲授，王安石变法	1. 背景：阅读教材，阅读出示的材料和示意图。	讨论并回答。	1. 培养学生的阅读能力。 2. 秦朝、汉朝、唐朝的中枢机构，教师都出示示意图，并请学生画，既培养学生理解教材的能力，又培养学生的迁移能力。 3. 培养学生从材料中提取信息的能力，理解北宋政治的缺陷。
	2. 内容：讨论青苗法、市易法、均输法的内容及作用。提问：王安石变法中改革科举的措施有哪些？明经和经义的含义是什么？	思考并回答。	王安石变法这一节上学期刚细致学习过，学生有一定的基础，所以让学生自己回忆并讨论，与隋唐科举制做比较，并要求学生重视课本中名词的解释。
	3. 对变法的评价：阅读教材，概括王安石变法的评价，北宋怎样加强中央集权和皇权的？带来怎样的影响？	阅读教材并思考。	培养学生从材料中提取信息的能力。
四、小结	教师引导学生小结。	学生小结。	对本课内容进行总结。

板书设计

一、北宋的政治
1. 北宋初期加强中央集权的措施
2. 北宋宰相权力的削弱

二、王安石变法
1. 背景
2. 内容
3. 评价

教学设计特色说明与教学反思

教学设计特色

1. 能把握这节课的开端。复习旧知识，陈桥兵变故事，激发学生学习兴趣。

2. 学生活动多样。请一位学生去黑板上画北宋中枢机构的示意图，有材料阅读理解，有讨论。

3. 详略得当。王安石变法上学期刚学过，这节课上，教师大胆放手，让学生讲。

教学反思

1. 关于怎样造成冗官、冗兵、冗费，没有仔细分析。因为这个问题涉及的知识很零碎，觉得学生只要掌握结论即可。

2. 关于王安石变法失败的原因，没有给出充分的材料加以分析。

高中物理魅力课堂设计举例

课例基本信息			
姓名	裴洋	学科	物理
学段	高中	年级	高一
教材（出版社）	人民教育出版社	课题	欧姆定律

课例设计	
教学目标	1. 通过演示实验和电路分析图示，理解分压电路。 2. 通过学生实验，认识到不同导体的伏安特性曲线不同，加深对线性元件与非线性元件的理解。 3. 通过动画演示，引导学生学会选择分压电路中的滑动变阻器。
材料用具	电流表、电压表、学生电源、开关、滑动变阻器、标准电阻、小灯泡、导线若干。
教学重点	理解欧姆定律，会测绘导体的伏安特性曲线。 分压电路，电路图实物连接。
教学难点	会用欧姆定律分析解决一些实际问题。
教学方法	问题驱动学习。

学情分析

学生在初中已经学习了欧姆定律，对欧姆定律已有初步认识，本节课要让学生对欧姆定律有更深的认识。学生的好奇心很强，对物理实验很感兴趣，但是学生的动手能力不强，在演示实验部分和理论讲解部分要加强师生的互动，调动学生的积极性。另外，学生对图像分析比较薄弱，需要有针对性地引导。

教学内容分析

本节是基于初中电学的提高学习，包括欧姆定律的发现、再认识过程，电阻、伏安特性曲线的深入学习，限流电路、分压电路原理，以及滑动变阻器的选择。

教学资源整合

学生现有知识储备与教学目标之间具有一定距离，需要借助多媒体动画、excel 直观分析和实验操作等多种形式为学生搭建认知阶梯，实现感性与理性间的跨越，表层问题向深入思考转变，知识和技能向核心素养提升。

续表

学习流程设计			
教学环节	教师活动	学生活动	设计意图
一、演示魔术	演示魔术：电压表如何从不能从零开始调节，变化成从零开始调节。按照黑板上的限流电路连接滑动变阻器。 学生视角：滑动变阻器左下端导线接在绝缘帽上，实际并未接入电路。	仔细观察并记录电压表变化范围。	激发学生探究热情。
二、魔术揭秘	教师揭秘视角：将原来连接在滑变绝缘帽上的线接至金属接线处。	仔细观察并记录电压表变化范围。	激发学生探究热情。
三、分析原理	PPT 动态分析滑动变阻器的分压原理：当滑片滑动至最左端时，电压表示数是多少？滑动至最右端时是多少呢？ 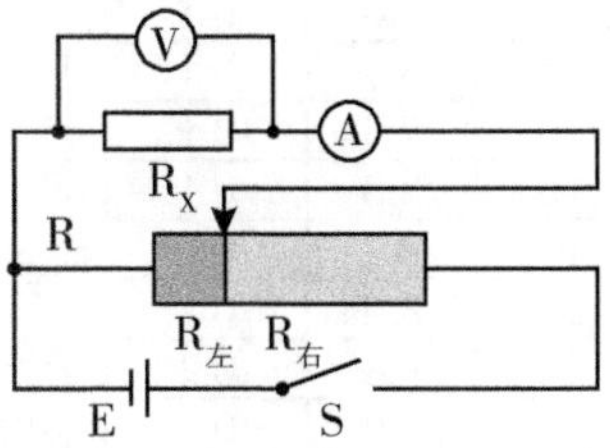	学生分析得出分压电路分压原理。 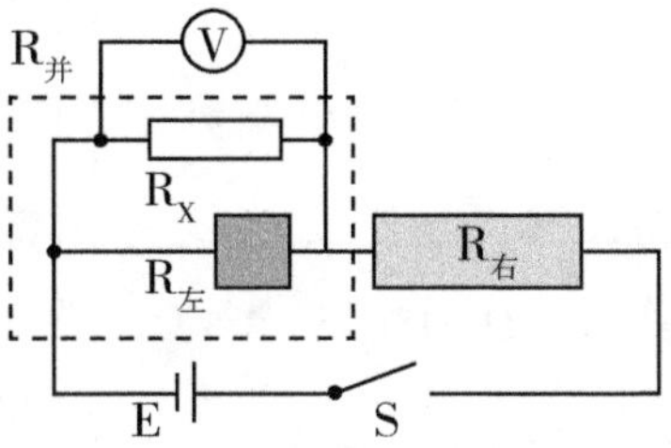	通过问题设置，引导学生自主思考，然后得出结论。
四、实验探究	演示实验：探究标准电阻的电流—电压关系。 教师根据学生测量结果，分析伏安特性中隐含的物理信息——电阻，伏安特性曲线斜率，欧姆定律。	学生代表上讲台移动滑动变阻器并用 excel 记录实验数据。	通过问题导向引导学生从实验数据中得到知识和规律，培养学生动手和观察能力，以及严谨、认真的科学态度。
五、实验探究	学生实验：探究小灯泡的伏安特性。 教师根据学生的探究结果，得出结论：温度越高，小灯泡的电阻越大。	学生分组实验，用 excel 记录实验数据。	通过分组实验引导学生从实验操作中得到正确的实验规律。

续表

<table>
<tr><th colspan="4">学习流程设计</th></tr>
<tr><th>教学环节</th><th>教师活动</th><th>学生活动</th><th>设计意图</th></tr>
<tr>
<td>六、分析计算</td>
<td>PPT 动态分析滑动变阻器的量程选择。
教师提问：对于 10 Ω 的标准电阻，是用 100 Ω 的滑变还是 5 Ω 的滑变更合适？
结论：理论上越小越好，实际上是待测电阻的 1/5 ~ 1/2 就可以达到均匀调节的要求。</td>
<td>学生动手计算，观察并得出结论。

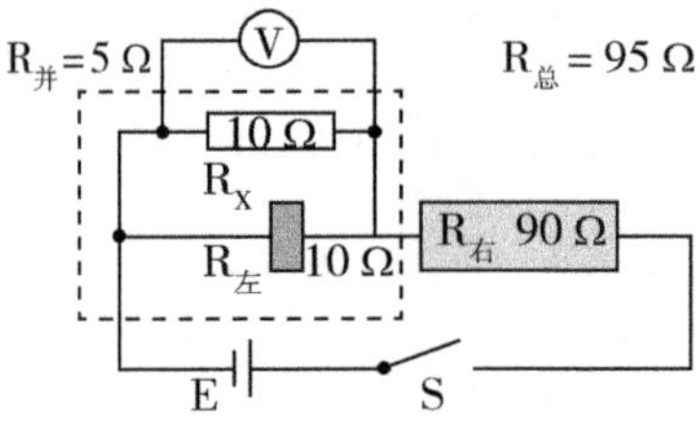

100 Ω 分压动态演示截图，100 Ω 分压调节前缓后紧。

<table>
<tr><th>$R_{左}$</th><th>$R_{待测}$</th><th>$R_{并联}$</th><th>$U_{电压表}$</th></tr>
<tr><td>0</td><td>10</td><td>0.0</td><td>0.0</td></tr>
<tr><td>10</td><td>10</td><td>5.0</td><td>0.1</td></tr>
<tr><td>20</td><td>10</td><td>6.7</td><td>0.1</td></tr>
<tr><td>30</td><td>10</td><td>7.5</td><td>0.1</td></tr>
<tr><td>40</td><td>10</td><td>8.0</td><td>0.1</td></tr>
<tr><td>50</td><td>10</td><td>8.3</td><td>0.1</td></tr>
<tr><td>60</td><td>10</td><td>8.6</td><td>0.2</td></tr>
<tr><td>70</td><td>10</td><td>8.8</td><td>0.2</td></tr>
<tr><td>80</td><td>10</td><td>8.9</td><td>0.3</td></tr>
<tr><td>90</td><td>10</td><td>9.0</td><td>0.5</td></tr>
<tr><td>100</td><td>10</td><td>9.1</td><td>1.0</td></tr>
</table>

5 Ω 分压动态演示截图，5 Ω 分压调节非常均匀。

<table>
<tr><th>$R_{左}$</th><th>$R_{待测}$</th><th>$R_{并联}$</th><th>$U_{电压表}$</th></tr>
<tr><td>0.0</td><td>10</td><td>0.0</td><td>0.0</td></tr>
<tr><td>0.5</td><td>10</td><td>0.5</td><td>0.1</td></tr>
<tr><td>1.0</td><td>10</td><td>0.9</td><td>0.2</td></tr>
<tr><td>1.5</td><td>10</td><td>1.3</td><td>0.3</td></tr>
<tr><td>2.0</td><td>10</td><td>1.7</td><td>0.4</td></tr>
<tr><td>2.5</td><td>10</td><td>2.0</td><td>0.4</td></tr>
<tr><td>3.0</td><td>10</td><td>2.3</td><td>0.5</td></tr>
<tr><td>3.5</td><td>10</td><td>2.6</td><td>0.6</td></tr>
<tr><td>4.0</td><td>10</td><td>2.9</td><td>0.7</td></tr>
<tr><td>4.5</td><td>10</td><td>3.1</td><td>0.9</td></tr>
<tr><td>5.0</td><td>10</td><td>3.3</td><td>1.0</td></tr>
</table>
</td>
<td>通过动态演示，让学生在观察和思考中获得知识，提升能力。</td>
</tr>
</table>

续表

学习流程设计			
教学环节	教师活动	学生活动	设计意图
七、课堂检测	1. 练习：在“描绘小灯泡的伏安特性曲线”的实验中，小灯泡的规格为“3.0 V，0.5 A”。 （1）为了调节方便、测量准确，电流、电压表从零开始，应选用哪种测量电路？ （2）有以下两种量程的滑动变阻器，选择哪种滑动变阻器（　）？ A. 滑动变阻器 R_1（0~5 Ω） B. 滑动变阻器 R_2（0~100 Ω）	学生回答： 第 1 题答案为“分压电路”；第 2 题答案选 A（越小越好）。	学习反馈，诊断学生问题，进行针对性总结。
	2. 练习：某学生对四个电阻各进行了一次测量，把每个电阻两端的电压和通过它的电流在 U-I 坐标系中描点，得到了图中 a、b、c、d 四个点。请学生比较这四个电阻值大小。 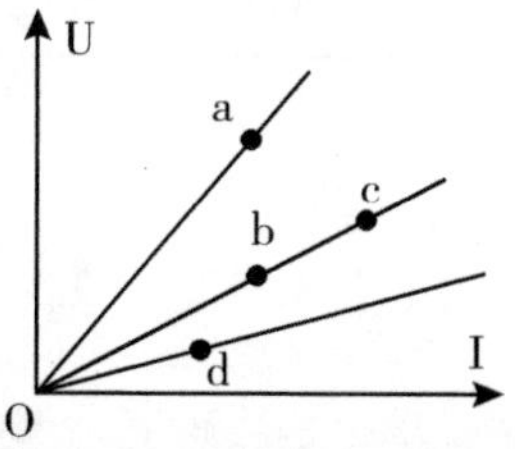 	学生回答： Ra ＞ Rb=Rc ＞ Rd。	
	3. 练习：电路中有一段导体是标准电阻，给它加上 3 V 的电压时，通过它的电流为 2 mA， （1）可知这段导体的电阻为____Ω； （2）如果给它加上 6 V 的电压，则通过它的电流为____mA； （3）如果在它两端不加电压，它的电阻____Ω。	学生回答： 第 1 题答案 1500； 第 2 题答案 4； 第 3 题答案 1500。	学习反馈，诊断学生问题，进行针对性总结。

续表

板书设计

2.3　欧姆定律

一、分压电路：从零开始调节

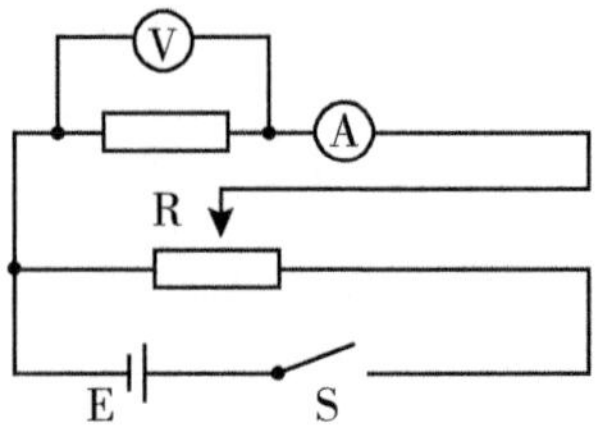

二、欧姆定律

1. 伏安特性曲线
2. 电阻
3. 欧姆定律

教学设计特色说明与教学反思

本节课注重问题驱动学生学习，极大激发了学生自主探究热情。

尊重学生主体学习地位，通过设置情境、抛出问题，让问题之球在师生之间、生生之间传递，从而碰撞出更多问题，引发更多思考。

从物理学科出发，将物理实验—数据处理—数据分析贯穿整个课堂，以问题导向，引入项目制分组教学，让每一位学生都成为提问人、分析观察员以及解决者。

明确学习的目的是为了生活，注重学以致用，课堂结束后引导学生关注用电安全、关爱生命、健康成长。

高中化学魅力课堂设计举例

课例基本信息			
姓名	汤贝贝	学科	化学
学段	高中学段	年级	高二
教材（出版社）	人民教育出版社	课题	弱电解质的电离
教学设计			
教学目标	**知识层面：**理解强电解质与弱电解质的概念，并能正确书写电离方程式；理解弱电解质在水溶液中的电离平衡。 **能力、方法层面** 1. 通过增加补充实验、将教材实验变为学生实验等措施，培养学生依据探究目的“设计实验、优化实验方案、完成实验操作、观察记录实验现象、分析现象、得出结论”等能力，并学习“控制变量、对比试验、排除干扰”的科学方法，进一步培养学生定量的意识。 2. 通过学生讨论、合作与交流，培养学生发现问题、分析问题、解决问题的能力，形成自主探究、合作学习的方式。 **学科核心素养层面：**培养学生“证据推理与模型认知、宏观辨识与微观探析、实验探究与创新意识、变化的观念与平衡的思想、科学精神与社会责任”等化学学科素养。		
材料用具	冰醋酸，1 mol/L CH_3COOH 溶液，1 mol/L HCl 溶液，大理石，CH_3COONH_4 晶体，NaCl 晶体，镁条，蒸馏水，试管，玻璃棒，pH 试纸，镊子，表面皿，药匙。		
教学重点	强、弱电解质概念的理解和弱电解质的电离平衡。		
教学难点	弱电解质的电离平衡。		
教学方法	实验探究，小组合作。		
学情分析			

知识基础：在初中和必修 1 教材中，学生已学过有关酸、碱、盐及电离知识，同时通过对选修 4 第二章化学平衡理论知识的学习，学生也普遍具备用化学平衡移动原理分析解释某些问题的能力。一旦认识到弱电解质的电离存在着可逆过程，那么很自然就会运用化学平衡理论对电离平衡进行分析。

实验能力：学生对简单化学实验方案具备一定的操作、观察和分析的能力，但是实验设计能力及实验探究能力还有待提高。

续表

教学内容分析

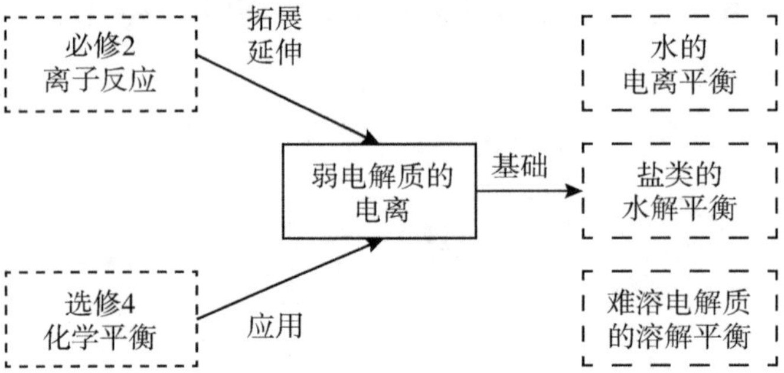

教学资源整合

1. 整合精编导学案，指明学习方向性。

2. 整合教材资源，激发学生求知欲。

3. 整合多媒体资源，增强生动性。化学教学中使用多媒体技术，将化学实验现象放大，使抽象知识变得形象，促进学生发散性思维的发展，特别在认知微观世界方面，能发挥非常巨大作用。

4. 整合实验资源，强化化学教学的实践性。学生是学习的主体，教师积极创造条件以教材中的“活动与探究”为载体，结合补充实验引导学生开展自主性实验活动，引导学生大胆猜测，设计实验，进行实验，分析推理，得出结论。在教师指导下通过一系列的实验活动，使学生在提高学习能力的同时，更深刻地理解了“弱电解质电离”知识的建立过程，培养和训练学生用实验解决化学问题的能力。

学习流程设计

教学环节	教师活动	学生活动	设计意图
一、课题引入	PPT 投影出日常生活中常见的电解质饮料，并提出问题：大家在什么情况下需要喝电解质饮料？ 教师总结：人体剧烈运动流汗后，体内的 Na^+ 和 K^+、Cl^- 伴随水分一起流失很多，出现电解质浓度失衡、紊乱，从而产生恶心、肌肉痉挛等症状，故需要及时补充电解质。	学生聆听并回答。	选取日常生活中的真实素材，用生活中常见饮料的成分表作为复习题，让学生体会到化学与生活紧密联系。

续表

<table>
<tr><th colspan="4">学习流程设计</th></tr>
<tr><th>教学环节</th><th>教师活动</th><th>学生活动</th><th>设计意图</th></tr>
<tr><td>一、课题引入</td><td>复习回顾：根据某品牌电解质饮料的成分表，找出哪些成分是电解质。
过渡：大家已经知道了什么是电解质，电解质溶于水后的电离情况是怎样的呢？我们这节课进行研究。</td><td>回忆必修 1 中电解质的内容，讨论并给出电解质的概念。</td><td>引入本节学习内容，进一步学习电解质。</td></tr>
<tr><td rowspan="3">二、实验探究：冰醋酸在水中的电离（认识电解质的电离条件）</td><td>1. 提出问题：大家知道醋酸可以除水垢，请你预测在水垢（用大理石代替）中加入冰醋酸的实验现象？
（预设学生错误答案）教师反问，是这样吗？</td><td>学生预测、描述：固体溶解，有气体放出。</td><td>设置认知冲突，为学习醋酸的电离和认识冰醋酸和醋酸溶液中的微观粒子奠定基础。</td></tr>
<tr><td>2. 实验：让我们用实验说话，请你动手做下面的两个实验，并将实验现象填入表格，想想为什么会是这样？怎么解释？你从中得到什么结论？
<table>
<tr><th>操作</th><th>现象</th><th>解释</th></tr>
<tr><td>取少量大理石于试管中，加入 1.5 mL 的冰醋酸，观察现象</td><td>没有变化</td><td>醋酸分子与大理石不反应</td></tr>
<tr><td>向上述溶液中加入约 4 mL 的蒸馏水，振荡，观察现象</td><td>固体溶解，有气泡产生</td><td>加入水醋酸发生电离，大理石与醋酸的反应是离子反应</td></tr>
</table></td><td>动手实验，观察记录实验现象，分析解释。</td><td rowspan="2">使学生体会“物质的变化是有条件的”的化学思想（冰醋酸：有水反应，无水不反应；有水电离，无水不电离）。
培养学生“宏观辨识和微观探析”的化学核心素养（冰醋酸和醋酸溶液外观相同，但组成它们的微观粒子不同）。</td></tr>
<tr><td>3. 总结。
引导学生梳理上面实验，得出如下结论：
（1）醋酸与大理石的反应是离子反应；
（2）冰醋酸中的微观粒子只有醋酸分子；
（3）加入水后，醋酸分子在水分子的作用下发生了电离，由此推断出醋酸溶液中的微观粒子有氢离子和醋酸根；
（4）物质的变化是有条件的。</td><td>跟随老师思路整理知识点。</td></tr>
</table>

续表

<table>
<tr><th colspan="4">学习流程设计</th></tr>
<tr><th>教学环节</th><th>教师活动</th><th>学生活动</th><th>设计意图</th></tr>
<tr>
<td rowspan="3">三、实验探究：CH_3COOH 和 HCl 的电离程度（认识电解质的电离程度）</td>
<td>1. 提问、设疑。
（1）醋酸溶液中还有没有醋酸分子呢？我们进一步进行探究。
（2）CH_3COOH 和 HCl 都是电解质，在水中都能电离出离子，它们的电离程度是否相同呢？</td>
<td>思考问题。</td>
<td rowspan="3">培养学生定性定量分析和解决问题的能力（控制变量、对比实验）。</td>
</tr>
<tr>
<td>2. 实验。
（1）测量等体积、等浓度盐酸和醋酸溶液的 pH 值。
（2）比较等体积、等浓度的盐酸和醋酸与等量镁条的反应。
教师友情提示：用 pH 试纸测量溶液 pH 时，能否将试纸润湿？为什么？应怎样正确操作？
<table>
<tr><th></th><th>1 mol/L HCl</th><th>1 mol/L CH_3COOH</th></tr>
<tr><td>溶液的 pH 值</td><td>< 1</td><td>3</td></tr>
<tr><td>与镁条反应现象</td><td>剧烈反应，镁条快速溶解，有大量气泡产生，放热显著</td><td>较与盐酸的反应缓慢，镁条溶解，有气泡产生，放热</td></tr>
</table>
</td>
<td>学生动手实验，观察、记录实验现象，汇报实验结果。</td>
</tr>
<tr>
<td>3. 归纳梳理得出结论。
（1）盐酸的电离程度比醋酸大。
（2）醋酸分子只有部分发生电离。</td>
<td>跟随老师思路整理知识点。</td>
</tr>
</table>

续表

<table>
<tr><th colspan="4">学习流程设计</th></tr>
<tr><th>教学环节</th><th>教师活动</th><th>学生活动</th><th>设计意图</th></tr>
<tr><td rowspan="3">四、实验探究：CH_3COOH 是否存在电离平衡（认识弱电解质的电离平衡）</td><td>1. 设疑：通过实验结果，可以得知醋酸是部分电离。如何理解弱电解质的部分电离？请学生运用平衡移动原理和提供的实验用品设计实验进行探究，验证猜测。</td><td>理解一：只有一部分醋酸可以电离，另一部分不能电离。
理解二：醋酸的电离是可逆的过程，存在电离平衡。</td><td rowspan="3">1. 基于实验事实进行证据推理，建立模型认知。
2. 让学生体会变化的观念与平衡的思想。
3. 让学生体会醋酸的电离过程是可逆的，为电离平衡的建立做好铺垫。
4. 通过实验探究，让学生形成提出问题—猜想假设—实验—现象—结论的实验探究方法。
5. 培养学生重视证据和严谨的科学精神。
6. 引导学生看课本，让学生重视教材，会用教材，用好教材。
7. 运用影响化学平衡的因素，分析影响电离平衡的因素。</td></tr>
<tr><td>2. 实验。
<table>
<tr><th>操作</th><th>现象</th><th>解释</th></tr>
<tr><td>4 mL 0.1 mol/L 醋酸放于试管中，测 pH 后，向其中加一勺 CH_3COONH_4 晶体，充分振荡，测 pH</td><td>醋酸原 pH 约为 3。加入 CH_3COONH_4 晶体充分振荡后，pH 约为 6</td><td>CH_3COO^- 与 H^+ 结合成 CH_3COOH，使 C（H^+）减小</td></tr>
<tr><td>4 mL 0.1 mol/L 醋酸放于试管中，测 pH 后，加热再测 pH</td><td>醋酸原 pH 约为 3，加热后 pH 约为 1</td><td>CH_3COOH 的电离吸热，存在电离平衡。升温促进 CH_3COOH 电离，使 C（H^+）增大</td></tr>
</table></td><td>小组合作，设计实验方案，并通过实验验证自己的猜测。</td></tr>
<tr><td>3. 结论：醋酸溶液中存在着电离平衡。</td><td>学生分析、总结实验结果。</td></tr>
</table>

续表

<table>
<tr><th colspan="4">学习流程设计</th></tr>
<tr><th>主要环节</th><th>教师活动</th><th>学生活动</th><th>设计意图</th></tr>
<tr><td rowspan="4">五、实验探究：HCl 是否完全电离（继续探究弱电解质的电离平衡）</td><td>1. 设疑：如何证明稀盐酸中的 HCl 已完全电离？</td><td>思考。</td><td rowspan="4">1. 基于实验事实进行证据推理，建立模型认知。
2. 让学生体会变化的观念与平衡的思想。
3. 让学生体会醋酸的电离过程是可逆的，为电离平衡的建立做好铺垫。
4. 通过实验探究，让学生形成提出问题—猜想假设—实验—现象—结论的实验探究方法。
5. 培养学生重视证据和严谨的科学精神。
6. 引导学生看课本，让学生重视教材，会用教材，用好教材。
7. 运用影响化学平衡的因素，分析影响电离平衡的因素。</td></tr>
<tr><td>2. 实验。
（1）教师提出方案：用 pH 计测 0.1 mol/L 盐酸，若 pH=1，说明 C（H^+）浓度是 0.1 mol/L，由此推出 HCl 完全电离。在没有提供 pH 计的情况下，还有没有其他实验方案可以证明稀盐酸中的 HCl 已完全电离了呢？（引导学生利用平衡移动的原理）
（2）实验。
<table><tr><th>操作</th><th>现象</th><th>解释</th></tr><tr><td>取 4 mL 0.1 mol/L 盐酸于试管中测 pH 后，向其中加入一勺 NaCl 晶体，充分振荡，测 pH</td><td>盐酸原 pH=1，加入 NaCl 晶体并振荡后，pH 仍然为 1</td><td>HCl 完全电离，不存在电离平衡</td></tr></table></td><td>小组合作，设计方案、实验探究、汇报成果。</td></tr>
<tr><td>3. 结论：HCl 在水中完全电离 H^+ 和 Cl^-，不存 HCl 分子，也不存在电离平衡。
（1）强电解质：在水溶液中完全电离成离子的电解质，如强酸，强碱和大部分盐。弱电解质：在水溶液中部分电离成离子的电解质，如弱酸，弱碱和水。
（2）弱电解质存在电离平衡。</td><td>学生分析、总结实验结果。</td></tr>
<tr><td>4. 电离方程式。
提问：观察 HCl 和 CH_3COOH 在水中的电离示意图，如何用化学语言表示 HCl 和 CH_3COOH 的电离过程呢？
教师出示：电离方程式的书写规律。
总结：根据前面的实验探究，请学生总结影响电离平衡的因素。</td><td>做学案练习，夯实基础；学生分析总结。</td></tr>
</table>

续表

学习流程设计			
主要环节	教师活动	学生活动	设计意图
六、课堂总结提升	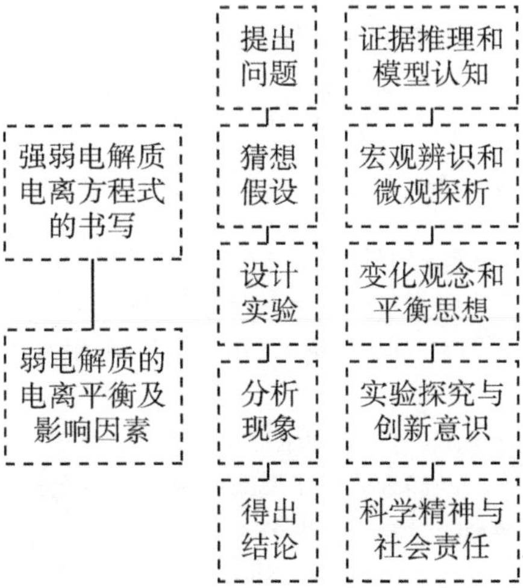	回忆本节课知识，将本节课知识串联起来。	总结提升，点出本节课所有的化学学科素养。

板书设计

3.1　弱电解质的电离

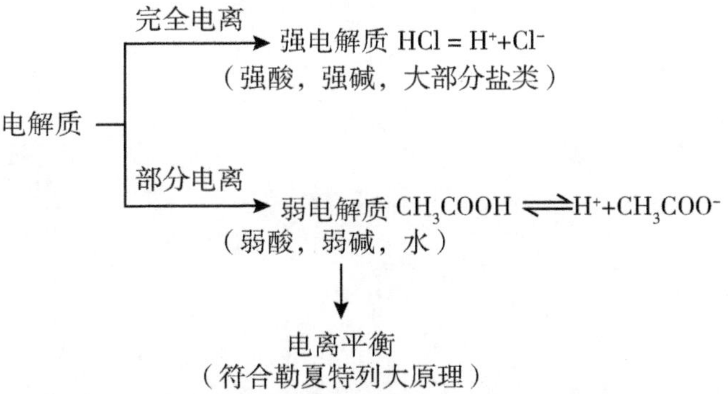

教学设计特色说明与教学反思

教学设计特色

1. 凸显课堂的核心是学生。通过补充探究实验，并将教材中演示实验改为学生探究实验，让每一位学生参与其中，凸显学生在课堂上的主人公地位。教师通过环环相扣的课堂设计，引导学生探究和分析问题，发展学生自主学习的能力。

2. 凸显化学学科核心素养。课堂设计过程，从培养学生的化学学科素养（证据推理与模型认知，宏观辨识与微观探析，实验探究与创新意识，变化的观念与平衡的思想，科学精神与社会责任）出发，确定主要问题、建构问题体系。

续表

教学设计特色说明与教学反思
3. 课堂设计环环相扣。①为什么电解质在溶液中能够导电？不同电解质在溶液中的导电能力相同吗？（前导问题） ②为什么弱电解质在溶液中不能完全电离？（核心问题） 可以根据哪些事实判断弱电解质没有完全电离？怎样从微观角度做出假设来解释宏观现象？怎样证明假设？（关键问题）③怎样用符号来描述（表征）弱电解质在溶液中的电离平衡？（衍生问题） ④弱电解质的电离平衡跟以前所学的化学平衡有什么异同？（核心问题） 影响弱电解质的电离平衡的因素有哪些？（衍生问题） **教学反思** 1. 落实“证据推理与模型认知，宏观辨识与微观探析，实验探究与创新意识，变化的观念与平衡的思想”的化学核心素养，体会“物质的变化是有条件的，定性与定量相结合”的化学思想。 2. 在我的问题驱动下，学生运用科学探究的一般方法“提出问题—猜想假设—设计实验—分析现象—得出结论—评价反思”，理解弱电解质的电离。 3. 在学生回答展示过程中，碰到难点问题，学生自己提问，自己解决，在辩论中更好地掌握难点。 本节课还存在以下有待改进的地方：我们已经划分好了实验小组，并且在学习过程中各小组展开了比较激烈地讨论，但我在要求学生回答展示的时候，是以个人为单位提问的，没有以小组为单位，未能将小组内的凝聚力提升至最高。

高中生物魅力课堂设计举例

课例基本信息			
姓名	王爽	学科	生物
学段	高中	年级	高一
教材（出版社）	人民教育出版社	课题	有性生殖细胞的产生——减数分裂
课例设计			
教学目标	1. 概述分裂过程中染色体行为和数目变化，说出减数分裂的概念。 2. 通过小组合作学习，构建减数分裂过程中染色体的行为变化模型。 3. 体验模型构建的过程，认同染色体在减数分裂中行为的意义，感受生命和谐变化之美。		
材料用具	制作染色体用的“毛根扭扭棒”。		
重点难点	理解为何染色体复制后要先进行同源染色体的分离。		
教学方法	利用教具进行小组合作学习，探究构建减数分裂过程中染色体行为变化的模型。		
学情分析			

知识方面：学生已经学习过有丝分裂的相关知识，知道染色体是遗传信息的载体，知道有丝分裂的特点是使亲子代间遗传信息保持恒定，也学习过了孟德尔的分离和自由组合定律，知道遗传信息在细胞内成对存在，在生殖细胞中成单存在，需要教师将体细胞中染色体也是成对存在的（同源染色体）事实告之学生，让学生理解生殖细胞形成过程中染色体减半的同时，遗传信息也要成套减半，使学生理解减数分裂主要是将同源染色体分开，从而达到上述目的。

学习能力方面：学生具备了一些抽象思维能力和理解分析能力，但是习惯了传统上的讲授教学方法，缺乏科学研究的精神，需要教师在每节课上逐步渗透自主学习的方法，培养学生探究、质疑、合作学习的思维模式。

续表

教学内容分析
减数分裂与受精作用是进行有性生殖的生物保持亲子代遗传性状稳定性的重要机制。这部分内容既是对有丝分裂知识的延伸和扩展，也是学习遗传知识的基础，因此有承前启后的作用。我将这部分内容安排为三课时来完成。第一课时：通过模型构建探究减数分裂中染色体的变化，归纳减数分裂的概念。第二课时：学习哺乳动物精子和卵细胞形成过程图解，加深对重要概念的认识。第三课时：学习受精作用，理解减数分裂和受精作用对生物遗传的意义。由于在减数分裂和受精作用中起关键作用的是染色体的行为和数目变化，且染色体的变化既抽象、复杂，又微观、动态、连续，给学生正确认知带来困难，所以我将有性生殖细胞的产生过程中染色体的行为变化安排在第一课时，目的是突破重点、难点。
教学资源整合
通过应用多媒体的PPT进行教学展示相关问题和内容，结合毛根扭扭棒这个教具让学生探究染色体的行为变化。

学习流程设计			
教学环节	教师活动	学生活动	设计意图
一、创设情境	以受精卵发育为个体的过程为例，用教具展示有丝分裂的过程。	听讲、回忆。	复习有丝分裂中染色体变化的特点。
二、设疑	提问：生殖细胞中染色体是多少条？体细胞分裂成生殖细胞通过何种方式？	思考、回答。	引出本节课的主题：减数分裂染色体的变化。
三、概念铺垫	以人类染色体组为例，讲解同源染色体的概念，让学生了解染色体在细胞内是成对存在的，有两套遗传信息。	听讲、思考。	让学生理解每对同源染色体要分开才能是染色体均匀减半。
四、探究	通过假设两对相对性状的遗传信息分别在两对同源染色体上，让学生思考：同源染色体需要有怎样的行为才能达到染色体减半，同时遗传信息由两套减为一套。	利用毛根扭扭棒进行小组探究。	让学生从同源染色体的行为意义角度，利用教具探究生殖细胞产生过程中染色体的行为变化。
五、学生展示	师生一起分析几种不同方案的可行性，通过对照科学史料修正减数分裂的染色体行为模型。	学生到黑板上展示自己构建的模型。	让学生通过小组间的质疑、讨论、争鸣加深对减数分裂染色体行为的理解。

续表

学习流程设计			
教学环节	教师活动	学生活动	设计意图
六、概念介绍	通过非同源染色体的不同组合方式引出联会、四分体和交叉互换的概念。	听讲、思考。	让学生理解以上染色体的行为在减数分裂中的意义，即使得生殖细胞所携带的遗传信息更多样。 通过模型的构建使学生理解减数分裂中染色体的行为，明确减数分裂的意义。
七、归纳总结	请学生归纳总结减数分裂的定义及特点。	总结知识点。	让学生形成减数分裂的概念。
板书设计			

有性生殖细胞的产生——减数分裂

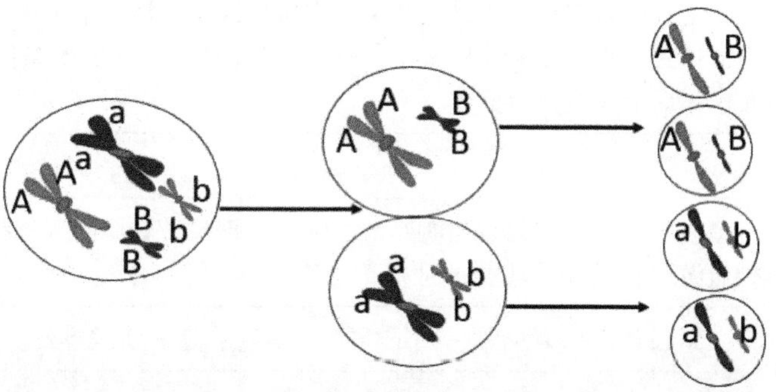

教学设计特色说明与教学反思

不足及改进措施一

在实际教学过程中，本节课安排没有来得及总结减数分裂的特点就下课了，思其原因可能是内容安排的过于充实。

改进措施：减掉联会、四分体和交叉互换的概念介绍，只是让学生将模型讨论透彻，同时进行减数分裂概念的总结。

不足及改进措施二

学生课上回答问题不积极，不敢将自己的讨论结果呈现在同学们面前，或不能自主思考老师的问题，老是想从教科书上找到答案。

改进措施：在平时的课堂上多提需要思考的问题，引导学生积极思考，对积极回答问题的学生提出表扬，同时鼓励学生勇于表达自己的见解。课下单独做学生工作，了解学生不能回答问题的原因，帮助学生改变学习习惯。

高中地理魅力课堂设计举例

<table>
<tr><th colspan="4">课例基本信息</th></tr>
<tr><td>姓名</td><td>杨莉君</td><td>学科</td><td>地理</td></tr>
<tr><td>学段</td><td>高中</td><td>年级</td><td>高二</td></tr>
<tr><td>教材（出版社）</td><td>人民教育出版社</td><td>课题</td><td>旅游线路的设计</td></tr>
<tr><th colspan="4">课例设计</th></tr>
<tr><td>教学目标</td><td colspan="3">1. 通过模拟设计旅游路线学会收集旅游信息，根据旅游资源状况学会选择合理的旅游路线。
2. 通过完善自己的设计路线，掌握旅游线路设计的基本原则。
3. 通过案例教学和实例分析，说明地形、气候、水文等条件与旅游安全的关系，以及应采取的安全防范措施。</td></tr>
<tr><td>材料用具</td><td colspan="3">导学案。</td></tr>
<tr><td>重点难点</td><td colspan="3">通过模拟设计并修改旅游路线，学会根据旅游资源状况选择合理的旅游路线，掌握旅游线路设计的基本原则。</td></tr>
<tr><td>教学方法</td><td colspan="3">分组设计—探究思路—归纳概括—案例示范—实践操作。</td></tr>
<tr><th colspan="4">学情分析</th></tr>
<tr><td colspan="4">学生对旅游地理感兴趣，了解一些基本的常识，但是难以应用知识和方法有效分析和解决实际问题。因此在教学中依托案例归纳方法，巩固、提升已学知识，实现知识的有效迁移，在体验中提升学生学科综合能力，逐渐培养学生地理思维能力。</td></tr>
<tr><th colspan="4">教学内容分析</th></tr>
<tr><td colspan="4">本节课的核心活动是设计一个操作性任务：模拟旅行社进行旅游线路推介活动。本活动分两次进行，第一次在讲课之前先让学生查资料，课上用自己查找的资料进行线路设计的体验，体验之后，再通过老师的层层设问引领学生将自己的思维过程进行梳理，再将思维外显化，归纳出旅游线路设计的思路和原则。</td></tr>
</table>

续表

<table>
<tr><th colspan="4">教学资源整合</th></tr>
<tr><td colspan="4">1. 学生课前自己上网查阅相关地区旅游资料。
2. 依据自查资料进行资源整合，并设计一条旅游线路。</td></tr>
<tr><th colspan="4">学习流程设计</th></tr>
<tr><th>教学环节</th><th>教师活动</th><th>学生活动</th><th>设计意图</th></tr>
<tr><td>一、导入新课</td><td>新闻 1：政府工作报告中提出大力促进旅游消费。
新闻 2：英国路透社公布了一份“全球最不容错过的风景”榜单，中国司马台长城位居榜单首位，北京胡同也上榜。
“调查说，游览中国长城是很多外国游客的梦想，我想在座的同学们也都有自己向往的地方，有想去旅游的梦想。”
提问：“在梦想实现之前我们应该考虑哪些问题呢？”
（引导学生聚焦：哪里好？去哪里？怎么走？是否安全？）
过渡：“那么怎样解决这些问题、使你旅游顺利成行呢？今天我们就一起探讨。”</td><td>1.欣赏照片，进入情境。
2. 思考、回答问题。</td><td>1. 激发兴趣。
2. 创设情境。</td></tr>
<tr><td>二、新课讲授</td><td>1. 旅游线路的选择。
过渡：“在地点和线路确定之前需要做什么工作？”
（1）收集旅游信息。
提问：“如何收集信息？”
“收集信息途径如电脑网络、书报、旅行社广告、电视广播、亲朋好友、有经验的旅游者。推荐几个很好的旅游网站给同学们，希望大家经常关注。”
（2）选择旅游线路。
主干问题：“什么是旅游线路？”
归纳：“游客从出发地到旅游地，再返回出发地所经过的活动轨迹。”
过渡：“如何设计旅游线路才合理呢，下面我们分组探究。”</td><td>思考、回答问题。</td><td>铺垫；知识准备。</td></tr>
</table>

续表

学习流程设计			
主要环节	教师活动	学生活动	设计意图
二、新课讲授	2. 探究活动：旅游线路的推介。 （1）提出问题。 “两会正在北京召开，两会代表来自全国各地，我们为他们设计一个‘北京一日游’的线路。通过同学们课前调查，大家对‘西藏、上海、成都、北京、三亚、台湾’等6个地方的景点比较感兴趣，下面以这6个地区为例进行旅游路线设计，做一个模拟线路设计推介活动。课前大家都做了准备，查找了相关资料，下面请同学们分组讨论、设计，10分钟之后推荐小组代表展示设计思路。” 主干问题：“请每组代表说说你们为什么这么设计？主要考虑的是什么？” （2）教师对设计思路和设计作品简单评价。	1.分组讨论，合作学习，探究方案。 2. 小组代表发言，学生说思路并书写展示。	1. 亲身体验，探究尝试，合作学习。 2. 自主探究设计原则。 3. 案例教学，帮助理解。
	3. 归纳小结。 （1）基本出发点：四点。 （2）设计原则：六大原则。	倾听、感受。	
	4. 重点案例讲解。 （1）突出特色：案例一：“心灵之旅”。 主干问题：是怎样体现旅游线路特色、突出主题的？ （2）讲究韵律：案例二：香港四日游。 点拨：序曲、高潮、尾声。 （3）安全可靠：案例三：台湾泥石流事故。 主干问题：和当地什么样的自然条件有关？ 展示：台湾地形图。 提问：台湾的地形特点是什么？当时的气候条件是怎样的？ 分析：地形、气候与安全的关系。 （4）案例四：三亚大东海。 展示：影响世界旅游安全的因素有自然、社会。 展示：影响中国旅游安全的自然因素。	学生理解案例，读图了解、思考、回答问题。	1. 引导学生分析地形、气候与安全的关系，建立知识间的联系。 2. 事实层面归纳到概念层面。

续表

学习流程设计			
主要环节	教师活动	学生活动	设计意图
二、新课讲授	5. 再次修改设计并说明。 主干问题：不同的景点安全问题不同，请学生思考其所设计的路线中有哪些安全问题需要注意？ 探究活动：“修改你们的创意，使它更加完美！” （1）添加主题，突出特色，更具吸引力！ （2）补充注意事项，更具安全感！ （3）展示：修改，说明。	探究活动：修改设计，展示说明。	应用原则进行修改；掌握原则。
	6. 总结提升。 总结：“大家想过我们设计线路最终是要达到什么目的吗？通过我们的设计能够在发挥旅游资源最大效益的同时让旅游者满意。最终实现旅游活动的可持续发展！” 归纳提升：地理课贯穿始终的就是可持续发展的原则，所以旅游也应该遵循这样的原则，通过人的管理和调控达到三者共同持续发展的目的。	归纳思路，提升认识。	归纳梳理，提升认识。
三、总结练习	反馈练习：学案（高三海淀期末题）。 作业：我的假期我做主！为五一假期设计一条旅游路线。	独立完成，练习训练。	迁移训练。

板书设计

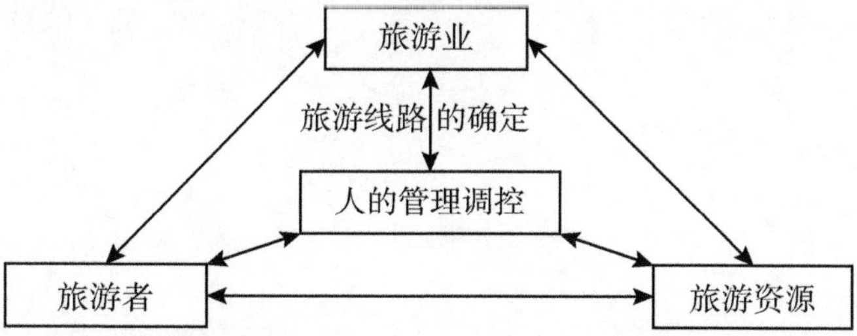

教学设计特色说明与教学反思

设计思路

本节课主要运用概念教学的原理进行设计，设计原则主要是围绕本课重点内容——“让学生理解旅游线路设计的原则”进行设计。本节课的核心活动是设计了一个操作性任务：模拟旅行社进行旅游线路推介活动。

续表

教学设计特色说明与教学反思
本活动分两次进行，第一次在讲课之前先让学生进行体验，通过安排学生的设计线路活动（将全班分为六个组，每组设计不同地点的旅游线路，有西藏六日游，上海周边二日游，成都周边二日游，北京一日游，三亚海岛风情游，台湾四日游），用自己查找的资料进行线路设计的体验，让他们自己体验在设计线路时应该本着什么原则，需要考虑哪些因素，因为他们要设计出真实的线路，所以必须全组统一认识，本着一定的原则进行设计，才能设计出来一条线路，不同线路设计思路有些是相同的，有些是不同的。学生在完成任务的时候就体验到了线路设计的一些原则，但是这时他们的认识是支离破碎，不完整、不系统的，主要停留在事实层面。体验之后，再通过老师的设问："回忆你在设计线路时是怎么考虑的？"这个事实性问题带着学生将自己的思维过程进行梳理，再将思维外显化，说出自己设计时的思路。最后通过老师的讲解，引领学生将旅游线路设计的原则由事实层面（不同旅游地区的线路设计原则）上升到概念层面（旅游线路设计的一般原则），最后达到归纳概括层面的要求。第二次活动是在老师讲完原则之后，让他们各组对自己的设计进行修改：添加主题，突出特色；补充注意事项，更具安全感。这两个问题在之前学生的设计中是没有体现的，是比较高的要求，想通过这两个问题的实施让学生对于刚刚学过的知识加以运用，达到帮助理解和记忆的目的。

高中音乐魅力课堂设计举例

课例基本信息			
姓名	刘智慧	学科	音乐
学段	高中	年级	高一
教材（出版社）	湖南文艺出版社	课题	歌声遥遥飞九霄 ——中国民歌《放风筝》赏析
课例设计			
教学目标	1. 喜欢中国民歌，乐于主动探究我国民歌的不同风格。 2. 通过对几首民歌的鉴赏，感受我国不同地区民歌的风格特点。 3. 初步了解民歌的流传与变体。		
材料用具	扇子、手绢花。		
课例设计			
教学重点	理解、感受不同地区民歌的风格特点。		
教学难点	探究我国南北方民歌形成不同风格的原因。		
教学方法	体验法、探究法、讨论法、讲授法。		
学情分析			

清代诗人高鼎在《村居》一诗中说："草长莺飞二月天，拂堤杨柳醉青烟。儿童放学归来早，忙趁东风放纸鸢。"在祖国各地每年春季都可见到放风筝的人们。放风筝是一项有益人体健康的体育娱乐活动，极富情趣和养生意义。

高中学生爱玩、好动，富有创造力和想象力，音乐课上通过欣赏、学唱、讨论、分析，理解、感受不同地区民歌的风格特点，探究我国南北方民歌形成不同风格的原因有益于学生感受、体验音乐中的美和生活中的美。

续表

教学内容分析
“学习中国传统音乐，感受、体验音乐中民族文化特征，认识、理解民族民间音乐与人民生活、劳动、文化习俗的密切关系”是普通高中音乐课程标准“音乐鉴赏”模块内容标准中一项重要的内容。通过对河北、江西、湖南、东北、浙江五省同一首民歌《放风筝》的听赏，可引导学生积极参与音乐体验，鼓励学生主动探究小调音乐体裁特点、风格色彩，帮助学生建立起音乐与人生的密切关系，进而为终身学习音乐、享受音乐奠定基础。 本课以民歌《放风筝》这首歌曲为主线，向学生介绍中国民歌音乐发展中流传与变体的现象，并通过浙江与东北民歌《放风筝》两首歌曲的对比赏析，感受南北地区民歌不同色彩及不同的风格特点、差异，从而引导学生进一步探究南北民歌形成不同风格的原因。
教学资源整合
中国汉族民歌可分为东北、华北、西北、西南、江浙、湘鄂、江淮、闽粤台等8个色彩区。本课通过河北、江西、湖南、东北、浙江五省同一首民歌《放风筝》，引导学生通过听赏、学唱等课堂实践活动，重点从民歌的色彩方面，使学生感受南北民歌不同的风格特点。

学习流程设计			
教学环节	教师活动	学生活动	设计意图
一、新课导入	河北民歌《放风筝》赏析。 设问：歌曲表现了什么内容？音乐情绪怎样？	学生欣赏音频并思考问题。	通过歌曲旋律、歌词、音乐情绪等音乐要素，进行教学导入。
二、了解中国民歌流传与变体现象	1.《放风筝》和《码头调》赏析。 视唱谱例，分析具有河北民歌特色的旋律音调。 视唱浙江民歌《码头调》。 学生思考：河北民歌《放风筝》和浙江民歌《码头调》，两首歌曲一南一北，旋律却如此相近，为什么会有这种音乐现象？	1. 视唱河北民歌《放风筝》谱例。 2. 视唱浙江民歌《码头调》谱例。 3. 学生对比欣赏歌曲，找出歌曲中相近的地方，讨论、回答问题。	不同地区的民歌却有着相似的旋律音调，通过视唱、分析，初步了解中国民歌流传与变体的现象。
	2. 江西民歌和湖南民歌赏析。 分别赏析江西民歌《放风筝》和湖南民歌《放风筝》，找出两首歌曲相近之处。	1. 学生欣赏民歌，回答问题。 2. 学生模仿两首歌曲中“花舌”的唱法。	两首歌曲的歌词、唱法、音乐情绪及表现内容相近。

续表

学习流程设计			
教学环节	教师活动	学生活动	设计意图
二、了解中国民歌流传与变体现象	3. 歌曲风格赏析。 设问：几首歌曲虽然旋律、歌词等方面相近，但风格特点却各不相同，这又是为什么呢？	学生思考并回答问题。	通过几首歌曲的对比欣赏和实践体验，使学生充分感受到为了适应流传地区的方言及唱词唱腔，这种民歌的变体使小调有了更大的发展空间和更新的精神内涵，更进一步促进了民歌的交流与传播。
三、分析民歌《放风筝》的音乐风格特点	1. 浙江民歌《放风筝》赏析。 （1）教师拿着扇子表演、范唱歌曲。 （2）师生共同用带有方言特点的歌词演唱歌曲，感受歌曲的音乐风格。 歌曲的音乐风格特点：细腻、婉转、柔美。	1. 学生找出典型的方言歌词。 2. 学生用方言学唱歌曲。 3. 学生判断歌曲是我国哪个地区的民歌，谈谈音乐风格特点。	通过一南一北两首歌曲的欣赏、学唱、讨论，充分体验、感受民歌《放风筝》南北迥异的音乐风格特点。浙江民歌《放风筝》音乐风格特点：细腻、婉转、柔美。辽宁民歌《放风筝》音乐风格特点：高亢、明快、喜庆、热烈。
	2. 辽宁民歌《放风筝》赏析。 （1）教师拿手帕边扭秧歌边表演、范唱辽宁民歌《放风筝》。 设问：教师演唱的歌曲是我国哪个地区的民歌？ （2）师生共同分析辽宁民歌《放风筝》，体会旋律中特有的五度、七度音程及特有的调式，形成东北民歌的音乐风格特点：高亢、明快、喜庆、热烈。	1. 学生欣赏民歌并思考回答问题。 2. 学生视唱歌曲谱例，分析歌曲音乐风格特点。	
四、师生互动	教师表演东北秧歌。	学生学做秧歌动作。	通过学做秧歌动作，使学生更加充分感受东北民歌热烈奔放的风格特点。
五、探究活动	师生共同探讨，中国民歌形成不同风格的原因，学生分组讨论。 教师小结：我国幅员辽阔，地形复杂，人们的生产和生活方式多样，风俗习惯也各不相同，因此，形成了不同风格、各具特色的民歌。	学生讨论、思考并回答问题。	在感性认识的基础上，让学生进行更加深入的探究性学习。

续表

学习流程设计			
教学环节	教师活动	学生活动	设计意图
六、学生活动	学生选择序号，教师播放歌曲，由学生判断歌曲是我国哪个地区的民歌，并选择手帕或扇子作为道具配合音乐进行表演，也可选择一位同学协助其配合表演。 请学生在中国地图上找出本课所听民歌所在的地区，在每个地区贴上一只小风筝，并用一句话表达此时的心情、对中国民歌的理解或是对这节民歌赏析课的感受。	听歌识曲。并进行表演。 在中国地图上找出民歌所在地，并用一句话表达心情或对中国民歌的理解、感受。	在感受到民歌风格后，通过听赏辨别民歌所属地域，更加充分把握民歌的风格特点。

板书设计

歌声遥遥飞九霄——中国民歌《放风筝》赏析

一、民歌的流传与变体

为了适应流传地区的方言及唱词唱腔，而形成了民歌的变体，促进了民歌交流与传播。

二、南北民歌风格特点

1. 南方民歌音乐风格特点：细腻、婉转、柔美。

2. 北方民歌音乐风格特点：高亢、明快、喜庆、热烈。

教学设计特色说明与教学反思

本课教学设计通过河北民歌《放风筝》与浙江民歌《码头调》的旋律对比，使学生感受到两首歌曲旋律上相近的特点；通过江西、湖南两地民歌《放风筝》的对比赏析，使学生感受到两首歌曲在歌词、唱法、音乐情绪上的相近。四首民歌虽然来自于不同地区，但有的旋律相近、有的歌词相近、有的唱法相近，从而使学生感受到民歌音乐发展中流传与变体的现象。

四首民歌虽然内容、旋律、歌词相近，但音乐风格却是不同的，这是为什么呢？学生带着这个问题，赏析东北民歌《放风筝》与浙江民歌《放风筝》，这两首民歌虽然内容相近，但旋律、节奏、歌词及音乐情绪迥异，学生通过体验、对比，感受两首歌曲不同的色彩、风格特点。教师引导学生讨论、探究中国民歌形成不同风格的原因。

在教学活动设计上，我设计了学生学跳秧歌的活动，让学生充分感受东北民歌《放风筝》热烈、喜庆、俏皮的音乐风格。通过用方言学唱浙江民歌《放风筝》，使学生亲身体会歌曲细腻、婉转、柔美的音乐风格；此外，我还让学生通过听歌曲的音乐风格来辨别是我国哪个地区的民歌，并选择道具（扇子、手帕）进行表演，也可请同学配合表演，使学生加深对民歌风格的理解及民歌具有歌舞性的了解。

教学活动最后一个环节，我设计了请学生在中国地图上找出本节课欣赏民歌所在的地区，并用一句话表达此时的心情（对中国民歌的理解或是对本节课的感受），使学生了解在祖国辽阔的版图上，民族音乐浩如烟海。我们今天所欣赏的几首民歌只是沧海一粟，还有许许多多丰富多彩的民歌有待于我们去鉴赏、传承和发扬。

教学设计最后的总结是本节课的升华。正如匈牙利音乐教育家柯达伊所说的那样：民族传统有机的继承，唯有从我们民间音乐中继承。因此，要继承、发扬我们民族的传统，有必要从我们民族音乐文化中去汲取力量。中国民歌是我国民族音乐中的瑰宝。“越是民族的就越是世界的”。

高中美术魅力课堂设计举例

课例基本信息			
姓名	刘少伟	学科	美术
学段	高中	年级	高一
教材（出版社）	人民教育出版社	课题	《千里江山图》 与中国古代青绿山水画

课例设计	
教学目标	1. 学会从构图、设色、笔法等几个方面来鉴赏古代青绿山水画。 2. 掌握山水画作品的赏析方法，并体会其中所蕴含的意境和情感。
材料用具	课件、多媒体。
重点难点	青绿山水画赏析方法。
教学方法	讲授法、演示法、讨论法。

学情分析
高中一年级学生有一定的美术鉴赏知识储备，对事物的看法也比较全面、深入，但由于西方文化和现代文化的渗透和发展，学生大多对传统艺术了解甚少，如何引导学生学会正确地去欣赏作品，读懂、理解国画作品的内涵确实存在一定困难。另外，欣赏是需要一定的知识和修养的，我们要允许欣赏者对作品有其主观态度，鼓励学生联系自我经验评析作品。

教学内容分析
本节课以古代青绿山水画中最具代表性的《千里江山图》开始，让学生学会如何去鉴赏古代山水画，从而体味山水画的意境美，体味人与自然和谐的关系在山水画中的体现。学会山水画的鉴赏知识，也是学习山水画之境界所在。

教学资源整合
网络热搜新闻图、作品图、相关视频及理论知识融合。

续表

学习流程设计			
教学环节	教师活动	学生活动	设计意图
一、导入	展示图片：展示热搜2017年“故宫跑”图片，显示比较激烈的奔跑镜头。 提问：是什么展览，让人们如此热情，甚至如此疯狂？ 解答：这就是2017刷爆艺术圈的故宫古代绘画展览中出现的情境，展览作品以《千里江山图》为首。这是幅被称为史上颜料最贵、画幅最长、作者最神秘的青绿山水巨作。	学生观看。	用学生熟知的网络热搜图关注主题，导入新课。
二、讲授新课，青绿山水深入解析	1. 过渡：我们就从《千里江山图》开始聊一聊中国古代青绿山水画。 简单介绍《千里江山图》，作者是王希孟，北宋画家；此图纵51.5厘米，横11.9米，是绢本长卷；是中国传世十大名画之一，现存于北京故宫博物院。（快速浏览全卷） 设问：如何看懂山水画，如何鉴赏山水画？	学生观赏、思考并试着回答。	通览全卷，了解古人欣赏画作的方式和习惯。
	2. 构图赏析。 首先，看构图，或者说布局，也就是之前讲过的谢赫六法中的“经营位置”。 中国山水画的构图和西方不同，西方讲究“焦点透视”；而山水画讲求“散点透视”，高远、深远、平远“三远法”表现。 提问：试着在画中找出这三种视角，用自己的理解阐述理由。 宋代山水画家郭熙在《林泉高致》中说山有三远：自山下而仰山巅谓之高远；自山前而窥山后谓之深远；自近山而望远山谓之平远。中国山水画往往在一幅画中既有“高远”让你体会山峰的雄健，感到山势逼人，如身临其境；又有“深远”让你感到山重水复，深邃莫测；还有“平远”，视野开阔，心旷神怡。要达到这样的效果，就要打破焦点透视观察景物的局限，而要用仰视、俯视和平视等散点透视来描绘画中的景物。 正是这种中国山水独有的三种视角，让整个画面构图上有了高低错落的气势磅礴。（展示图片，形象化） 构图上首段尾段相呼应，各段的山水以不同的组合形式展示在画卷中。各段有机地连接在一起，气势连贯。	1. 学生听讲并跟随老师节奏，看画，思考相关问题。 2. 小组讨论。 3. 尝试回答，找寻中国山水画特有的透视方式在画中的体现。	1. 让学生通过观察思考，加深对知识的理解。 2. 了解山水画技法相关知识，有助于对画作的理解。

续表

学习流程设计			
教学环节	教师活动	学生活动	设计意图
二、讲授新课，青绿山水深入解析	3. 设色和笔法赏析。 （1）设色。 设问：画面中哪些颜色用得最多？画面覆盖力最强，最鲜艳？ 青色、蓝色用得最多。这两种颜色分别取自孔雀石和蓝铜矿，比黄金还珍贵。在古代，最贵的颜料是用来画画的。古时候，丹青指所有颜色。 试想，如果是无色的水墨山水，还会不会有这种浓重艳丽的效果。 整个画卷色调上是以石青，石绿为主，赭石墨色为辅。可以看出来颜色非常厚重，不过远山用的颜色很薄，这样处理的虚实关系，给人视觉上一种望远的感觉，此幅画是在绢上画的，就运用了一种反衬法，就是正面染完色，背面也染上色。这样颜料就达到了厚重的感觉，以至于保留到今日还光鲜亮丽。 （2）笔法：山石和水波的画法。 融合了水墨山水表现技法和青绿的表现技法。 笔法上山石的结构用了披麻皴和斧劈皴，山上面的植物疏密有致地点出来，增添一些光彩。远山会用到一些淡墨来染色，烘托出山石的远近，赭石在山的根部渲染，把山体的立体感表现了出来。山中的茅屋、亭台、人物等都使用了细笔勾勒，树木用的没骨法，山中屋内屋外的人物都清晰可见。	1. 画面观察、思考。 2. 总结出颜色的运用上具有哪些特点。 3. 结合手中画卷，观察山石、水波纹等细节表现。	1. 让学生走近并深入了解画卷中的用色技巧。体会石色的特点。 2. 近距离的观察细节有助于学生理解笔法运用的精妙之处。
	4. 品味细节：千里江山画中游。 从卷首走到卷尾，体会画面中各段的细节，从细节中体会画家用笔用墨的技巧和画中的情趣。 在宋代的著名画论《林泉高致》中，提出了山水画的四个要求：可行、可望、可游、可居。简单地解释，就是要有路可走通，有好看的风景可以看，有好玩的地方游玩，有可以住的地方。《千里江山图》中，显然把这些发挥得淋漓尽致。	1. 学生观察，分析，小组内讨论。 2. 将画面分成六段，每个小组重点研究一段落。 3. 小组分段讨论画中“可行、可望、可游、可居”相关画面内容，思考画家是如何表现的。	分段可以有针对性地进行学习观察，让学生通过画面及描述更加仔细观察画家的表现手法。

续表

学习流程设计			
教学环节	教师活动	学生活动	设计意图
二、讲授新课，青绿山水深入解析	例如，每一段都会有一些有趣的故事。展示若干个小场景、小画面讲述里面的故事，让学生通过画面及描述更加仔细观察画家的表现手法。图中表现了一些房屋、村落、人、动物。一般是背山面水，或以林木为屏障，一组组住宅沿山坡、水滨、路旁自由布置，杂以一些亭阁和朱栏小桥。每段场景都以特色的小桥连接。	4. 通过对作品的赏析，说一说自己对中国古代山水画作品的理解。	分段可以有针对性地进行学习观察，让学生通过画面及描述更加仔细观察画家的表现手法。
	5. 介绍关于画家天才少年王希孟的短暂一生。	学生听讲。	
	6. 体会感受：《千里江山图》的艺术价值和影响力。	学生体会、思考。	
三、总结与提升	1. 好的山水画的特点“可行、可望、可游、可居”。	学生聆听、感受。	对整节课作再次提升，加深印象，并形成持久性的理解。
	2. 鉴赏一幅山水画的步骤。 中国山水画讲究位置的经营和意境的营造。画家通过笔墨、色彩、技法来展现山水的风貌，或磅礴大气，或恬静安然。细节中见功夫，见趣味。山水画所蕴含的意境美需要我们细细地在画中体味。 我们经常说，意境是中国画的灵魂。它让我们浮想联翩，心灵上达到共鸣，情感上受到感染。中国画的意境美可以小到一只飞鸟，也可大到沧海桑田。万物静观皆自得，让我们偶尔停一下脚步，来体会一下万物的美好。		
四、拓展	为学生推荐史上青绿山水名作，可以利用媒体资源多观察、多鉴赏，继续在画中寻找细节的乐趣，也可以游览网络中国山水画展。	学生课后赏析青绿山水画。	拓展提升。

板书设计

《千里江山图》与青绿山水

一、构图　　四、作者
二、笔法和设色　　五、感受
三、细节表现

续表

教学设计特色说明与教学反思
特色：好的方面是前期准备非常充分，整节课按照预定设想和思路很顺畅地完成，且课堂效果很好。对于涉及的生僻专业名词，也用恰当的图片素材进行了形象化的解读。有助于学生对本节课的知识点都能够轻松掌握，目标达成得较好。本节课确定了一条主线，把主要的知识点串联起来，沿着主线让课上得轻松流畅。 **不足**：需要进一步精简内容，让课堂节奏更轻松、更好控制，让课堂有更宽裕的时间延伸拓展。

高中体育魅力课堂设计举例

课例基本信息			
姓名	李朝红	学科	体育与健康
学段	高中	年级	高一
教材（出版社）	人民教育出版社	课题	经单肩后滚翻成跪撑平衡
课例设计			
教学目标	1. 使学生初步了解经单肩后滚翻成跪撑平衡的练习价值及动作方法，建立正确的动作概念。 2. 学习经单肩后滚翻成跪撑平衡技术动作，使 85% 左右的学生能在保护和帮助下完成动作，增强灵敏、协调、力量等身体素质，提高平衡、控制能力，塑造良好身体姿态。 3. 培养学生团结合作的精神和安全运动的意识。		
材料用具	小垫子 33 个，挂图 1 个，录音机 1 个。		
教学重点	头侧屈、撑手、伸臂的方向正确。		
教学难点	头侧屈、推手、分腿协调配合。		
教学方法	示范法、讲解法、纠错法、分组练习法。		
学情分析			
1. 本课授课对象是高一年级 5 班、6 班的 32 名女生，她们上课纪律好，善于思考，乐于学习。 2. 身体素质较好，几名女生柔韧、协调性不好，2 名学生体重超重，需要加强个别指导，增强自信心。 3. 存在以弱为美的现象，树立健康的美才是真正的美的观念。 4. 学生来自不同的中学，需互相交流熟悉，本课加强她们合作练习机会，互帮互学，增进友谊。 5. 通过前 3 节的学习，学生能够熟练掌握前滚翻成直角坐和肩肘倒立，为本课打下良好的基础。			
教学内容分析			
经单肩后滚翻成跪撑平衡是高中女生体操技巧成套动作的重点内容，该技术建立在肩肘倒立完成的基础上，对于学生的平衡能力、身体控制能力有较高的要求。通过学习，可以很好地增强学生协调、灵敏、平衡等身体素质，培养学生勇敢、克服困难的意志品质，还可以培养学生观察、分析动作和互相保护帮助的能力。技巧模块共 8 次课，本课是第 4 次课，为新授课。			

续表

学习流程设计			
教学环节	教师活动	学生活动	设计意图
一、开始部分	体委整队、报告人数。 师生问好。 宣布本课内容。 检查人数，安排见习生。	1. 组织队列如下： 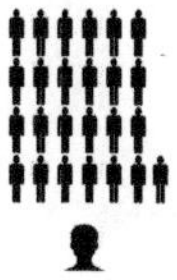 2. 认真学练、控制姿态、团结合作、安全练习。	贯彻课堂常规，了解本课内容要求。
二、热身部分（7~8 分）	热身活动。 （1）教师示范讲解；口令提示，组织学生练习。 （2）慢跑游戏：莲花朵朵开。 （3）创编徒手和垫子操，每节 4 个 8 拍。 第一节：头部运动。 第二节：上肢运动。 第三节：肩部运动。 第四节：扩胸运动。 第五节：踢腿运动。 第六节：体转运动。 第七节：后倒翻臀练习。 第八节：拉伸运动。	1. 组织队列如下：  2. 认真观听，听口令练习，活动开各关节；练习过程中体会动作的重难点。	活动开各关节，避免伤害事故；合理使用器材，将技巧的部分动作分解到准备活动练习中，加强动作记忆和衔接练习，为基本部分的学习做准备。
三、基本部分：复习肩肘倒立	教师带领复习肩肘倒立，提示重难点，组织学生练习 2~3 次，巡视并及时提示。 重点：伸腿伸髋。 难点：展髋夹肘。	1. 组织队列如下： 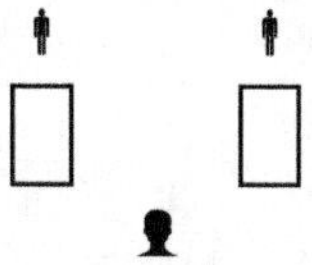 2. 听教师口令集体练习；独立完成，倒立停留 2~3 秒。	复习上节课内容，温故知新。

续表

学习流程设计			
教学环节	教师活动	学生活动	设计意图
四、基本部分：学习经单肩后滚翻成跪撑平衡	1. 教师示范讲解，学生带着问题观看。 动作方法： 头向左屈左臂屈， 右臂伸直落右腿； 用力推撑头抬起， 右跪左举姿态美。	认真观听，积极思维，合作练习。	自编动作方法口诀，让学生更好记忆动作。
	2. 结合挂图讲解动作和保护帮助方法。 保护帮助方法： （1）跪立于练习者后举腿一侧，一手托肩，一手托后举腿。 （2）站在练习者后举腿一侧，握后举腿脚踝帮助上提，分腿向后滚动时，助其维持重心及增加后举腿高度。	学会正确的保护和帮助方法，树立安全意识。	1. 学生掌握保护和帮助方法，安全练习。 2. 教师示范让学生建立正确直观的动作表象，结合自制挂图讲解动作方法，视听同步，更有说服力。
	3. 组织学生 2 人一组，直角坐，练习后倒头侧屈、撑手、伸臂 3~5 次。	1. 组织队形如下： 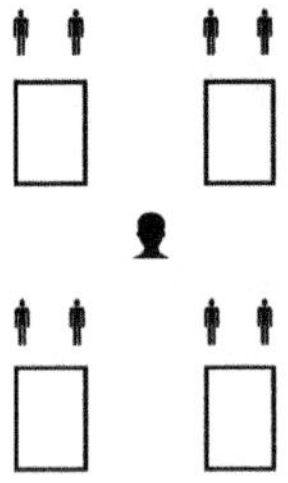 2. 学生 2 人一组，垫子拼在一起，一人练习，一人保护、评价。	1. 层层递进，使学生逐步掌握动作技能，通过不同分组，合理使用器材，合作练习。 2. 增强灵敏、协调、力量等身体素质，提高平衡、控制能力，塑造良好的身体姿态。
	4. 组织学生 2 人一组，肩肘倒立、接头侧屈、撑手、伸臂、分腿，练习 2~3 次。		
	5. 组织学生 2 人一组，保护帮助下完成 3~5 次，教师巡视、随时纠正。		

续表

<table>
<tr><th colspan="4">学习流程设计</th></tr>
<tr><th>教学环节</th><th>教师活动</th><th>学生活动</th><th>设计意图</th></tr>
<tr><td rowspan="3">四、基本部分：学习经单肩后滚翻成跪撑平衡</td><td>6. 组织学生 4 人一组，在保护帮助下练习 3~5 次，教师巡视，及时指导。</td><td>1. 组织队形如下：
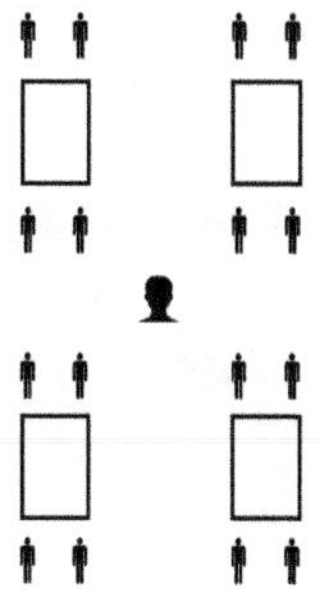
2. 学生 4 人一组合作练习，4 块垫子拼在一起，一人练习，一人保护，2 人负责垫子稳定及动作评价。</td><td rowspan="3">1. 层层递进，使学生逐步掌握动作技能，通过不同分组，合理使用器材，合作练习。
2. 增强灵敏、协调、力量等身体素质，提高平衡、控制能力，塑造良好的身体姿态。</td></tr>
<tr><td>7. 优生展示，师生评价。</td><td>大胆展示，师生互相评价。</td></tr>
<tr><td>8. 易犯错误与纠正方法。
（1）头侧屈和手臂协调不好。
纠正方法：组织学生 2 人一组，直角坐，练习后倒头侧屈、撑手、伸臂 3~5 次；组织学生 2 人一组，肩肘倒立、接头侧屈、撑手、伸臂、分腿，练习 2~3 次。
（2）控制不好平衡。
纠正方法：注意安全，做好保护帮助；眼睛盯着高举腿，推撑迅速有力。</td><td>学生认真观听，积极思维，纠正动作，合作练习。</td></tr>
</table>

续表

学习流程设计			
教学环节	教师活动	学生活动	设计意图
五、基本部分：双人合作练习	双人合作练习 2~3 组。 （1）练习：仰卧起坐 16 次。下腹肌练习 16 次。背肌 16 次。 （2）教法：①组织学生随音乐节奏进行练习；②口令提示、巡视纠正。	1. 组织队形如下： 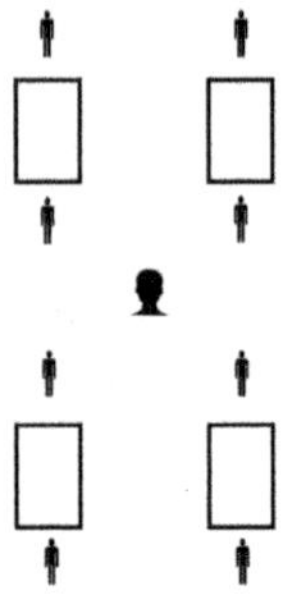 2. 听节奏练习，体会肌肉用力。 3. 学生 2 人一组，合作练习。	加强背腹肌力量，提高练习乐趣，增强合作练习的能力。
六、结束部分	1. 组织学生双人拉伸放松练习。	1. 组织队形如下： 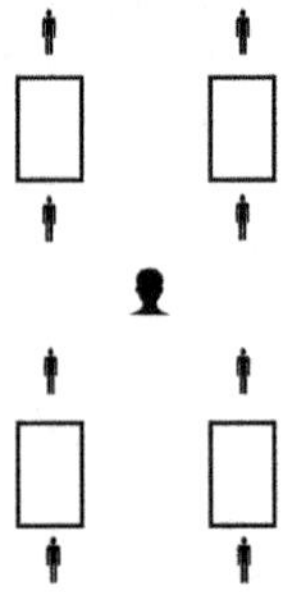 2. 学生 2 人一组，做拉伸放松练习，合作互助。 3. 总结反思，不断提高。	放松身心；总结反思。
	2. 整队总结。 宣布下次课内容。 师生再见。 组织收拾器材。	1. 组织队形如下： 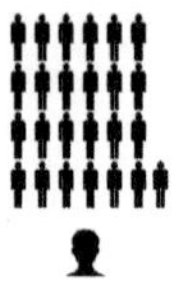 2. 师生再见。	整队，告知下次课内容，培养礼仪。

续表

板书设计
略。

教学设计特色说明与教学反思
1. 教学内容采用合作练习的方式。 2. 发挥教师创新实践能力： （1）改编游戏方法，让学生学习“莲花”的形象和气质，有助于培养亭亭玉立的身体姿态。 （2）结合授课内容创编徒手操和垫子操。 （3）自制教学挂图。 （4）根据动作方法创编动作口诀，简单实用，便于学生记忆。 3. 合理运用器材，小垫子多用，贯穿始终。

高中通用技术魅力课堂设计举例

课例基本信息			
姓名	丁立华	学科	通用技术
学段	高中	年级	高一年级
教材（出版社）	地质出版社	课题	控制与设计——认识设计的过程

课例设计	
教学目标	1. 通过控制案例的分析，熟悉简单控制过程的工作过程，了解简单控制过程的基本组成。 2. 通过 LEGO NXT 机器人去模拟和实现控制案例的控制过程，理解其中控制器、执行器等控制装置的作用。 3. 通过对案例的控制过程分析，归纳总结出描述控制过程的通式，了解归纳总结的方法。 4. 通过图形化的语言编程，体会逻辑的思维和思想。 5. 通过学习能认识到技术发展与人类社会发展间的关联，培养学生的技术意识。 6. 学生通过案例分析及思考，认识到控制系统的多样性和复杂性，能运用系统分析方法分析控制的过程，明确控制装置在系统中的作用，培养学生的工程能力。 7. 结合生活案例，让学生体会创新设计与解决问题间的关系，培养学生解决问题的创新意识。 8. 通过体验从分析控制过程到通过控制装置去实现，这一从思维到实际物品的过程，锻炼了学生的物化能力。
材料用具	LEGO NXT 机器人、程序及电脑。
教学重点	控制系统的基本组成与工作过程的分析。
教学难点	1. 通过 LEGO NXT 机器人去模拟和实现控制案例（即图像化的语言编程）。 2. 控制系统的基本组成与工作过程的分析。
教学方法	项目学习。

续表

学情分析
控制与设计的内容对于学生来说既熟悉又陌生，熟悉是因为生活中处处有控制，学生时时在用控制，陌生是因为学生只是控制产品的使用者，不了解其产品背后的控制内容。 本节课前按照章节教学设计，学生已经从控制案例出发了解如何描述控制的工作过程，初步学习了 LEGO NXT 机器人的图形化编程的技巧。通过课上反馈的信息，学生对案例的控制过程分析和描述方法还不能完全掌握。对图形化的编程比较感兴趣，由于是初次尝试，还不能达到自如使用。 今天的社会是一个以技术为核心的社会，信息化、大数据、深度学习、人工智能等与控制相关的内容是学生将来必须要面对的，本节课目的也是在引起学生对技术以及技术发展的重视，对将来的技术革命有一个起点性的准备，为学生将来的职业发展方向提供一个参考。
教学内容分析
本节课的教学内容出自地质出版社所出版的教材的第四章“控制与设计”第三节“控制系统框图”。通过对案例的控制过程分析总结得出控制系统方框图，并从原理角度认识开环控制与闭环控制。
教学资源整合
从课程标准来看，新旧两版课程标准对“控制与设计”的教学要求基本相同，新版课程标准更加强调对控制过程的认识和理解。还有从历届技术会考反馈的信息来看，学生在控制题出错的原因几乎都可归结为对控制工作过程的认知不清而造成错答和蒙答，可见，在控制与设计的教学中强调对控制工作过程的认识，对控制与设计的学习至关重要。 控制与设计的内容具有很强的专业性，过高的专业性会给学生学习控制带来一定的难度，这种过高的专业知识也与通用技术必修课程所具有的通识性特点相矛盾。 基于以上原因，本节课的设计首先立足于通过生活案例针对控制的过程的分析，学习控制与设计的相关知识，通过 LEGO NXT 机器人模拟再现控制案例的控制过程，明确各个控制装置在控制过程中的作用，梳理、归纳出描述控制系统工作过程的方框图。 载体选用 LEGO NXT 机器人套装，一方面考虑的是 LEGO NXT 机器人中模块化的控制装置简化了控制电路给学生带来的认知难度；另一方面 LEGO NXT 机器人图形化的编程语言降低了编程的难度，同时编程过程又与控制过程的逻辑过程高度相同，学生在编程的同时再一次强化对控制过程的认识。

学习流程设计			
教学环节	教师活动	学生活动	设计意图
一、引入环节	1. 回顾上节课的 2 个控制案例：声控灯和声控车，列出控制案例的工作过程。强调控制过程的书写格式。	看并回忆上节课的学习内容，再次确定控制工作过程的书写格式。	课虽然是断开的，但知识体系是相互关联的，要让学生意识到知识之间关联，认识到学习的连续性。
	2. 明确本节课的学习内容：继续分析生活案例，认识控制的工作过程，理解其中控制装置的作用。	认识到知识的连续性，明确本节课将要学习的内容。	

续表

学习流程设计			
教学环节	教师活动	学生活动	设计意图
二、新课环节：智能扫地机器人	1. 简述“智能扫地机器人”在生活中的作用和使用过程。 作用：解决某些位置的卫生清扫问题，解放了劳动力。 使用：选择好工作程序就可以放手了。	了解生活中“智能扫地机器人”有什么作用，它是如何工作的。	来自生活的案例，给学生以亲切感的同时，感受技术与生活间的紧密关系，培养学生技术的意识。
	2. 实践活动：用 LEGO NXT 机器人模拟扫地机器人在碰到障碍物时做出反应（停车）的工作过程。	通过实践感受智能扫地机器人的实际控制过程。	LEGO NXT 机器人是一个开放性智能硬件，其模块化的装置降低了电子电路知识的难度，图形化的编程语言学习难度不高，学生很容易学会，其智能化的特点又可以实现很多控制。
	要求 1：根据提供的扫地机器人在碰到障碍物时做出反应（停车）的工作过程的描述写出对应的控制过程。	从文字描述中梳理出碰到障碍物时做出反应（停车）过程。	教师指导下的统一，减少了学生争论的盲目性，使课程的进行更加顺畅。 用 LEGO NXT 机器人去模拟扫地机器人是让学生对控制建立直观的认识，帮助学生理解控制过程，理解控制装置在其中的作用。
	要求 2：小组内通过交流研讨总结出一个最终控制过程描述。	表达、交流、分析并达成共识。	
	要求 3：统一扫地机器人在碰到障碍物时做出反应（停车）的控制过程（教师主导）。	听、观察、思考统一对控制过程的认识。	
	要求 4：用电脑完成扫地机器人在碰到障碍物时做出反应（停车）的控制程序，通过提供的 NXT 结构实现对它的实际控制。	通过实践体会控制是如何实现的。	

续表

学习流程设计			
教学环节	教师活动	学生活动	设计意图
二、新课环节：智能扫地机器人	要求 5：思考结构中的控制装置在控制过程的哪些控制环节起作用？起到什么作用？	结合控制过程的描述，认识控制装置在控制过程中的作用。	教师指导下的统一，减少了学生争论的盲目性，使课程的进行更加顺畅。 用 LEGO NXT 机器人去模拟扫地机器人是让学生对控制建立直观的认识，帮助学生理解控制过程，理解控制装置在其中的作用。
	要求 6：用框图和控制装置的名称描述控制的工作过程（详见附件）。	在教师的提示下完成控制过程的方框图。	
	总结：通过分析其控制过程和控制框图分析总结出开环控制的特点及控制过程方框图。	跟着教师的分析思路得出开环控制的控制过程方框图。	
三、新课环节：智能避障小车	1. 简述无人驾驶技术的研究及未来在生活中的作用。 作用：将人们从驾驶的工作中解放出来，将时间释放出来。 使用：各种可能性的遐想。	了解生活中“无人驾驶”能为人类带来什么。引起学生对技术发展的思考。	将这个环节与无人驾驶技术联系在一起，不是在“傍大款”，而是让学生认识到复杂的技术中包含着若干个简单的技术，复杂的东西之所以复杂是因为简单的事物多且相互关联，并受到环境因素的干扰（系统思想的实际应用）。
	2. 实践活动：用 LEGO NXT 机器人模拟智能车在探测到障碍物时能做出反应并停车的工作过程。	通过实践感受智能车“避障”的实际控制过程。	
	3. 要求一：根据提供的避障小车工作过程的文字描述，写出避障小车在距离障碍物 20 厘米时做出反应（停车）的控制过程。	从文字描述中梳理出避障小车在距障碍物 20 厘米时做出反应（停车）的控制过程。	
	4. 要求二：小组内通过交流研讨总结出一个最终控制过程描述。	表达、交流、分析并达成共识。	
	5. 要求三：统一避障小车的控制过程（教师主导）。	听、思考并统一对控制过程的认识。	

续表

学习流程设计			
教学环节	教师活动	学生活动	设计意图
三、新课环节：智能避障小车	6. 要求四：用电脑完成避障小车在距离障碍物 20 厘米时做出反应（停车）的控制程序，通过提供的 LEGO NXT 机器人结构实现对它的实际控制。	通过实践体会控制是如何实现的。	将这个环节与无人驾驶技术联系在一起，不是在“傍大款”，而是让学生认识到复杂的技术中包含着若干个简单的技术，复杂的东西之所以复杂是因为简单的事物多且相互关联，并受到环境因素的干扰（系统思想的实际应用）。
	7. 要求五：思考结构中的控制装置在控制过程的哪些控制环节起作用？起到什么作用？	结合控制过程的文字描述，认识控制装置在控制过程中的作用。	
	8. 总结： （1）根据前面写出的控制工作过程，找出工作过程中的相应环节的控制装置，完成控制过程方框图的绘制。 （2）对比开环控制框图，寻找差异，总结闭环控制系统的特点。	完成控制框图的绘制，区分开环与闭环控制。	
四、新课环节：设计制作小夜灯控制系统	1. 给出“小夜灯”在生活中的设计要求：人来即亮，无须摸黑，无须遥控，智能感应。	了解生活中“小夜灯”的控制设计要求。	给学生一个消化和巩固学习内容的实践机会，能很好地帮助学生。同时学生活动又是一个很好的时间进度控制方法。
	2. 实践活动：依照学案的环节提示完成小夜灯的控制设计。	依照学案的环节设置完成小夜灯的控制设计，并测试是否达到设计要求。	
五、小结环节	1. 总结开环控制与闭环控制。	回顾本节课的内容。	“启后”环节设计，保证了课堂的连续性，给学生对新课提供一个期待。
	2. 再次感受身边的技术，身边的控制装置，享受其带来的便利。	重新观察自己的生活，反思身边控制产品的智能发展，及对未来技术发展的畅想。	

续表

学习流程设计			
教学环节	教师活动	学生活动	设计意图
五、小结环节	3. 技术展望：控制技术正从自动控制向智能化发展，而深度学习的人工智能将是未来的方向。 4. 问题：思考在具体环境中工作的控制装置，面临复杂多变的环境，控制装置会不会受到干扰呢？	明确下节课的学习内容，带着思考去观察生活中的控制。	“启后”环节设计，保证了课堂的连续性，给学生对新课提供一个期待。

板书设计
略。

教学设计特色说明与教学反思

本节课的教学特色

项目式学习是以实践活动为载体的，体现学以致用的新的教学模式，学生在完成项目的过程中，去学习相应的技术知识。对于控制与技术的教学，体现技术的先进性和符合学生的实际生活这两点是非常重要的。本节课从智能控制入手，结合学生身边的实际案例，让学生在学技术的同时也能感受技术给社会带来的变革，体会学以致用的重要性。以推理的方式代替直接给出的方式，能够培养学生思考的意识和方法。

教无定法，课无定型，如何教、如何学，是现代教师应该思考的问题，也是现代教师应该实践和探索的内容，我们将继续就项目学习的模式进行探索。

附 录
北京实验学校魅力课堂战略规划书
（2016—2021）

一、战略背景

（一）国际背景

全球化与信息化时代改变了传统的经济模式、职业模式和生活方式，进而对未来人才的培养提出了新要求。未来学生要从过去以学科知识结构为主体的思维模式，转变为能够主动适应多变的世界和信息化环境，在面对新的情境与挑战时，能够独立或合作解决问题，具有开拓创新与积极行动的自我发展能力；要具有全球意识和开放的心态，掌握人类文明进程和世界发展动态；能尊重世界文化的多样性和差异性，积极参与跨文化交流与合作；具备关注人类面临的全球性挑战，理解人类命运共同体内涵与价值的意识。此外，还需要具有数字化生存能力，主动适应“互联网＋”等社会信息化发展的趋势。总之，新的时代要求通过课程整合、项目学习、学段贯通等手段重点培养人的关键素质与综合能力，核心素养正是在这种时代背景下孕育而生，并在国际上形成了针对核心素养研究培养的新一轮教育与课堂教学改革的浪潮。

（二）国内背景

1.《教育部关于全面深化课程改革　落实立德树人根本任务的意见》明确提出“全面落实以学生为本的教育理念”，“充分利用现代信息技术手段，改进教学方式，适应学生个性化学习需求”。这就要求在全面推进课程改革的同时，以学生为本，根据学生个性化需求，全面改革课堂教学的方式方法，探索适合学生发展的新的课堂教学形态。

2. 2016 年 9 月 13 日，《中国学生发展核心素养》发布，培养学生人文底蕴、科学精神、学会学习、健康生活、责任担当、实践创新等六大核心素养将成为课堂教学改革的目标。

3. 教育部和北京市中高考改革方案陆续出台，全面落实课程标准，在中高考中根据学生兴趣和专长设置选考科目，加强传统文化、社会主义核心价值观、实践创新能力等方面的教育，同时在初中阶段增加开放性科学实践活动和综合实践活动，并纳入中考分数，学生综合素质评价将作为中考录取的重要依据，通过中高考改革撬动基础教育课程和课堂教学改革将成为大势所趋。

4. 我国的课堂教学改革走过了从传统低效课堂、有效课堂到高效课堂的发展历程。当前，高效课堂在全面落实课程标准、全面促进师生成长上，普遍受到质疑，迫切需要一种普适性的、符合基础教育教学规律的课堂教学形态取代高效课堂，魅力课堂研究顺应了历史发展的趋势，适时满足了这种需要。魅力课堂通过改变课堂结构，把学生从“时间＋汗水”的应试模式中解救出来，把时间还给学生，把睡眠、健康、灵性、兴趣、发展还给学生；魅力课堂注重“激情与美丽”“对话与交流”“问题与思考”“尊重与激励”，即从关注知识到关注获得知识的途径、方法、能力，关注人的可持续发展和精神成长，关注到“人”本身。同时，也使课堂教学从单纯的关注知识，培养学习技能，上升到关注生命发展，培养终生发展能力，使教学更加接近教育的本真。

5. 通过学科课程整合、学段贯通、教育与技术整合、项目化学习和综合实践活动等方面的改革和研究，培养学生适应未来发展的核心素养，正在成为我国当前教育改革的方向。

课堂教学是课程实施与学生能力培养的关键环节，作为人“生命发展场”的魅力课堂，不仅决定着学生成绩的高低，更担负着学生核心素养培养的重任，承载着学生的发展和未来。大力倡导魅力课堂，不断推出示范课堂，构建既符合教育和人的发展规律，又有学校文化特色的课堂教学形态，打造普适性的魅力课堂品牌，不仅是对我国基础教育的重大贡献，也是对全人类教育发展的一种有益探索。

（三）研究基础

经过五年的教学实践和师生的共同探索，我校的魅力课堂已焕发出勃勃生机，结出累累硕果。学生的综合素质不断增强，中考、高考成绩大幅提高，学生、家长和教师对课堂的满意度不断攀升，魅力课堂越来越受到学生的追捧和家长、教师的欢迎，已经成为我校魅力教育的重要品牌。

1. 魅力课堂研究取得阶段性成果

通过第一个魅力课堂“五年战略规划”的实施，魅力课堂理论体系基本完善。《“魅力课堂”，助推生命成长》等系列研究成果在《人民教育》《中小学管理》等报刊发表，曾军良校长的《高效学习方略》《爱与智慧的教育》等多部专著陆续出版；同时，我校还结集出版了两期《北实教育》魅力课堂专辑，收录了幼、小、初、高各学段各学科的魅力课堂研究成果；小组合作教学、具有不同学科特点的魅力课堂课题研究取得系列成果，多项课题研究获得全国课题研究成果一等奖；《魅力课堂的探索与实践》获得中国教育学会教育科研成果一等奖。

2014 年 11 月 27 日，我校与北京教育科学研究院联合举办了魅力课堂展示活动，四十余节市级魅力课堂大放异彩，受到了北京教育科学研究院三十多位专家的充分肯定，得到来自全国各地一百多位校长、教师的广泛赞誉；2015 年、2016 年举办了两届不同形式的教学节活动和多次家长开放日活动，获得巨大成功，中央电视台等多家央级媒体进行了专题报道；2016 年 9 月开始了每天一节的魅力课堂公开课常态化展示，展示了魅力课堂研究的成果；蒋建环老师在“苏浙京小语课堂教学比较专题研讨活动”中，代表北京市参加研讨，并进行魅力课堂展示，得到广泛好评；张兰建老师在全国第二届绿色课堂展示活动中荣获唯一的特等奖；潘铭、朱朋、刘攀峰、安丽娟、田莹等五位老师于 2016 年 10 月在鄂尔多斯举办的“全国绿色课堂大赛”中荣获一个特等奖和四个一等奖；在 2016 年北京市海淀区区级学科带头人、骨干教师评选和培训展示活动中，我校展示出非凡的实力，显示出我校在魅力课堂研究中取得的丰硕成果。

魅力课堂每年吸引着全国各地大批的校长教师来校考察或跟岗培训，并邀请曾校长等魅力课堂专家到全国各地进行“魅力课堂”讲学。魅力课堂在广东省花都区、贵州省遵义市、河北唐山市等全国很多地方已产生重大影响，得到广泛认同和推广。2016 年一年时间，魅力课堂在北京实验学校平谷校区幼、小、初、高四个分校得到有效实施，教育教学取得显著成果，充分证明了魅力课堂的普适性。

2. 魅力课堂已经成为我校魅力教育普适品牌的一个重要方面

我校魅力教育的发展定位是：“全面开展十五年基础教育综合改革实验，全面探寻中国现代化基础教育普适规律，为中国当代基础教育发展提供鲜活样板，为推动中国基础教育发展做出重要贡献”。魅力课堂已经成为我校魅力教育普适品牌的重要组成部分。但就我校的常态课堂和在全国的影响看，还没有完全达到魅力课堂提出的战略目标，还需要通过第二个五年战略规划，总结固化已有成果和经验，继续进行魅力课堂的探索，把已有经验和成果向集团其他校区和全国各地辐射推广。通过第二个魅力课堂战略规划的研制与实施，不断把魅力课堂的研究和探索推向深入，全面推进魅力课堂的完善和发展，有着重要的历史和现实意义。

二、战略主张

（一）基本定义

"魅力课堂"是基于尊重学生自然天性、成长规律，激发学生内在动力，努力让教学迸发出绚丽多彩的魅力光芒，让学生在激情快乐、趣味幸福中学习成长，从而推动学生在自主学习、合作学习、探究学习、分享学习、迁移学习、总结学习、系统学习中主动成长、创新发展，是全面提升学生核心素养的生命发展场。

（二）基本观点

教育的本质是促进人的发展。魅力课堂是生命化的课堂。课堂中涌动着生命的灵性，充满智慧的灵光，是"引力场""思维场""情感场"，是人的"生命发展场"。其价值取向是由"知识课堂"走向"生命化课堂"。

1. 魅力课堂围绕"一核心"

它以尊重人的情感体验（积极与快乐）为出发点，抱定"为学习而设计教学"的目标不放松。不仅仅考虑教师教得方便，教得精彩，教得舒畅，更把学习和学习者作为焦点，以教导学，以教促学。其基本方向是提升"三力"，即提高课堂学力，激发学习活力，增强教学魅力。其中提高学生的学力，推动学生思维的发展、灵性的生长，是课堂教学的核心。

2. 魅力课堂实现"两相融"

在教学中，师生共同开启探究之旅，教师成为平等伙伴中的首席，以学的形式教，而学生能用教的形式学。教师成为教师式的学生，学生成为学生式的教师。教师站在孩子的角度，真正构筑起"师生学习共同体"，实现"教学相融"。其基本特征是教师教得轻松，学生学得愉快，师生共同成长。

3. 魅力课堂坚持"三原则"

魅力课堂坚持将以学定教、以学生思维训练为主线、以激扬学生的生命成长为评价标准作为三个基本原则。

4. 魅力课堂倡导"四归还"

"四归还"即把课堂的空间还给学生；把课堂的时间还给学生；把课堂质疑问难

的权力还给学生；把探究性学习的权力还给学生。

5. 魅力课堂强调“五不讲”

“五不讲”即讲了学生也不会的，坚决不讲；不讲学生就能自己学会的，坚决不讲；学生自己能讲明白的，坚决不讲；能用学生的动手实践代替教师口头讲的，坚决不讲；能采用小组合作学习解决的问题，坚决不讲。

6. 魅力课堂具备“六特别”

“六特别”即特别有吸引力；特别能开发思维；特别重视情感传递；特别注重合作互助；特别凸显核心素养的提升；特别能激活成长动力。

7. 魅力课堂优化“七策略”

“七策略”即优化课前准备策略，奠定课堂教学成功基础；优化时间管理策略，提高课时学习效益；优化课内导学策略，促进学生学会学习；优化合作展示策略，提升学生合作能力；优化课内解疑策略，促进学生解决问题；优化课内训练策略，促进学生迁移运用；优化课后增效策略，确保持续发展提升。

8. 魅力课堂崇尚 “八追求”

“八追求”即追求一种理想的教育境界；追求以爱育爱、以情激情的精神交往；追求师生体验成功、享受幸福的美好生活；追求和谐之美的心灵感受；追求人的自信境界与自强精神；追求学生今天成长与明天成才相统一；追求创新与务实的有机结合；追求文化的传承与历史的担当。

9. 魅力课堂操作“九解读”

课堂的主体是学生，学习过程是动态的、生成的、民主的、人文的、合作的、探究的、交流的、分享的、高质的；学生的主要学习形式是自主学习、合作学习、探究学习、分享学习、迁移学习、系统学习；小组合作学习每组人数以 4 ~ 6 人为宜，小组内分工要明确、具体；课堂上教师教授时间不宜超过 15 分钟，讲授的内容是学生自主与合作学习都解决不了的问题；教师备课时要区分不同层次、不同性别的学生情况，分类、分层制定学习目标；教师要充分尊重课堂的生成，关注学生的参与度，学生的参与比例要达到 90% 以上；教师对学生要以激励性评价为根本原则，开展及时、多元评价；教学要把问题贯穿于学生学习的全过程，使思维训练渗透于课前、课中、课后的各个环节；教师要成为学生学习的伙伴，学生学习的组织者、合作者、引领者。

10. 魅力课堂评价“十要素”

尊重教师与学生的双主体地位，建立良好的互信关系。我们从十个要素进行教学调研："我觉得老师能够公平对待每一个学生，做到一视同仁"；"我觉得老师风趣、幽默，平易近人"；"我觉得老师讲课精神饱满，思路清晰，语言精练"；"我学到了很多分析问题的方法"；"我觉得老师布置作业适中，批改及时、认真"；"老师善于发现我的优点，及时鼓励，增强了我的学习信心"；"老师善于发现我的问题，及时指出、批评，促进了我的进步"；"老师的人格魅力影响了我"；"老师注重我品德和良好习惯的培养，让我学会如何做人、做事"；"课下我能及时得到老师的指导和帮助"。

三、战略目标

——通过加强魅力课堂实践研究，不断发展学生核心素养，为学生的后续发展和终身发展奠基。

——通过打造魅力课堂，增强教师的职业幸福感，提升教师教育教学水平和育人价值，培养一批魅力课堂的实战研究专家和在全国课堂大赛中获得优异成绩的教师，造就魅力教师。

——通过打造魅力课堂，培养魅力团队，形成魅力年级、魅力班级、魅力学科、魅力家长和魅力员工，构建学校的魅力文化。

——通过魅力课堂的探索与实践，形成完善的魅力课堂理论体系。

——通过魅力课堂的探索与实践，全面提升学校教育教学质量。

——通过打造魅力课堂，探索基础教育教学的普适规律，建成中国基础教育的普适品牌，充分发挥魅力课堂的辐射带动作用，为中国基础教育发展做出重要贡献。

四、战略措施

（一）学校层面

坚持新课程倡导的教学理念，围绕"自主·合作·探究"的课堂学习方式，从学校层面进行顶层设计，整合各种教育资源，充分调动各学部、各科室、各教研组和学科教师的积极性与创造性，由点及面全面推进魅力课堂教学理念的落实和魅力课堂战略的实施。

1. 编制实施《魅力课堂教学指导手册》

主要遵循魅力课堂的基本原则、基本方法、评价导向、各学科特点等，围绕学生核心素养的培养对教师进行引领与指导，凸显不同学科以及不同学段的共性教学规律，兼顾不同学段的教学实际，供幼、小、初、高教师在教学实践中学习和使用。

2. 通过学术委员会和学法研究中心，聚焦“魅力课堂”研究

课堂是教育教学的主阵地，“魅力课堂”是我校着力打造的教育教学特色和品牌。学术委员会是我校教育教学研究的学术机构，汇聚了教育教学干部、特级教师、教研组长等教育教学研究的精英人才；学法研究中心是我校在全国第一家设立的专门从事学法研究的机构。通过学校学术委员会和学法研究中心这两个我校特有的教育教学研究交流平台，聚焦“魅力课堂”研究，推动“魅力课堂”研究的深入开展和魅力课堂战略的有效实施。

3. 搭建教师读书、研修、培训、对外交流的立体式成长平台

教师是魅力课堂研究和实施的主体，教师群体的视野和素养直接影响着魅力课堂教学理念的落实和魅力课堂战略的实施。充分发挥我校著名教育专家曾军良校长的引领作用，通过学历进修、不同学段不同学科不同层次的教师培训、名校考察、专题研修、参加“绿色课堂杯”国家级赛课活动等形式，充分利用各种校内外资源，为教师搭建读书、研修、培训、对外交流的立体式平台，全面提升教师的专业素养，全面推动“魅力课堂”的研究落实和育人质量的提升。

4. 全力推行“青蓝工程”，建立“教师发展共同体”

通过“内培外引”，我校涌现出了一批各学科的骨干人才和专家，同时也引进了一批高学历、基础素养过硬的青年教师。为推动教师群体的全面发展，在总结我校“师徒结对”经验的基础上，通过“青蓝工程”，要让所有青年教师与本学科骨干教师拜师结对，搭建起各学段、各学科组的“教师发展共同体”，在零距离的集体备课、听课、评课、研课等各种教研活动中“教学相长”，实现教师群体的共同发展与水平提升。

5. 创新举办每年一届的“教学节”活动

围绕“魅力课堂”理论完善和操作方面的深入研究，通过创新举办每年一届的“教学节”活动，不断创新教学节举办的形式，丰富教学节的内涵，在教学节中凸显各学段教研组协同的学科展示特色，总结展示各学段、各学科魅力课堂研究的丰硕成果，面向全国推广“魅力课堂”教学的成功经验，促进魅力课堂研究的持续深入和育人质量的不断提升，使之成为我校推进魅力课堂研究和教学工作提升的重要平台与工作品牌。

6. 建立“魅力教育”联盟，全方位推进“魅力课堂”的研究和推广

总结近几年“魅力课堂”研究推广的成功经验，通过中央电视台和各媒体期刊报到我校魅力课堂研究成果，通过承办分校、在全国建立100所魅力教育联盟校（基地）、举办“魅力教育教学年会”、接待全国各地“魅力课堂”教学观摩和跟岗培训、

送教讲学、同课异构、校际教研、举行各类观摩课和公开课、专题报告、主题汇报以及校际学科互联平台等多种形式，全方位推进“魅力课堂”的研究和推广；带动各分校区、各联盟校（基地）及全国各地认同“魅力课堂”教学理念的学校、校长和教师共同发展；充分利用各种电视、网络报刊和媒体宣传幼、小、初、高推进魅力课堂研究的成功做法和优秀成果，不断扩大“魅力课堂”在全国的知名度和影响力。

7. 实行学科教学“首席教师”制，召开“魅力课堂”名师教学思想研讨会

组建学校测评领导小组，结合教师个人的课堂教学水平、教学研究成果和教学业绩，推选出各学段、各学科的学科教学“首席教师”，履行“首席教师”职责，享受“首席教师”待遇，让“首席教师”引领学科“魅力课堂”的实践研究。同时，为魅力课堂研究实践中涌现出来的杰出魅力名师召开教学思想研讨会，邀请区内、市内、国内的专家参与，提升总结名师个人的教学魅力和教学思想，为其发表论文、出版专著提供帮助，以加速我校名师的成长，扩大我校魅力课堂的影响力，培养我校魅力课堂研究的领军人物，有力促进“魅力课堂”的内涵提升。

8. 改进完善魅力课堂质量评价体系

强化以学生发展为本，以学校评价为主体的意识，形成具有“北实特色”的教学质量观和魅力课堂质量评价体系。在近几年以学生调研和中高考成绩为主要评价依据的探索基础上，进一步摒弃考分、升学率、录取率等纷繁复杂的常规评价，进一步建立以学生核心素养发展为主要依据的评价体系，以教育教学过程和学生的发展状况作为学校教学质量评价的主要指标，不断改进和完善学校课堂教学质量评价体系。

（二）教研组学科组层面

魅力课堂研究和落实的关键在教研组和学科组，结合学科特点，多措并举，进行教研组学科组层面魅力课堂研究和落实，对于魅力课堂战略的实施和学科组建设意义重大。

1. 加强教研组学科组教研和集备，推动学科“魅力课堂”提升

教研组学科组是“魅力课堂”研究实践的核心组织，加强教研组学科组教研和集备、强化集体教研制度，发挥集体智慧，在教学实践和智慧碰撞中谋求学科教学团队的“魅力课堂”整体提升。

2. 结合学科特色，设计适合的学习流程

学科特点是“魅力课堂”的重要特征，魅力课堂的实施要结合学科特色，从“教本课堂”转向“学本课堂”。根据学习内容和学生实际，设计适合的学习流程，探究“提高课堂学力”的途径，探讨“激发学习活力”的办法，深究“增强教学魅力”的策略，让

教育回归生本，把讲堂变成学堂，把课堂真正变成灵性生长、青春飞扬的“生命发展场”。

3. 开展常态化的“魅力课堂”研究课、公开课和观摩课活动

通过各学段、各学科常态化的“魅力课堂”研究课、公开课、观摩课等开放课堂活动，实现“魅力课堂”在开放中共同分享，在分享中自我激励，不断提升魅力课堂的认可度，有力推进魅力课堂理念的落实，通过现实课堂、网络平台等多样化平台主动展示魅力课堂教学研究的课堂实例，在多种渠道的交流、碰撞中研讨、争鸣，不断生成更多的魅力课堂智慧，丰富魅力课堂的文化内涵。

4. 举办学科魅力课堂研究沙龙，不断交流总结经验

通过专题研讨、问题探讨、专家诊断、案例分析等多种形式，举办学科魅力课堂研究沙龙，在实践中不断交流总结经验，有力促进学科魅力课堂的螺旋式提升，为学校培养学科魅力课堂教学与研究骨干。

5. 开展多种形式的学科综合实践活动，催生学科教学魅力

着眼学生创新实践素养的培养，在学科教学过程中努力创新设计和开展形式多样的学科实践活动或项目化的综合实践活动，让学生在参与实践的过程中学以致用，“做中学”“学中用”，从而提高学科实践应用操作能力，提升课堂教学的魅力。

6. 深入开展魅力课堂课题研究，总结提升研究成果

由课程科研处统一编制“魅力课堂”课题研究指南，教研组学科组积极开展“魅力课堂”教学方面的实践研究，定时总结提升各学科魅力课堂研究的课题、课例、论文等实践成果，向有关学术期刊投稿和有关机构申报评奖，有力推动魅力课堂实践研究的开展。

（三）教师层面

魅力课堂，彰显着教师强大的人格魅力和独特的教学风格，从而更贴近学生的心灵，更能体现学生主动性，提高课堂的实效性，可以实现教师成长与学生成长的和谐统一。

1. 制定专业成长规划，明确发展方向

打造魅力课堂，教师要明确专业发展方向，规划自身专业成长。教师可结合自身的教学特色和个人专长，在课堂研究方面制定切实可行的个人专业发展规划，明确奋斗的目标和方向，并按照规划严格落实，既有利于魅力课堂的研究，更有利于个人的专业发展。

2. 加强基本功修炼，提升专业素养

打造魅力课堂，不但要有扎实的教学基本功和学科素养，教师还要从着装艺术、语言艺术、板书艺术、互动艺术等诸方面加强修炼，提升教师外在形象，积极参加各级各类培训，采取多种形式途径进行业务学习，提升教师个人的综合素养。

3. 不断打磨完善教学环节和流程，涵养教育魅力

鼓励教师个人在教学实践中注重梳理，注重研究，注重积累，找到真问题，进行真研究，有效促进自身专业化成长。观察自己的教学录像，或通过“一课双案”教学、参加多种平台的“同课异构”等形式打磨教学环节，与同组教师互动交流，逐个环节分析诊断，在“观察—比较—分析—否定—重设”的过程中互相取长补短，不断积淀自身魅力课堂教学的优势元素，丰富教学智慧，涵养个人教学魅力。

4. 及时进行课堂反思分析，螺旋提升教学技艺

打造魅力课堂不仅要注重课前的科学预设，更应重视反思分析和动态生成。教师在每节课后必须及时针对课堂的生成进行教学反思，查找预设的疏漏，分析生成的差异，调整教学策略和方案设计，形成“课后案”或“课堂案例分析”，螺旋提升教学技艺。

5. 开设魅力课堂讲坛，推广先进经验

倡导各学科教师，尤其是特级教师、学科带头人、骨干教师，结合自身的教学风格和特色，申报主讲“魅力课堂讲坛”，借助生动现实的课堂案例阐述学科教学的某一魅力点，如课堂引入、环节过渡、小组合作、座位排列等，为老师们提供切实可借鉴的课堂操作范例，促进学科魅力课堂内涵的提升。

6. 进行微型课题研究，促进教师成长和魅力课堂提升

一个问题、一个现象、一个学生、一种方法、一次活动等，均有可能成为小而精的课题。鼓励教师个人在实践中找到真问题，进行真研究，聚焦微型课题开展课堂教学行动研究，让教师真正成为魅力课堂研究的主体和生力军，有效促进自身专业成长和魅力课堂的提升。

7. 晾晒教学成果，切磋交流共进

在网站、橱窗、教研会、报纸杂志等多种平台积极展示晾晒个人的教学设计、典型学案、综合实践活动设计、课堂实录、课例分析、教学论文等，以开放的心态虚心接纳他人的意见，不断完善，不断提高，在切磋交流中共同成长，共同提高。

五、战略预期成果

整体提高幼、小、初、高学生核心素养和综合素质，全面提升教师教育教学能力，形成教师乐教、学生乐学的局面，真正将我校打造成为“学生向往、教师幸福、社会满意”的中国普适性品牌学校。

——出台幼、小、初、高魅力课堂评价标准。

——创建幼、小、初、高魅力课堂系列教学资源（包括教学案、课件、课例、录像课等）库。

——出版幼、小、初、高魅力课堂系列研究成果专辑（包括研究课题、研究论文、教学案例、教学反思等）和《魅力课堂的探索与实践》研究专著。

——向全国推出 100 节以上魅力课堂公开课或观摩课，在全国课堂教学大赛中获一等奖以上奖励 30 人次以上，评选区级以上骨干、学带、特级教师等 100 人次以上。

——针对不同学段、不同学科、不同教师，构建个性化的魅力课堂，将全体教师培养成具有个人教学风格的魅力教师。

——幼、小、初、高教育教学质量均进入海淀区和北京市前列。

——举办全国魅力课堂讲坛活动，召开全国魅力课堂教学现场会，通过培训、讲学、送课、办分校等形式，将魅力课堂推向全国各地，组建全国魅力教育联盟，并每年开展活动。

六、战略推进

（一）战略推进措施

从学校和学部两个层面成立魅力课堂战略推进领导小组，在教学实践中落实战略主张，分解战略目标，推动战略措施实施，完成预期的战略成果，保证战略保障的到位，将战略推进时间表中的各项任务责任到人，从而保证魅力课堂战略的顺利推进和实施。

（二）战略推进时间表

时间	规划安排
2016.9—2017.8 魅力课堂推进年	1. 成立“魅力课堂”战略研制小组，细化战略目标与实施策略，研究讨论制定新的五年战略规划。 2. 出台幼、小、初、高魅力课堂评价标准。 3. 开展魅力课堂讲坛活动。 4. 举办第二届教学节。 5. 建立“教师发展共同体”。 6. 建立 100 所魅力教育联盟校（基地）。 7. 举办第一届魅力教育联盟教学年会。
2017.9—2020.8 魅力课堂发展年	1. 编制实施《魅力课堂教学指导手册》。 2. 出版幼、小、初、高魅力课堂系列论文和论著。 3. 推选学科教学首席教师。 4. 完善魅力课堂质量评价体系。 5. 举办全国魅力课堂教学现场会。 6. 创建幼、小、初、高魅力课堂系列教学资源（包括教案、学案、课件、课例、录像课等）库。 7. 举办第三、第四、第五届教学节。 8. 举办第二、第三、第四届魅力教育联盟教学年会。
2020.9—2021.8 魅力课堂总结年	1. 向全国推出 100 节以上魅力课堂公开课或观摩课。 2. 在全国课堂教学大赛中获一等奖、特等奖等奖励 30 人次以上，评选区级以上骨干教师、学科带头人、特级教师等 100 人次以上。 3. 构建个性化的魅力课堂，将全体教师培养成具有个人风格的魅力教师。 4. 幼、小、初、高教育教学质量均进入海淀区和北京市前列。 5. 召开“魅力课堂”名师教学思想研讨会。 6. 出版幼、小、初、高魅力课堂系列研究成果（包括研究课题、研究论文、教学案例、教学反思等）专辑和《魅力课堂的探索与实践》研究专著。 7. 举办第六届教学节。 8. 举办第五届魅力教育联盟教学年会。

七、战略保障

课堂是教育教学的主阵地，是学校工作的重中之重，老师的课堂教学水平直接关系到学校的生存与发展。我校魅力课堂的创新不仅促进了学生和教师的快速成长与发展，也促进了学校的内涵发展和办学质量的快速提升。因此，学校从各个方面保障魅力课堂战略的实施，推动魅力课堂的发展意义重大。

（一）制度保障

1. 学校幼、小、初、高一体化的管理体制，保证魅力课堂战略研究工作的有效组织、系统实施与过程监控。

2. 学校的课程科研管理机制和校本教材研发评审制度，可以保证魅力课堂战略规划各子项目课题研究的立项、实施、总结、交流、推广等各项工作规范进行。

3. 学校的校本培训制度，可以保证魅力课堂专项培训活动有效进行，通过专题研讨、听课评课、魅力课讲坛等活动，为教师同行间、校际间搭建了交流平台，为研究成果的固化与推广提供保证。

4. 学校的绩效工资制度，可以增强教师的研究意识、竞争意识和成果意识，推动魅力课堂的深入研究与发展。

5. 学校对开展魅力课堂研究取得重大成果的教师进行表彰，并建立相应的奖励激励机制，出台较为完善的奖惩办法，在评优晋级等活动中，将魅力课堂研究取得成果作为一项重要指标，会进一步推动魅力课堂的建设，提高课堂教学质量，促进学校的快速发展。

6. 建立魅力课堂项目目标责任制，保证各个目标的按时完成。

（二）组织保障

1. 建立魅力课堂战略推进小组

以各学部校长、学部教学副校长、教研组长、特级教师为主力，以各学段一线教师为成员，成立魅力课堂战略小组，在战略规划研制成功后，明确责任，专门负责魅力课堂的推进和项目落实。

2. 建立各学段各学科项目实施小组

以各学段、各学科组（教研组、备课组）为单位，以各学科组长为学科魅力课堂推进的项目负责人，各学科组全体教师广泛参与，深入开展魅力课堂教学的研究、总结和推广工作。

3. 建立魅力课堂战略服务保障小组

以教学处和学部为主体，提供魅力课堂教学服务保障，主要负责教学安排、魅力课堂展示、提供教学资料等各项服务；以课程科研处为主体，提供魅力课堂课题研究和成果总结申报服务保障，以及魅力课堂各类理论和实践培训、组织研讨活动，研究成果编辑、出版等工作；以总务处为主体，提供物力、财力、服务保障。

（三）资源保障

1. 集团化办学和魅力教育联盟

我校在 2015 年组建了北京实验学校教育集团，已经以不同方式承办了平谷、唐山等多所分校，同时还将陆续吸纳 100 所学校成立魅力教育联盟。教育集团和魅力教育联盟的本质是"魅力教育研究共同体"，这是教育智慧碰撞提升的平台，魅力课堂是这个"魅力教育研究共同体"的灵魂与核心，通过这个平台可以培养和吸纳更多教师参与魅力课堂的研究和推广。

在集团化办学和魅力教育联盟实施的过程中，本着"各美其美"的差异性原则，做好魅力课堂理论构建和师资培训的顶层设计，传播普适性的魅力课堂理念，可以更好地推进"魅力教育研究共同体"的魅力课堂建设，推动魅力课堂的深入研究和发展。

由于集团分校和联盟校处于不同地域，教师和学生群体特征都具有丰富性和多样性，集团联盟内部打破学校和个体间的封闭，形成开放的教育生态圈和魅力课堂研究共同体，既可以发挥集团中精英专家教师团队的影响力，产生更大的辐射效应，又可以实现不同地域多样文化、信息和学习资源的共享，从而为师生成长生发出巨大的生命力，为师生提供充满活力的教育生活。

2. 人力资源保障

学校的魅力课堂研究团队是由专家型校长引领，由特级教师、年富力强的中高级教师和硕士、博士学历教师组成的优秀教师团队，堪称师德高品位、专业高水准、能力多方位、科研高水平、工作多成果。教师具有较强的科研意识和较高的研究水平，为魅力课堂战略研究提供了专家和人力资源保障。

3. 课程教学资源保障

整合校内外魅力课堂研究的课例、课件、学案、录像等课程教学资源，不断丰富我校的教学资源库，是魅力课堂发展的重要保障。目前，我校已经积累了一系列国家课程校本化和校本课程的教学资源，初步建立、整合了各学科的教学课程资源库，正在进一步研发和完善。

4. 活动经费和硬件保障

随着学校规模的不断发展壮大，市、区两级财政投入不断加大。学校将依据魅力课堂战略发展的实际需求，提供更加充足的研究经费，用于聘请专家、项目调研、魅力课堂专题研讨、魅力课堂示范课和公开课等活动的开展。

同时，学校将新建十层的创新实验大楼，依据学科课程标准要求，以较高标准建设各种专业教室，购置各种必要的仪器、设备，建立创新实验室，购买魅力课堂研究需要的教学软件、图书报刊、数字教学等资源，为魅力课堂的深入研究提供硬件保障。

北京实验学校魅力课堂战略规划研制项目组

2016年3月